# 図書館と江戸時代の人びと

新藤 透

柏書房

# はじめに

　近年は活字離れが進んでいるとはいえ、日本人は読書を好む国民であるといえます。それは図書館の数からも窺えて、公共図書館数は三二八〇館（二〇一六年）もあります（『日本の図書館　統計と名簿二〇一六』日本図書館協会、二〇一七年。ただし、アメリカやドイツなどの主要先進国と比べると、圧倒的に館数は少ない）。全国の都道府県はもとより、市や町には大抵一館はあり、また土日や夜遅くまで開館している図書館も増えているので、公共施設の中ではかなり身近な施設となっています。また、昨今は新しいタイプの図書館が次々と開館し、新聞紙面やテレビニュースなどで取り上げられる機会も多くなりました。図書館を紹介したガイド本や写真集も多数発行されていて、一種の「図書館ブーム」ともいえる状況になっています。

　ではそのような図書館は、日本ではいつから存在しているのでしょうか。通説では、日本に図書館を初めて紹介したのは福沢諭吉《ふくざわゆきち》であるとされています。福沢は慶応二年（一八六六）に『西洋事情《せいようじじょう》』というヨーロッパの見聞録を刊行するのですが、そこで次のように紹介しています。

　西洋諸国の都府には文庫あり。「ビブリオテーキ」と云ふ。日用の書籍図画等より古書珍書に至るまで万国の書皆備り、衆人来りて随意に之を読むべし。但し毎日庫内にて読むのみにて家に持帰ることを許さず。

（『福澤諭吉全集』第一巻、三〇五頁）

「ビブリオテーキ」は、ほかの幕末維新期の史料では「ライブラリー」として紹介されているものもあります。明治維新直後から、市川清流《いちかわせいりゅう》や田中不二麻呂《たなかふじまろ》といった文部省の官吏《かんり》が建白書を個人で政府に提出し、早急な「ライブラリー」の建設を主張していました。

また明治四年（一八七一）に欧米へ旅立った岩倉遣欧使節団も「図書館」に関する報告を『特命全権大使米欧回覧実記』に掲載しています。そして明治五年（一八七二）に、今日の国立国会図書館の元となる書籍館《しょじゃくかん》が東京・湯島《ゆしま》（文京区湯島）に開館しました。この書籍館が、日本の近代的な図書館の第一号だとされています。開館後の書籍館には、多くの人々が来館して賑わいました。

福沢が西洋の「ビブリオテーキ」を紹介してから六年後に、日本初の「図書館」が開館したことになります。明治政府が行った急進的な西洋化の政策はなかなか日本人に馴染まず、失敗したものも数多くありますが、書籍館に関しては特に抵抗なく受け入れられたようです。義務教育導入の際に反対一揆が起こったのとは大きな違いです。

「ライブラリー」の翻訳語は、当初は「書籍館」とされましたが、明治十三年（一八八〇）に名称が変更され、「東京図書館」となりました。明治十八年（一八八五）に刊行された外国人向けのパンフレットには「Tokio Dzushokwan」と書かれており、その名称は「とうきょうずしょかん」と呼ばれたことがわかります。その一方で「としょかん」と読んでいる史料も存在するので、明治の初期には二通りの読み方がなされていたようです。一八八〇年代後半に「としょかん」に統一されました。

その後の図書館は、政府の関心の低さから、お世辞にも順調に数を増やしていったとはいえませんが、日本各地に地元有志によって設立され、それを府や県、市に管理を移管して公立図書館の数が増加していきました。そして今日に至っているわけです。

今日の図書館の役割は拡大しているといえます。図書館は単に本を無料で借りることができる施設ではありません。地域医療、社会福祉、教育の情報や、起業などのビジネスに関する情報など、図書館に来館すれば様々な情報を入手することができる「情報の集積基地」であるといわれています。最近の図書館にはカフェが併設されているところも多く、コーヒーを飲みながらゆっくり読書を楽しむこともできます。また、職員である司書の応対も非常に丁寧です。従来の、狭い、堅苦しい、無愛想でやる気のない司書、といった図書館のイメージを完全に覆すことに成功しています。

そこで一つの疑問がわきます。明治の急激な近代化政策の一環として図書館が導入されたのに、なぜ抵抗なく当時の日本人は受け入れたのでしょうか。

実は、その謎を解明する手がかりは明治の前の江戸時代にあると私は考えています。江戸時代は二六〇年あまりにわたって、世界史的に見ても戦乱はほとんど起こらず、平和で安定した時代が続きました。教育面もかなり発展したので識字率が上昇し（地域や性別によってかなりバラツキはあったようですが、その一方で着実に出版点数は増加しています）、一部の階層のものだった読書も、庶民が楽しめるようになったのです。また、それまでは手で書き写す写本によらないと本は広まらなかったのですが、江戸時代中期以降は木版印刷《もくはん》による出版業が盛んになり、庶民が気軽に多数の本に触れることができるようになりました。

つまり、日本人は近代化される前の江戸時代から、すでに本に親しんでいたのです。しかし、当時の本はかなり高価で、庶民はもとより武士であっても、個人で所有することは難しい時代でした。そこで、不特定多数の人々に本を貸すなんらかの施設があったと考えられます。貸本屋《かしほんや》という有料で本を貸す商売もありましたが、実は無料で本を貸してくれる施設や個人がいたのです。人々はそこで本を借りて勉強し、読書を楽しんでいたことが最近の研究でわかってきました。本書は、それら「江戸の図書館」について広く知っていただこうと思い、できるだけわかりやすくまとめたものです。

なお、「図書館」という名称は明治になってから誕生したものですが、そのルーツにあたる施設も便宜的に「図書館」と呼ぶことにします。

では早速、それら「江戸の図書館」を詳しく見ていきましょう。

**【はじめにの参考文献】**

慶應義塾編『福澤諭吉全集』第一巻（岩波書店、一九五八年）
三浦太郎「書籍館の誕生――明治期初頭におけるライブラリー意識の芽生え」（『東京大学大学院教育学研究科紀要』第三八巻、一九九八年）

図書館と江戸時代の人びと◆目次

## 第二章　将軍専用の図書館・紅葉山文庫

## 第四章　庶民の読書ネットワーク——蔵書家・貸本屋・蔵書の家

# 第一章

# 古代・中世の図書館

# 第一節　古代の図書館

## ●「図書」の語源

本は「図書」ともいいますが、最初に「図書」という言葉の語源について触れておきましょう。古代中国の占いの教科書であり、儒学《じゅがく》の経典でもある『易経《えききょう》』の中に「河出図洛出書聖人則之」（河は図を出し、洛は書を出す。聖人これに則《のっと》る）という一節があり、これを縮めて「図書」と呼んだのが語源です。

「河」は黄河《こうが》、「洛」は洛水《らくすい》を指します。二つの川から現れた龍馬《りゅうめ》と神亀《じんき》の背中に書かれていた図や文字に倣って、聖人が易をつくったという意味です。つまり「図書」とは文字だけではなく、図も含む概念だったのです。現代の図書館が本だけではなく、ＤＶＤなどの映像作品を収集しているのも、本来の「図書」の語義に適った行動といえるでしょう。

## ●漢籍と仏書の伝来

本題の図書館の話に入る前に、そもそも日本にはいつ頃から本が存在していたのかを確認しておきましょう。最初は大陸からもたらされた漢籍《かんせき》と仏書《ぶっしょ》であるといわれています。

『日本書紀《にほんしょき》』によると、応神《おうじん》天皇十五年に、朝鮮半島の国家の一つである百済《くだら》から阿直岐《あちき》と王仁《わに》が来日し、王仁は『論語《ろんご》』一〇巻と『千字文《せんじもん》』一巻を朝廷に献上したとされています。ちなみに、『論語』は孔子《こうし》の発言したことを死後に弟子たちがまとめたもので、『千字文』は子どもに漢字を教えるため、書の手本として編纂されたといわれています。さらに王仁は、皇太子菟道稚郎子《うじのわきいらつこ》に諸典籍を講義したと伝えられています。これらの本は当然のことながら、すべて漢文で書かれたものです。そういった本を「漢籍」と呼びますが、日本にもたらされた最初のものは漢文の図書だったわけです。

漢籍が日本に持ち込まれたあと、大陸との交流はますます活発になりました。大量の渡来人が日本に帰化し、日本からも多くの留学生が大陸に渡っていきました。そのような環境が背景にあって仏教が日本に伝来しました。

仏教はインドで誕生し、中国には後漢《ごかん》の六七年に、朝鮮半島の百済には三八四年に伝わりました。日本には欽明《きんめい》天皇の時代に、百済の聖明王《せいめいおう》から仏像と経典が贈られてきたのが仏教の伝来とされています。これには、五五二年と五三八年の二つの説が存在しており、現在でも決着がついていないようですが、五三八年説のほうが有力のようです。もっとも、公式の伝来よりも以前に、渡来人などによって仏教は日本に持ち込まれていたと考えられています。

仏教の受容については、排仏派の物部《もののべ》氏と崇仏派の蘇我《そが》氏の間で紛争が起こり、最終的には武力闘争にまで発展してしまいます。五八七年に蘇我馬子《そがのうまこ》が物部守屋《もののべのもりや》を滅ぼして以降、仏教は公認され、天皇家や豪族の間で急速に広まっていきました。

伝聖徳太子肖像

仏教が公認されたことにより、大陸から大量の経典がもたらされ、仏教研究も活発になりました。これにより、日本に多くの本が存在することになったのです。

## ●聖徳太子の仏教研究と図書館

蘇我馬子が物部守屋を討ったことは説明しましたが、『日本書紀』によれば、この戦いには少年時代の聖徳太子《しょうとくたいし》（厩戸皇子《うまやどのみこ》）が参戦していました。物部氏はもともと天皇家の軍事を担っていた一族だったので、その兵は精強で、蘇我氏の軍勢は三度も撃退されたといいます。それを見た聖徳太子は、木彫の四天王像をつくって戦勝を祈願し、成就したら仏塔をつくり仏教を広めると誓ったのです。その祈りを込めて矢を部下に放させたところ、木に登って全軍を指揮していた守屋に見事命中し、大将を失った物部氏の軍勢は総崩れとなりました。聖徳太子は戦後、新たに四天王寺を建て、その誓いを守ったということです。

このような逸話にも端的に示されているように、聖徳太子は仏教に厚く帰依《きえ》していました。太子は四天王寺だけではなく、法隆寺《ほうりゅうじ》・中宮尼寺《ちゅうぐうにじ》・広隆寺《こうりゅうじ》・大安寺《だいあんじ》・法興寺《ほうこうじ》・元興寺《がんごうじ》・法起寺《ほうきじ》・法輪《ほうりん》寺《じ》・中宮寺《ちゅうぐうじ》など多くの寺院を造営しました。その中でも四天王寺・法興寺・元興寺などの大きな寺院には経典を保管する「経蔵《きょうぞう》」が付設されており、そこには大量の経典や仏書が保管されていたのです。

当時の寺院は学問の場でもありました。法隆寺は「法隆学問寺《ほうりゅうがくもんじ》」ともいわれ、金堂《こんどう》の背後には講堂が設置されており、講学の道場でもあったのです。四天王寺の敬田院《きょうでんいん》も学問研究に従事する場所で、これらは学問に必要な図書が数多く保管され、学僧たちに活用されていたと考えられます。

法隆寺夢殿

聖徳太子は仏教研究だけではなく、日本が天皇を中心とする中央集権国家になるための様々な改革を行っており、その一つに歴史書の編纂が挙げられます。太子は『天皇記《すめらみことのふみ》』『国記《くにつふみ》』『臣連伴造国造百八十部幷公民等本記《おみむらじとものみやつこくにのみやつこももあまりやそとものをあわせておおみたからどものもとつふみ》』を編纂していますが、これらの書物を編纂するために、かなりの資料を天皇家や各豪族から収集したと思われます。したがって、膨大な資料を保管する施設が必要だったと想定され、それが図書館のような役割を果たしていたと考えられるのです。

また聖徳太子自身も学問を好んでいて、自ら法華経《ほけきょう》の注釈書である『法華義疏《ほっけのぎしょ》』を著しており、法隆寺夢殿《ゆめどの》は太子がそういった研究と著述に没頭した書斎であったと共に、私設図書館の役割を果たしていたという説もあるのです。

このように聖徳太子の仏教興隆は、古代における図書館の発達にも大きな貢献があったのです。

## ●図書寮の設置

聖徳太子の死後、蘇我蝦夷《えみし》・入鹿《いるか》父子が権勢を誇りましたが、六四五年に中大兄皇子《なかのおおえのおうじ》と中臣鎌足《なかとみのかまたり》らに滅ぼされました。中大兄皇子らは大化改新《たいかのかいしん》と呼ばれる一連の改革を行い、中国の王朝をモデルにして中央集権型の国家を目指しました。以降、遣隋使《けんずいし》や遣唐使《けんとうし》を中国の歴代王朝に派遣し、「律令《りつりょう》」を積極的に取り入れ、日本は「律令国家」を目指すことになります。

六六八年に、大化改新の諸改革に対応する法典の「近江令《おうみりょう》」二二巻が編纂されますが、実在説と非実在説があって、どちらとも決着がついていません。近江令は天智《てんじ》天皇の時代に完成されたといわれています。

その後、朝廷は大宝元年（七〇一）に「大宝律令《たいほうりつりょう》」全一七巻を完成させ、さらに歴史書の『古事記《こじき》』や『日本書紀』、『風土記《ふどき》』も相次いで編纂しています。これらの法典や歴史書を完成させるために、中国の律令の資料や、国内の諸種の資料を幅広く収集して保存し、かつそれらの資料がいつでも利用できる施設が必要になりました。そのような理由から、大宝律令では官設文庫の設置、すなわち「図書寮《ずしょりょう》」が制度化されるのです。

この図書寮ですが、法隆寺金堂の釈迦三尊像《しゃかさんそんぞう》の台座に使われている板に「書屋」という文字が記されていることから、図書寮の前身が推古《すいこ》天皇の六二一年か、天武《てんむ》天皇の六八一年に存在していたのではないかという説もあります。

## ●図書寮の活動

図書寮は、大宝律令の規定では中務省《なかつかさしょう》に所属し、その職制は次のようなものでした。

・図書頭《ずしょのかみ》……図書寮の長官　一名
・図書助《ずしょのすけ》……長官の補佐　一名
・大允《たいじょう》　一名
・少允《しょうじょう》　一名
・大属《だいさかん》　一名
・少属《しょうさかん》　一名
・写書手《しゃしょしゅ》……図書の写本作成を行う　二〇名
・装潢手《そうこうしゅ》……図書の表装を行う　四名
・造紙手《ぞうししゅ》　四名
・造墨手《ぞうぼくしゅ》　四名
・造筆手《ぞうひつしゅ》　一〇名
・使部《しぶ》　二〇名
・直丁《じきちょう》　二名

これら職員の配置からも窺えるように、図書寮は所蔵資料の利用に重点を置いた施設ではなく、図書の保存を主目的とした機関であったことがわかります。特に、図書をそっくりに書き写した写本《しゃほん》を製作することに、力点が置かれていたのです。

平安時代に入ると、図書寮付属の製紙工場「紙屋院《かみやいん》」も設置され、諸官庁で使用される用紙も製造されるようになりました。

図書寮の職務を簡単にまとめると次の三点になります。

①仏像の管理、国史の編纂、仏書・一般図書の収集と保存
②紙筆製作とその出納業務
③写経《しゃきょう》、書写

図書寮の利用については、設置当初は親王以下、朝廷の役人などに閲覧・貸し出しを許可していましたが、聖武《しょうむ》天皇の時代に一部以上の借覧を禁止し、利用を制限しました。

なお、奈良時代には宮中の女官《にょかん》に書司《しょし》職が置かれていました。書司には尚書《しょうしょ》、典書《てんしょ》、女孺《にょじゅ》がいて、仏書や漢籍を図書寮から出納して、天皇の閲読係をしていたのです。

しかし、図書寮が活発に活動していたのは平安時代の初期まででした。寛平六年（八九四）に菅原《すがわらの》道真《みちざね》の献策によって遣唐使が停止されると、唐から経典が伝わらなくなり、図書寮で行っていた写経の事業が大幅に減ってしまうのです。また、平安時代前期までは『古事記』『日本書紀』『風土記』などが編纂され、修史事業が活発でしたが、それも次第に行われなくなってしまいます。追い打ちをか

けるように、平安時代中期に図書寮は火災にも遭ってしまい、物理的にも衰退してしまいました。図書寮は律令制度の事実上の崩壊に伴って、その役目を終えるのです。

ちなみに、当時の図書寮にどのような蔵書があったのか、目録が残っていないので詳しくはわかっていません。

## ●文殿

図書寮以外にも、各官庁は政務に必要な文書記録類を保管する施設をつくるようになりました。それを文殿《ふどの》と呼びます。

奈良時代から存在し、平安時代に入ると太政官《だじょうかん》付属の施設として、朝廷の儀式や先例などの研究に役立てるため、多くの公文書を管理していました。その管理には史《し》が、書写には史生《ししょう》があたりました。

現在と将来の政事のために、必要な記録類を管理するということで、文殿の蔵書管理は厳重を極めました。しかし、鎌倉時代初期の嘉禄二年（一二二六）に焼失してしまい、以降は公文書の副本を管理していた役人の私設の書庫を文殿に準用し、「官庫」もしくは「官務文庫」と称して、かろうじてその命脈を保っていくのです。

## ●宮廷文庫

図書寮や文殿とは別に、朝廷（政府）ではなく、天皇家と私的な関係を持つ文庫があります。その総称を「宮廷文庫」と呼び、代表的な施設としては正倉院《しょうそういん》が挙げられます。

正倉院には、聖武天皇遺物の道具類も多く伝わっていますが、多くの正倉院文書も現在まで保存されている点で、図書館あるいは公文書館としての機能も有していると考えられています。今日でも、奈良国立博物館で毎年、所蔵品の一部が特別公開されています。

平安時代に入ると、嵯峨《さが》天皇の大同五年（八一〇）に蔵人《くろうど》が設置され、太政官は形ばかりの官庁となってしまいました。蔵人は天皇の秘書のような役職で、律令に規定のない令外官《りょうげのかん》であり、内裏の校書殿《きょうしょでん》内にある蔵人所《くろうどどころ》に常駐していました。校書殿には納蔵も設けられており、蔵人は宮中の政事上の文書記録類の管理にあたっていました。

さらに嵯峨天皇は冷泉院《れいぜいいん》にも文庫を設置し、個人的にも多数の図書や文書を集蔵していましたが、貞観十七年（八七五）に火災で焼失してしまいました。

その後、宇多《うだ》天皇の勅命によって、日本最古の漢籍目録が藤原佐世《ふじわらのすけよ》によって編纂されました。それが『日本国見在書目録《にほんこくげんざいしょもくろく》』です。これは日本中の漢籍を網羅した目録で、総数一五七九部、一万六七九〇巻の図書が収録されています。

このほかにも平安時代には、御書所《ごしょどころ》が設けられています。御書所は、政事に直接関係のない宮中の図書経籍と文書を保管したところで、預《あずかり》や書手《しょしゅ》などの職員が置かれていました。

さらに一本《いっぽんの》御書所も開設されました。これは冷泉院などの院の蔵書を天皇の閲覧に供するために写本を作成する施設で、多くの写生を置いて図書経籍を収蔵していました。

後白河法皇《ごしらかわほうおう》も、自身の宮殿である法住寺殿《ほうじゅじどの》の南面に、長寛元年（一一六三）蓮華王院《れんげおういん》（三十三間《さんじゅうさんげん》堂《どう》）宝蔵を設け、貴重な図書や文書を多数所蔵していました。

このように平安時代に入ると、皇族も個人的に文庫を設け、部下に管理をさせていました。図書寮が律令制度の形骸化によってその機能を低下させてしまうと、図書寮と変わらない役目を担うようになった文庫もあります。

## ●公家文庫

奈良・平安時代の文化は、当時流行を極めていた儒教・仏教の影響により、貴族を中心に発達しました。特に平安時代に入ると、貴族の間で漢文学が盛んになり、中期以降は中国の王朝との関係が希薄になったので、国風《こくふう》文化が栄えました。

平安時代中期以降は、学問で身を立てる貴族も増えてきて、研究のための資料として図書を収集するようになりました。個人で多数の蔵書を有する貴族が多く出るようになったのです。

とはいえ、図書が非常に少なかった時代のことなので、蔵書の多くが写本でした。したがって、その収集は並大抵の苦労ではなかったと思われます。平安時代中期以降は仮名《かな》の発達によって『源氏物語《げんじものがたり》』や『枕草子《まくらのそうし》』などの文学書が増加し、個人蔵書家が次第に多くなりました。

石上宅嗣肖像

では、いくつか代表的な公家文庫を紹介してみましょう。最も有名なものとしては、石上宅嗣《いそのかみのやかつぐ》が設立した、私設図書館の「芸亭《うんてい》」があります。

石上氏は物部氏の流れを汲む名族で、宅嗣個人のイメージとはだいぶ違い、軍事的な面で天皇家に貢献してきました。第一〇代崇神《すじん》天皇の時代に石上布留神《いそのかみふるのじん》宮《ぐう》に宝剣を奉遷して以来、代々その祠官《しかん》となり、宅嗣の祖父麻呂《まろ》の代に石上朝臣《あそみ》の姓《かばね》を賜って、石上と称したといわれています。

宅嗣は藤原仲麻呂《なかまろ》政権下で、相模守・三河守・上総守と地方官を歴任しましたが、仲麻呂を政権から取り除こうとして失敗してしまい、九州の大宰府《だざいふ》に左遷させられます。しかし、天平宝字八年（七六四）に仲麻呂が反乱を起こして失脚すると、都に呼び戻されました。称徳《しょうとく》天皇の崩御に際しては光《こう》仁《にん》天皇を擁立し、ついに太政官で第三の席次を占めるに至りました。天応元年（七八一）には正三位《しょうさんみ》に叙させられますが、同年に死去してしまいます。

宅嗣は武門の家に生まれましたが、儒教の書物や歴史書、さらには仏教書も幅広く収集し、書籍に関する広範な知識を持っていた人物だといわれています。漢詩や和歌も好み、勅撰漢詩集『経国《けいこく》集《しゅう》』や、『万葉集《まんようしゅう》』にも作品が採録されています。

芸亭は、日本の公開図書館としては最古で、その設立年代も実はよくわかっていません。設立者の宅嗣が歿したのが天応元年（七八一）であることから、奈良時代末期の創建ではないかと考えられています。

『続日本紀《しょくにほんぎ》』によれば、晩年の宅嗣は自邸を阿閦寺《あしゅくじ》という寺院にしていましたが、その一角に仏教以外の図書を数多く取り揃えて、好学の人たちに自由に閲覧させました。それが日本初の公開図書館の芸亭です。当時、図書は現代とは比較にならないほど非常に貴重なものでしたので、自由に閲覧を許可したことは革命的なことです。芸亭を利用して勉強した人物に賀陽豊年《かやのとよとし》がいます。豊年は後年、文章博士《もんじょうはかせ》になり、学者として活躍をしています。

実は芸亭が、どのような図書を所蔵していたのかもよくわかっていません。相当な数を所蔵していたと考えられますので、目録のようなものがあったのかもしれませんが、想像の域を出ません。

芸亭は宅嗣の死後、奈良から都が遷ってしまったことから荒廃してしまったといわれています。延暦十六年（七九七）に編纂された『続日本紀』に、その存在が示されていることから、その時点までは存続していたものと思われます。

芸亭以後の私設公開図書館としては、和気清麻呂《わけのきよまろ》の息子、広世《ひろよ》が開設した弘文院《こうぶんいん》があります。『日《に》本後紀《ほんこうき》』の延暦十八年（七九九）二月条に、「国内外の儒教書数千巻を蔵した私宅を一般に開放した」という記述が見られます。その後、承和十五年（八四八）七月に落雷によって焼失してしまいました（『続日本後紀』）。

大学者として夙に著名な菅原道真も、私設図書館の紅梅殿《こうばいどの》を設けています。紅梅殿は道真が清和《せいわ》天皇の時代に秀才の試験に合格したので、父是善《これよし》から書斎として与えられたものです。

道真は紅梅殿を一門子弟に開放して、自由に蔵書を閲覧することを許しました。ここで勉強した者の中から多くの秀才を輩出したということです。

しかし、菅原一族の中にも不心得者がいて、小刀で机を削ったり、筆で図書を汚損したりする者がいて、道真を悩ませたと『書《しょ》斎記《さいき》』に記録されています。いつの時代でも図書館の本を粗末に扱う輩はいるものなのですね。

後年、道真は大宰府に左遷させられてしまったので、紅梅殿の

菅原道真肖像

蔵書は朝廷に没収されてしまったようです。

紅梅殿以降、公家文庫で特に目立ったものはありませんでしたが、永承六年（一〇五一）、文章博士の日野資業《ひのすけなり》が京都に日野薬師《ひのやくし》を再興して、ここに蔵書を置きました。これが法界寺《ほうかいじ》文庫と呼ばれる私設図書館で、蔵書には一冊ごとに法界寺文庫の朱印が捺されています。

平安時代末期には、藤原頼長《よりなが》が大変な学問好きで、大量の本を私蔵していたことがよく知られています。頼長は天養二年（一一四四）に私設図書館の宇治文倉《うじふみぐら》を建てています。頼長の日記『台記《たいき》』に

は驚くほど数多くの読書の記録があります。読んだ書物は借用したものも数多くありますが、宋《そう》から輸入された宋版《そうばん》を尊重していたようです。

宇治文倉は蔵書目録を完備していたようで、目録はさらに全経・史書・雑説・本朝と四部に分類されていました。本朝の部は日本で生産された本（国書）を指しますが、それが全体の半分ということから、頼長の時代にはかなり国書が出回っていたことがわかります。残念なことに、この目録は現存していません。

頼長は保元《ほうげん》の乱で敗死してしまい、その蔵書も失われてしまいました。

## ●経蔵

聖徳太子は仏教を厚く信仰していましたので、大規模な寺院が相次いで建立され、仏教研究も非常に盛んになったことは前述しました。奈良時代に入ると写経が活発に行われるようになったので、その仏典や写経を安全な場所に収蔵する施設が必要となりました。それが経蔵《きょうぞう》です。

経蔵は大規模な寺院を中心に設けられており、古くは法隆寺や四天王寺、奈良時代に入ると東大寺《とうだいじ》、元興寺、大安寺、興福寺《こうふくじ》、唐招提寺《とうしょうだいじ》に設置されるようになりました。

平安時代初期までの経蔵は純粋に仏典のみを収蔵していましたが、その後、僧侶にとっては儒教も重要な教養とされるにつれて、儒教関係の図書も貴重なものと見なされるようになっていきます。そして、安全性の高い経蔵に儒書も保管されるようになったのです。ほかには図書だけではなく、仏具や書画なども収められていました。

経蔵に所蔵されている蔵書は、寺内で閲覧されるだけではなく、貸し出しを行っていた寺院もあったようです。現在の名古屋市にある七寺《ななつでら》（長福寺《ちょうふくじ》）には、平安時代に経典を収めた唐櫃《からびつ》の蓋《ふた》の裏に、朱で五ヶ条の約束事が書かれていました。

①誰もいない時に一人で密かに唐櫃を開けないこと。
②親しい人であっても他国の人には貸し出さないこと。
③誰かに頼まれて密かに貸し出さないこと。
④虫干しを年に一度はすること。
⑤写経や読経のためでも一度に多くは貸し出さないこと。

盗難などのリスクはあったでしょうが、平安時代に貸し出しを行っていたことは特筆してもよいでしょう。


それでは、次に大規模寺院の経蔵の様子を見ていきましょう。

奈良時代に東大寺へ置かれ、同寺の維持管理にあたった役所の造東大寺司《ぞうとうだいじし》には、かなり大規模な写経所《しゃきょうしょ》が設置されていました。

写経所は大量の経典を書写するだけでなく、数多くの経典を蓄積して、宮中や公家、他寺院などへ儀式や学習のために貸し出しており、図書館的な活動もしていました。また、書写用の経典の借り受けのために、どこの寺にどのような経典があるのか調査を行って記録しており、いわば経典の情報センターとしての役割も担っていたのです。

写経所では、経典に記号を付けて分類・整理を行い保存していました。また経典の貸し出しにあたっては、「奉請」という言葉を用いたことが明らかになっています。「奉請」が貸す・借りるのどちらの意味で使われていたのか、はっきりとはしないようですが、東大寺の写経所は今日の図書館と近い役割も果たしていたことが推察されます。

村上《むらかみ》天皇の天暦年間（九四七〜九五七）には、東大寺尊勝院《そんしょういん》の経蔵「聖語蔵《しょうごぞう》」が建立され、ここには光明《こうみょう》皇后の写経をはじめとして、奈良時代の古写経や隋・唐から伝来した経典、宋版一切経《いっさいきょう》など五〇〇〇巻あまりが収蔵されていました。聖語蔵の蔵書の中には「積善藤家」の蔵書印が捺されているものがあるのですが、これは光明皇后の蔵書印で、日本最古のものだということです。

現在の滋賀県大津市にある石山寺《いしやまでら》も、大規模な経蔵を有していました。所蔵図書も貴重なものが多く、光明皇后発願の一切経をはじめ、平安・鎌倉・室町・戦国の各時代を通じて一切経を完備していたので、各時代の書風の変遷がわかる貴重な資料となっています。このほかに、『史記《しき》』や『春秋《しゅんじゅう》左氏伝《さしでん》』など古い時代の漢籍も多数所蔵しています。

なお、紫式部《むらさきしきぶ》がこの寺から琵琶湖の水面に映る月を観て悟り、『源氏物語』の構想を得て執筆したという伝説があり、現在では『源氏物語』関係の資料も多く所蔵しているそうです。

天台宗《てんだいしゅう》の総本山として名高い延暦寺《えんりゃくじ》も、経蔵を有していました。開祖の最澄《さいちょう》は延暦七年（七八八）に「一切経蔵」を建立し、唐より持ち帰った経・疏・記など二三〇部四六〇巻を収蔵しました。さらに目録をつくって天皇に献上しています。最澄亡きあとも、弟子の円仁《えんにん》や円珍《えんちん》などによって経典が収集され、経蔵に収められていきました。

しかし円珍亡きあとは、山門派《さんもんは》（円仁）と寺門派《じもんは》（円珍）に分かれて抗争になってしまい、寺門派の総本山である園城寺《おんじょうじ》が焼き打ちされ、その際に経蔵も焼失しまいました。延暦寺も元亀二年（一五七二）の織田信長による焼き打ちによって、経蔵を焼失しています。

天台宗の経蔵と肩を並べるものに、真言宗《しんごんしゅう》の東寺《とうじ》の経蔵があります。真言宗開祖の空海《くうかい》は、弘仁十四年（八二三）に嵯峨天皇よりこの寺を授けられます。以降は真言密教の道場として、東寺は重要な地位を占めるようになるのです。

空海は唐から二一六部四六一巻という大量の経典を持ち帰って帰国し、それを北経蔵（大経蔵）に収蔵しました。その管理は経蔵預があたっていました。

東寺の経蔵は当初、北経蔵と南経蔵の二ヶ所ありましたが、大治二年（一一二七）に焼失してしまい、のちに再建されたものの文明十八年（一四八六）に火災によって再び焼失してしまいました。その後、豊臣秀吉や徳川家康によって経蔵や所蔵されていた一切経が修復されています。

以上の経蔵は、いずれも畿内の大規模寺院に付設されたものですが、遠国にあっても経蔵を有する寺院は存在しています。例えば、陸奥国平泉《ひらいずみ》（岩手県西磐井郡平泉町）の中尊寺《ちゅうそんじ》も経蔵を有していました。鳥羽《とば》法皇の発願による金字・銀字を一行ごとに書き交えた金銀泥《きんぎんでい》一切経五七〇〇巻をはじめ、宋版一切経などの経典、漢籍なども多数収められていたようです。しかし奥州藤原氏の滅亡により、経典も次第に散逸するようになってしまい、経蔵もなくなってしまったようです。

## ●古代の図書館の特徴

ここまで古代の図書館を概観してきました。図書寮《ずしょりょう》や文殿《ふどの》、宮廷文庫などは図書館よりも公文書館としての役割のほうが主でしたが、その一方で図書寮には書司《しょし》という天皇の閲読係のような女官《にょかん》も配置されていたので、図書館的な要素も併せ持っていた組織なのだと指摘できます。

蔵書を大量に所蔵している公家は私設図書館を設け、石上宅嗣《いそのかみのやかつぐ》のように奈良時代末期から公開型の図書館を開いている貴族もおり、日本ではかなり早い時期から蔵書公開の動きがあったことが確認できます。ヨーロッパですと、紀元前は公開型の図書館もありましたが、中世に入り閉鎖的な修道院図書館の出現によって、蔵書を公開するという発想はあまり見られなくなりました。それとは対照的な動きが日本にあったことは注意すべき点でしょう。

また、寺院に付設された経蔵は、貴重な経典の保存書庫といった役割だけではなく、仏教研究のために活用されることを意図して貸し出しを行っている寺も確認されるなど、意外と利用もなされていました。

古代の図書館は、やはり貴重な図書・文書の保存機関としての役割が大きかったと思いますが、公家文庫などに見られるように、「利用」も重視される図書館も存在したことは評価されるべきだと思います。

## 第二節　中世の図書館

### ●天皇・貴族から武士へ

ここからは中世の図書館について見ていきます。

古代は天皇・皇族や貴族、そして大寺院などが図書館を設立し運営していました。それは、天皇・皇族が当初は自ら政治を行い、次いで藤原氏などの貴族が国政を担ったからです。つまり、政権担当者が図書館を設立したのです。したがって、政権の担い手が武士に移り替わった中世においては、図書館の設立者・保護者となるのは武士層でした。

武士は新しく伝来した禅宗《ぜんしゅう》を歓迎し、さらに大陸の新しい文化を受容しようと努め、積極的に図書を収集して文化的向上を果たそうとしました。政治の実権は掌握したものの、無教養で粗野な田舎者と貴族にさげすまれていた武士にとっては、貴族よりも文化的に優位に立つ必要があったからです。そのような動機も図書館設立の裏にはあったかと思われます。

### ●武家文庫

武士が設立した図書館を「武家文庫」と呼びます。代表的な武家文庫は金沢文庫《かねさわぶんこ》ですが、それに先行した武家文庫も存在しました。その一つが名越文庫《なごえぶんこ》です。

名越文庫の設立者は、源《みなもとの》頼朝《よりとも》が鎌倉に幕府を開いた際に京都から呼び寄せた公家の一人、三善《みよし》康信《やすのぶ》です。康信はもともと学者の家の出であったことから、多くの蔵書を有しており、また幕府関係の公文書も多く保管していました。それらを邸宅裏の山際に建てた私設図書館に収蔵するようになったのが、名越文庫の始まりだといわれています。名越文庫は康信の私邸内にあったものとはいえ、半官半私の性格を持つものだったと思われます。

称名寺

名越文庫は、新しく文化が公家から武家へ移行する過度期に現れた私設文庫として、代表的なものでした。しかし承元二年（一二〇八）、火災のために消失してしまい、のちに再建されましたが、承久三年（一二二一）正月に再び焼失してしまい、その後は一度も再建されずに今日に至っています。

鎌倉幕府は、源氏が三代将軍源実朝《さねとも》で途絶えたあと、京都から藤原頼経《よりつね》を招いて四代将軍に就かせました。これを摂家《せっけ》将軍と呼びます。六代以降は、京都から親王を招いて将軍職に就かせ、九代将軍守邦親王《もりくにしんのう》が最後の鎌倉幕府将軍です。これを宮《みや》将軍と呼びます。

摂家将軍・宮将軍に随行して京都から鎌倉に入った学者も数多

くいました。その子孫も京都に戻らずに、幕府に仕えた者が多かったのです。それらの学者たちと、鎌倉武士の中でも学問が好きな者同士が交流を持ち、武士の中でも多数の蔵書を有した私設図書館を開設する者が多くいました。そのほとんどは、名前だけ伝わっているものばかりで、実態がどのようなものなのかわからないのですが、長井宗秀《ながいむねひで》、二階堂行藤《にかいどうゆきふじ》が文庫を設け、貸し出しも行っていたことは史料の上で確認がとれています（『万安方《まんあんぽう》』）。

さて、これら武家文庫の中でも最大規模のものが金沢文庫です。

金沢文庫はいつ創建されたのか、誰によって開設されたのかは実はわかっていません。ただ、鎌倉幕府二代執権北条義時《ほうじょうよしとき》の孫にあたる実時《さねとき》によって書籍収集が本格的になり、蔵書が拡充されたのは確かなことのようです。実時一族の北条氏は金沢流《かねさわりゅう》といいますが、金沢流北条氏は金沢文庫の整備に代々努め、実時の子顕時《あきとき》、孫の貞顕《さだあき》まで書籍収集を続けました。

金沢流北条氏の実質的な初代である実時は、優れた才能を持っていたので幕府の要職を歴任しました。その一方で学問を好み、宋版をはじめ稀覯本《きこうぼん》の収集に尽力し、京都の蓮華王院《れんげおういん》や公卿、大寺院から借り寄せて筆写させるなど、蔵書の充実に努めています。実時自身も収集した書籍の校訂を行うなど、学者でもありました。

実時の私邸は文永七年（一二七〇）に火災で焼失してしまい、その際に多くの蔵書も失われています。そのことは現存している金沢文庫の蔵書の中に、「火災で焼失したので新たに筆写した」と記されているものがあることからも推察できます。

実時は父実泰《さねやす》の遺領である鎌倉郊外の金沢に別邸を建て、邸内に持仏堂《じぶつどう》を設けました。この持仏堂がのちに称名寺《しょうみょうじ》というお寺になります。この経緯からもわかるように、実時は金沢に居住しておらず、晩年に隠居の地として引っ越したのです。したがって、書籍収集は実時の代から行っていたことは明らかですが、金沢文庫として整備したのは息子の顕時ではないかという説もあります。

金沢文庫の蔵書には、すべて「金沢文庫」の蔵書印が捺され、仏書も多数所蔵していましたが、そのほかに『論語』『春秋左氏伝』『群書治要《ぐんしょちよう》』『礼記《らいき》』などの漢籍と、『律令』『続日本紀』『続本朝文粋《しょくほんちょうもんずい》』『類聚三代格《るいじゅうさんだいかく》』『吾妻鏡《あづまかがみ》』『源氏物語』などの和書も多くあって、あらゆる分野の図書が収蔵されていました。また、この文庫の蔵書は一般にも貸し出されており、公開型の図書館だったことが窺えます。管理は称名寺が行っていました。

元弘三年（正慶二年、一三三三）五月に鎌倉幕府は滅亡しますが、時の金沢流当主北条貞顕は自刃、嫡男の貞将《さだゆき》は討死にし、金沢流北条氏も滅亡してしまいます。鎌倉は市街戦が繰り広げられたので相当の被害が出ましたが、鎌倉から少し離れた金沢の地は戦火の被害に遭うこともなく、金沢文庫がそっくり残ったのは幸いでした。

金沢流北条氏の滅亡後は称名寺が管理しますが、かなり杜撰《ずさん》な管理をしていたようで、荒廃が進んでしまったようです。北条氏管理時代は独立した建物だったようですが、時代が下るにつれて荒れ果ててしまい、とうとう称名寺内に蔵書が移管されてしまいました。さらに移管後の管理も相当杜撰だったようで、もともと称名寺が所蔵していた蔵書と金沢文庫の蔵書が混ざってしまったのです。

金沢文庫

金沢文庫の荒廃は室町時代から始まっていたようで、北条氏が直接維持管理していた時代は閲覧ができ、貸し出しもできたのですが、称名寺の管理になってからは閲覧も貸し出しも容易にはできなくなり、戦国時代に入ると称名寺の蔵書も含めて「秘蔵」とされてしまいました。

戦国時代の鎌倉は、小田原の北条氏の支配になりますが、永禄三年（一五六〇）に北条氏政《うじまさ》が文庫の旧蔵書『文選《もんぜん》』を足利学校《あしかがかっこう》に納めたのをはじめ、文庫の蔵書が支配者の大名によって持ち去られるという事態が半ば恒常化してしまいます。

関白豊臣秀次《とよとみひでつぐ》が『侍中群要抄《じちゅうぐんようしょう》』を公家の日野《ひの》家に与え、次いで征夷大将軍に就任した徳川家康が、仏書以外の蔵書を、自身が江戸城内に設置した富士見亭《ふじみてい》文庫に接収してしまいます。

さらに後年、徳川将軍家から前田家、水戸徳川家に蔵書が贈られてしまい、前田家は尊敬閣《そんけいかく》文庫に、水戸徳川家は彰考館《しょうこうかん》に収蔵しました。

江戸時代、金沢文庫の蔵書は仏書を中心としたものになってしまいましたが、江戸時代後期の文政初期に、書物奉行《しょもつぶぎょう》の近藤重蔵《こんどうじゅうぞう》（守重《もりしげ》）が再興を計画したようですが、近藤が失脚してしまったために果たせず、明治に入って旧館林《たてばやし》藩士族の岡谷繁実《おかのやしげざね》が復興を計画し、伊藤博文《いとうひろぶみ》の手によって実現されたようです。

しかし、関東大震災で被害を受けてしまい、昭和五年（一九三〇）に神奈川県立金沢文庫《かなざわぶんこ》として、ようやく復活を遂げることができました。当初は神奈川県立図書館・博物館としての機能も有していましたが、戦後になって横浜と川崎に新たな県立図書館が建設されたので、鎌倉時代以来の古典籍《こてんせき》を所蔵する博物館として金沢文庫は現在も存続しています。金沢文庫は鎌倉時代に創建された武家文庫ですが、紆余曲折があったとはいえ、現在も存在している稀有な事例だといえます。

室町時代に入ってからも、武士が書籍を収集することは相変わらず活発でした。足利将軍家をはじめ、細川《ほそかわ》、飯尾《いいお》、伊勢《いせ》などの各氏も相当な蔵書を有していたようです。また室町時代の特色として、京都や鎌倉といった政治の中心地だけではなく、地方の武士が文庫を開設するようになったことが挙げられます。関東の太田道灌《おおたどうかん》、山口の大内氏《おおうち》、薩摩（鹿児島県）の島津氏《しまづ》、肥後（熊本県）の菊池氏《きくち》などは学問が好きな大名ということで著名でした。これらの大名も文庫を設けており、大内氏は「大内版」と呼ばれる出版事業も行っていました。

### ●学校文庫

室町時代には地方の武士が力を付け始め、文庫も地方の武士によって開設されるようになりました。その代表が関東管領《かんとうかんれい》の上杉憲実《うえすぎのりざね》によって整備された、下野国足利（栃木県足利市）の足利学校です。

足利学校

足利学校は室町時代中期に整備が進められ、戦国時代に全盛を迎えました。僧侶のみが入学を許されましたが、仏教は特に教えず、儒学、兵法、易学、医学など実用的な学問を中心に教授され、卒業後は各地の戦国大名に召し抱えられる者が多かったようです。

実は、足利学校の設立者と創建年は、諸説が乱立していてよくわかっていません。最も古い説では、天長九年（八三二）淳和《じゅんな》天皇の勅命で小野篁《おののたかむら》が創建したというものです（『足利学校記録』）。

しかし、室町時代にはすでに荒廃がかなり進んでいたようで、永享四年（一四三二）に関東管領の上杉憲実が足利を領すると、足利学校の復興に着手しました。

永享十一年（一四三九）に五経《ごきょう》の註疏本《ちゅうそぼん》（注釈本）を憲実は寄贈しますが、各冊に「此書学校の圏外に出るを許さず　憲実（花押）」との識語《しきご》（書き込み）が見られます。書籍の収集は、憲実の子憲忠《のりただ》、孫の憲房《のりふさ》の三代が努めたようです。設立者三代が特に収集に励んだというのは、金沢文庫と似ていますね。

憲実は、文安三年（一四四六）に「学規三條」という学校の方針を定めています。

また学校の復興を行うにあたり、憲実は鎌倉円覚寺《えんがくじ》の禅僧快元《かいげん》を招いて庠主《しょうしゅ》（校長）としました。快元は易学の大家でもあったからです。

易学とは、誤解を恐れずにいえば占いを研究する学問で、特に戦国時代はその知識を有する者の需要がありました。なぜならば、軍勢を動かすのも占筮《せんぜい》によって決めることが多かったからです。

学校の名声が高まるにつれて、入学希望の学生も増加してきました。遠く九州、長門（山口県）、安芸（広島県）からも入学者が来ていたようです。戦国時代のキリスト教宣教師フランシスコ・ザビエルも、その書簡に「坂東《ばんどう》の大学」と記すなど、日本を代表する教育機関だったようです。

学生数が多くなると、必然的に多くの書籍が必要になります。学校にはいつ頃からかわかりませんが、付属の図書館が設けられるようになります。蔵書数も時代によって増減があったと思われますが、室町・戦国時代のものはよくわかっていないようです。しかし、江戸時代の享保十年（一七二五）には、国書二四部（一二五冊）、漢籍二五六部（二〇五六冊）、仏典二二一部（七一四冊）を所蔵していたと推定されています。

関東管領上杉氏は憲政《のりまさ》の代に、居城の平井城《ひらい》を北条氏によって落城させられてしまい、越後（新潟県）の長尾景虎《ながおかげとら》（のちの上杉謙信《うえすぎけんしん》）を頼って落ち延びていきます。

代わって小田原の北条氏康《うじやす》が領主となりますが、足利学校は北条氏の庇護も受けるのです。北条氏の時の庠主は七代目の玉崗瑞璵《ぎょくこうずいよ》九華《きゅうか》で、この時代が最も栄えたそうです。九華は、易学の理論と実践的な占い、吉凶判断を得意としましたが、そればかりではなく医学や軍学にも大きな関心を示し、戦乱の世の要求に見事に応えたといいます。

江戸時代に入ってからも徳川将軍家は保護を与え、中でも八代将軍徳川吉宗《よしむね》は足利学校の蔵書調査を家臣にさせています。

寛政五年（一七九三）には儒学者で尊王論者の蒲生君平《がもうくんぺい》らによって学校の規則、いわゆる「足利学式」が制定されています。中には図書館に関する規定も存在し、閲覧についても触れています。これによると、図書館の管理は、司監《しかん》・司籍《しせき》・訓導《くんどう》が担当しており、館内閲覧のみが許され、館外貸出は行っていないとされています。

足利学校は明治五年（一八七二）に廃校となりますが、その蔵書管理のために明治三十六年（一九〇三）には足利学校遺蹟図書館が開館しています。ちなみに、同図書館は足利市立の公共図書館で、栃木県下初の公共図書館ということです。

足利学校の図書館としての特徴は、学校に付属していることです。学校図書館というよりは、今日でいえば大学図書館に近い研究型の図書館だったと思われます。ただ、室町・戦国時代の蔵書目録はなく、文庫の管理の実態もよくわかっていません。

金沢文庫も足利学校も、戦乱の影響で灰燼に帰すこともなく、領主が何度変わってもその庇護を受け続け、今日まで現存している点が素晴らしいといえます。ただ、図書館としての利用実態が窺える史料が少ないことが残念です。

中世の図書館の代表格は、金沢文庫と足利学校の図書館で、どちらも武士によって整備され、発展したものです。では、古代以来の寺院や公家には、中世はどのような展開があったのでしょうか。次にそれらを見ていきたいと思います。

## ●寺院文庫

室町幕府三代将軍足利義満《よしみつ》の時代からは、政権の基盤もようやく安定し、明《みん》との勘合貿易《かんごうぼうえき》も活発になったので、多くの書籍が日本に輸入されるようになりました。八代将軍足利義政《よしまさ》は、明に何度か書物を求めており、明で出版された図書の需要が日本国内でも高かったことが窺えます。

明や朝鮮から輸入された書籍は仏書も多かったのですが、一般書もかなりありました。その管理は禅僧が担い、寺院の経蔵《きょうぞう》に収められたのです。特に室町時代に新しく設けられたものもありました。代表的なものは、東福寺《とうふくじ》の普門院書庫《ふもんいんしょこ》と海蔵院《かいぞういん》文庫です。東福寺は九条道家《くじょうみちいえ》によって嘉禎二年（一二三六）に創建され、そのうち普門院は円爾《えんに》が開山しました。円爾は宋《そう》に七年も留学していましたが、仁治二年（一二四一）に帰国した際に経典数千巻を伝えたといわれています。また、円爾は仏教だけではなく、儒教にも通じており、書籍も儒書が多く含まれていたようです。円爾は自ら蔵書目録『三《さん》教典籍目録《きょうてんせきもくろく》』を編纂したともいわれていますが、現存していません。伝わっているのは『常楽目録《じょうらくもくろく》』と『明徳《めいとく》目録』で、これらの目録によって円爾の蔵書を今日でも知ることができます。

もう一つの海蔵院文庫の蔵書は、虎関師錬《こかんしれん》によって集められたものです。ここも仏教だけではなく、儒書も多く収蔵されていたといわれています。虎関師錬は歴史書『元亨釈書《げんこうしゃくしょ》』（一三二二年）を著しますが、海蔵院文庫の蔵書を使って執筆したと思われます。残念ながら永徳二年（一三八二）に焼失してしまいました。

## ●五山版

中世の寺院は出版社の役割も果たしていました。特に京都や鎌倉の五山《ござん》と呼ばれる禅寺では、「五山版」と呼ばれる出版が応仁の乱（一四六七〜七七）の前まで隆盛を極めます。

五山は京都と鎌倉の禅寺の中でも、特に朝廷によって格付けされた寺院のことを指します。鎌倉幕府が朝廷に奏請《そうせい》して始めたものですが、初期のことはよくわかっていません。室町幕府の足利将軍家も整備を進め、南禅寺《なんぜんじ》を京都・鎌倉五山の上位に位置づけ、その下にそれぞれ五つの禅寺を格付けしました。

元《げん》の滅亡（一三六八年）に伴って、大陸から多くの人々が日本に渡ってきましたが、中国で版木を彫る刻工《こくこう》が建徳元年（応安三年、一三七〇）に大勢来日し、京都に住むようになりました。この中国人の刻工が五山版に与えた影響は、かなり大きかったといわれています。特に甲斐国（山梨県）出身の禅僧春屋妙葩《しゅんおくみょうは》は、臨川寺《りんせんじ》で活発に出版活動を行いますが、その版木は中国人刻工が製作したものでした。

五山版は春屋妙葩が携わった臨川寺や天龍寺《てんりゅうじ》で多く刊行されましたが、ほかには相国寺《しょうこくじ》、南禅寺、東福寺でも出版されていました。しかし応仁の乱以降は、京都が戦乱の舞台になることも多く、足利将軍家の威光の低下もあって、地方の戦国大名によって出版活動が行われるようになるのです。

## ●朝廷文庫

鎌倉・室町時代に入っても、宮中では引き続き書籍収集が行われていました。

後白河法皇が創建した蓮華王院（三十三間堂）宝蔵《ほうぞう》は、文永十一年（一二七四）に皇統が持明院統《じみょういんとう》と大覚寺統《だいがくじとう》の二派に分裂した際に、持明院統に帰属しました。後深草《ごふかくさ》、伏見《ふしみ》、後伏見《ごふしみ》、花園《はなぞの》と、歴代天皇によって大切に扱われましたが、京都の治安悪化に伴って宝蔵の管理も容易ではなかったようです。花園天皇の代（在位一三〇八～一八）には、宝蔵の書物や宝物は分散してしまい、宝蔵自体も室町時代には消滅してしまいました。

持明院統の蔵書目録として、文和四年（一三五五）に中原盛氏、安部資為の手になる『仙洞御文書目録』があります。

対する大覚寺統には、亀山《かめやま》、後宇多《ごうだ》、後醍醐《ごだいご》の歴代天皇に引き継がれた万里小路《までのこうじ》文庫がありました。この文庫は亀山上皇の仙洞御所《せんとうごしょ》内にあり、和漢の書籍や古文書を収めていました。

大覚寺統の中でも後醍醐天皇は好学の天皇として知られ、天皇の個人蔵書として富小路内裏《とみのこうじだいり》の文庫にも多数の蔵書がありました。

後醍醐天皇は、元弘元年（一三三一）に鎌倉幕府打倒を目指して挙兵し、京都を退去して笠置山《かさぎやま》（京都府相楽郡笠置町）に籠城するのですが、その前に蓮華王院宝蔵の書籍、富小路文庫の重要なものの一部は、大覚寺、仁和寺《にんなじ》、三宝院《さんぽういん》、報恩院《ほうおんいん》など大覚寺統所縁の寺院に移されたようです。

## ●日記の家

中世に入ってからも貴族たちの書物収集は盛んに行われており、文庫を開設する公家たちも多かったのですが、ここではあまり言及されることがなかった「日記の家」を取り上げたいと思います。

律令制度は平安時代に入ると形骸化し始め、貴族の宮廷での執務や行事は儀礼的で煩瑣《はんさ》なものへと変質していきました。貴族たちは先例に則り、時にはこれを記した参考文献を頼りに執務や行事をこなしていったのです。

行事は慣例に基づいて行われていましたが、時代が下るにつれて「例外」や「新儀」といったものが出てきて、それがまた「先例」となっていったのです。そのため、その時々の行事について詳細に記録した日記が多数つくられるようになりました。

特定の家で代々書き継がれてきた日記が、次第に重視されるようになり、その家は「日記の家」と呼ばれるようになったのです。近年の研究で、日記の家で書き継がれてきた日記を、執務や行事の担当となった貴族が頻繁に借り出していたことが明らかになっています。

日記の家は、宮中の年中行事に関する図書の図書館であり、相談も受け付けていたことから、レファレンスセンターでもあったわけです。

戦国時代に入っても、日記の家の活動は継続されていました。山科言継《やましなときつぐ》もその一人で、その日記

『言継卿記《ときつぐきょうき》』にはその様子が垣間見られます。山科家は藤原北家四条家《ふじわらほっけしじょうけ》の分家にあたり、家格も非常に高い家柄でした。言継自身も一流の教養を備えた知識人で、交友関係も貴族や皇族、僧侶はもとより戦国大名や武将にも幅広い人脈があったことで著名です。

言継は自身の蔵書を求められた際に、貸し出すだけでなく、求める蔵書が山科家になければ、他家から借りてきて写本を作成したうえで貸し出しています。また他家が所蔵している本の閲覧を希望している人がいれば、仲介者の役目も積極的に果たしています。多くの本が言継を介して貸し借りされているのです。時には天皇の依頼に応じて、『源氏物語』の一部を書写したりもしています。

言継が貸借、書写、校合《きょうごう》した書物は『源氏物語』『風雅集《ふうがしゅう》』などの文学作品、『日本書紀』『公卿《くぎょう》補任《ぶにん》』『禁中補任《きんちゅうぶにん》』『歴名土代《りゃくみょうどだい》』『諸家伝《しょかでん》』『禁秘御抄《きんぴごしょう》』などの歴史書や、宮中の年中行事関係の書籍が多かったようです。これらは戦国時代にあっても、平安時代以来の儀礼のしきたりを維持するうえで必要不可欠の文献でした。

また、戦乱の時代でもあったため、蔵書を唐櫃《からびつ》に入れて様々な人に預けて、いわば疎開させていました。言継は、時には預けた先に出向いて行って、必要な本を取り出し、中身の点検もしていたようです。

日記の家は、単なる貴族が開設した文庫ではなく、その活動にはかなり現代の図書館活動に近いものがあったといえます。貸し出しを数多く行っており、また自身が保有していなければ他所から取り寄せて写本を作成してそれを貸し、本の貸借の仲介を行うのは、今日の図書館間相互協力に通じるものがあります。山科家の活動は、蔵書の利用を重視する今日の図書館の原点を見ているようです。

## ●図書の庶民への普及

中世において、読書は貴族と武士、そして僧侶に限られていました。それ以外の庶民が読書に親しむようになるのは十八世紀の江戸時代中期まで待たなければなりませんが、中世では『平家物語』や『太平記』を「語りもの」として、他人が話すのを耳で聞いて享受していました。

室町時代後期になると、御伽草子《おとぎぞうし》という庶民向けの物語が出版されるようになります。御伽草子は、子どもや女性にも読みやすいように本文は仮名で書かれており、また挿し絵を主体とした構成になっていて、絵だけを見ても充分物語の内容が理解できるように工夫されています。

十六世紀に入ると、裕福な町人や上層農民に限られますが、連歌《れんが》や俳諧《はいかい》の世界に作者として参加してくるようになります。

このように室町時代になると、それまで無縁だった図書が庶民に普及し始めるのです。本格的に庶民が図書に親しむのは江戸時代になりますが、室町時代の後期にその萌芽が見られます。

## ●中世の図書館の特徴

中世は武士が政治の実権を掌握した時代で、文庫も武士が設置・運営したものが目立ってきます。鎌倉時代には数多くの武家文庫が設立され、室町時代には上杉憲実によって足利学校が復興されるなど、南北朝、戦国時代といった戦乱の時代にもかかわらず、比較的図書館は順調に発展していきました。金沢文庫も足利学校も、支配者が変わってもその保護を受けています。

武家文庫も学校文庫も貴重な図書の保存を目的に設立されましたが、閲覧を比較的自由に許可している点に特徴があります。蔵書を「秘蔵」していないのは、評価すべき点です。

古代以来の朝廷や公家、寺院の文庫も存続していましたが、やはり主役の座は武家文庫に譲ってしまったと思われます。ただ、公家が担っていた「日記の家」は今日の公共図書館に近い活動をしており、公共図書館の原点といえるかもしれません。

これらは、天皇・皇族、貴族、僧侶、武士といった限られた層の人々を対象にしたものですが、これからお話する江戸時代の図書文化の礎《いしずえ》となっているものです。次章ではいよいよ「江戸の図書館」について詳しく見ていきましょう。

## 【第一章の参考文献】


岩猿敏生『日本図書館史概説』（日外アソシエーツ、二〇〇七年）
小川徹「いわゆるわが国最初の公共図書館・芸亭について」（『法政大学文学部紀要』第二八号、一九八二年）
小川徹「日本最古の図書館「書屋」について」（『図書館文化史研究』第一九号、二〇〇二年）
小川徹・奥泉和久・小黒浩司『公共図書館サービス・運動の歴史』一（日本図書館協会、ＪＬＡ図書館実践シリーズ四、

二〇〇六年）
小野則秋『日本図書館史　補正版』（玄文社、一九七三年）
草野正名『日本学校図書館史概説』（理想社、一九五五年）
草野正名『三訂　図書館の歴史』（学芸図書、一九七五年）
倉澤昭壽『近世足利学校の歴史』（足利市、二〇一一年）
松薗斉『日記の家――中世国家の記録組織』（吉川弘文館、一九九七年）
綿抜豊昭『図書館文化史』（学文社、図書館情報学シリーズ八、二〇〇六年）

# 第二章

# 将軍専用の図書館・紅葉山文庫

# 第一節　徳川家康の図書文化への関心

## ●家康の文化重視

戦国時代は織田信長、豊臣秀吉を経て、最終的に徳川家康が江戸幕府を開いて終焉することになります。およそ一〇〇年にわたる戦国乱世によって人身は荒廃してしまいましたが、それを復興するために家康が採った方法は、学問を盛んにすることで、民心の安定を図るというものでした。もともと家康は学問が好きな人物で、そのため書籍や文庫、ひいては文化全般に並々ならぬ関心を持っていたのです。それを窺わせる有名なエピソードが三つあります。

天正十九年（一五九一）六月、奥州の九戸《くのへ》政実《まさざね》が秀吉の発した「惣無事令《そうぶじれい》」に違反したので、豊臣秀次《ひでつぐ》（秀吉の甥）を総大将として多くの大名が出陣しました。政実の反乱を無事に鎮圧し、その凱旋の途中に、秀次は前章で触れた下野国（栃木県）の足利学校《あしかががっこう》に立ち寄ります。秀次は時の九代庠主《しょうしゅ》閑室元佶《しつげんきつ》を半ば無理やり上洛させましたが、その際、上杉憲実《うえすぎのりざね》寄進の『五経注疏《ごきょうちゅうそ》』など貴重な蔵書も京都に持っていってしまったのです。家康は秀次のこの所業を潔しと思っていなかったようで、秀次の失脚後、持ち出したものを足利学校に返却しています。元佶はこの時の縁がもとで家康と親しくなり、文治政策のブレーンとなりました。

二つ目は、朝鮮出兵の時の逸話です。天正二十年（文禄元年、一五九二）、秀吉が全国の大名に号令して朝鮮に出兵しますが、家康も兵を率いて肥前国名護屋（佐賀県唐津市）に出陣していました。その際も儒者の藤原惺窩《ふじわらせいか》を伴って、陣中でも『貞観政要《じょうがんせいよう》』の講義を聴いていたといいます。これから戦争に向かうという際にも、学者を伴わせるというのは学問が好きな家康ならではのエピソードです。

三点目は、慶長八年（一六〇三）二月の奈良正倉院《しょうそういん》の修理を挙げることができます。その際、室町幕府八代将軍足利義政《よしまさ》や織田信長の故事に則って、「香木《こうぼく》として名高い蘭奢待《らんじゃたい》を切り取っては？」との家臣の申し出を家康は一蹴しています。蘭奢待を切り取るということは、「天下人」としてのアピールになると家臣は考えたのでしょう。この月に家康は征夷大将軍に任じられているので、蘭奢待を切るタイミングとしては絶好だったわけですが、家康はそれを認めなかったということです。

徳川家康肖像

家康の文化重視、学問好きが良くわかるエピソードです。これほど文化面に関心を寄せていた家康ですから、どのような本を読んでいたのか大変気になるところです。次に家康の読書傾向を史料から探ってみましょう。

## ●家康の読書傾向

戦国大名の読書傾向が窺える史料というのは、そう多くは残っていません。小和田哲男氏の『戦国大名と読書』（柏書房、二〇一四年）によると、侍医の板坂卜斎《いたさかぼくさい》が書き残した『慶長記《けいちょうき》』に、家康の愛読書名が挙げられています。慶長五年（一六〇〇）時点でのことですが、どうやら家康の本好きは周囲の人たちも知っていたようです。京都の臨済宗《りんざいしゅう》寺院の南禅寺《なんぜんじ》・東福寺《とうふくじ》の僧や、水無瀬《みなせ》兼成《かねなり》などの公家と親交を家康は結んでいて、日常的に学問のことを話題にしていたといいます。

家康が好んだ本は、漢籍では『論語《ろんご》』や『中庸《ちゅうよう》』などの儒書、中国の古代王朝前漢の歴史書『漢書《かんしょ》』、古代中国の兵法書『六韜《りくとう》』と『三略《さんりゃく》』、そして唐《とう》の太宗《たいそう》の言行録といわれ、政治の要諦が書かれている『貞観政要』だといいます。和書では、『延喜式《えんぎしき》』と『東鑑《あずまかがみ》』を挙げています。『延喜式』は延長五年（九二七）に完成した律令《りつりょう》の施行細則で、『東鑑』は一般には『吾妻鏡』の名で知られている鎌倉幕府の通史です。

家康は、詩歌などの文学は嫌いで、儒書、歴史書、兵法書、政治、法律書など、実用的な書物を好んで読んだようです。もちろん、これは卜斎が挙げた書名のみで、それ以外にも家康は多くの書物を読破していたと思われます。

同時代の武将で家康と匹敵するほどの読書好きといえば、上杉景勝《うえすぎかげかつ》の執政《しっせい》直江《なおえ》兼続《かねつぐ》が挙げられるでしょう。兼続は関ヶ原合戦で家康とは敵対しましたが、一六年後の元和二年（一六一六）三月、家康は、自身の政治顧問である金地院《こんちいん》崇伝《すうでん》を介して『律令』と『群書治要《ぐんしょちよう》』を兼続が所持しているか否かを聞いている書状が残っています（『本光国師日記』二十）。『群書治要』は、唐代初期の成立で、君主が実際に政治を行う際の参考にするために編纂されたものです。家康は自ら出版事業も行っており、『群書治要』五〇巻も出版計画がありました。そのために、家康は兼続に所蔵を確認したのでしょう。かつての敵同士も、書籍を介して交流があったのです。

## ●家康の出版事業

家康は少年時代、駿河（静岡県）の今川義元《いまがわよしもと》の下で人質に取られていたことは有名ですが、実はそこでの体験が読書好き・学問好きになった理由といわれています。

駿河時代、義元の政治顧問としても活躍した、禅僧の太原崇孚雪斎《たいげんそうふせっさい》の教育を少年時代の家康は受けていました。雪斎は「駿河版」と呼ばれる出版事業も行っていて、『聚分韻略《しゅうぶんいんりゃく》』と『歴代序略《れきだいじょりゃく》』を刊行しています。『聚分韻略』は漢詩をつくる際の音韻の手引書、『歴代序略』は中国の歴史書です。家康は雪斎の活動を間近で見ていたので、このような文化事業にも並々ならぬ関心を持つようになったと考えられます。

さて、家康が実際に出版を行うようになったのは、家康が五大老筆頭として伏見で政務にあたっていた慶長四年（一五九九）のことです。家康は足利学校の九代庠主閑室元佶を伏見に招き、木活字《もくかつじ》を用いて何点かの書籍を出版しました。これを「伏見版」と呼びます。第一号は『孔子家語《こうしけご》』でした。

慶長五年（一六〇〇）九月には石田三成《いしだみつなり》を関ヶ原で破り、同八年（一六〇三）に征夷大将軍就任、同

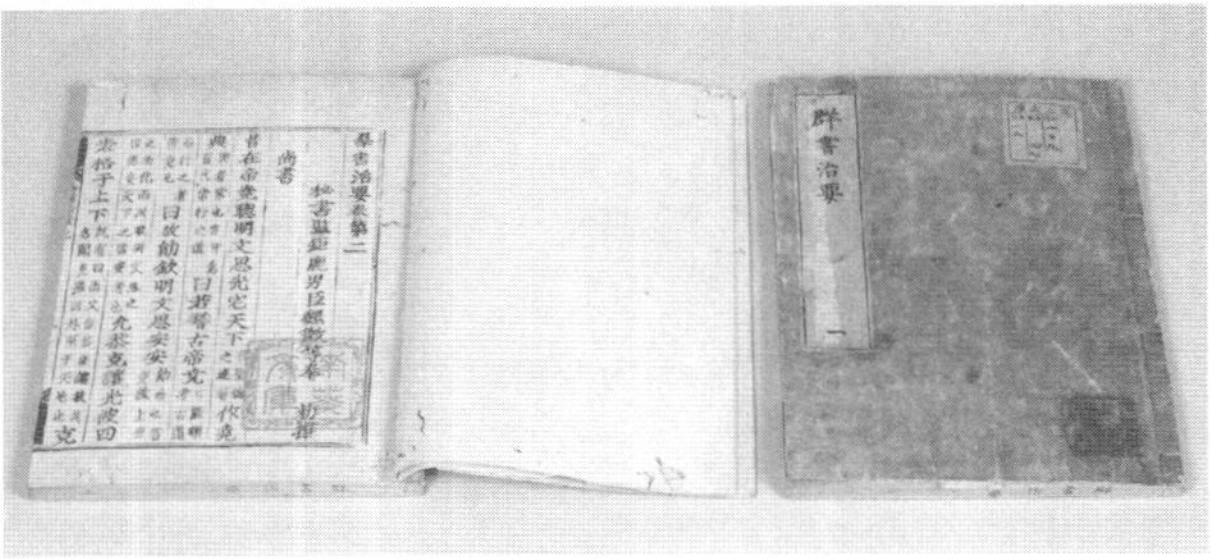


駿河版の『群書治要』

駿河版の銅活字

十年（一六〇五）に嫡子徳川秀忠《ひでただ》への将軍職禅譲と、この数年間の家康の周辺は非常に慌ただしかったのですが、その間も伏見版の刊行は続けられていて、同十一年（一六〇六）まで七点に及びました。『六韜』『三略』『貞観政要』『吾妻鏡』など、伏見版では自ら愛読していた書籍を印刷・刊行したようです。

再び家康が出版事業を行うのは、慶長二十年（元和元年、一六一五）三月のことです。この時は銅活字で『大蔵一覧集《だいぞういちらんしゅう》』の刊行を命じ、六月には一一二五部の印刷が完了しています。これを「駿河版」と呼びますが、日本で最初の銅活字を用いた図書となりました。その間、家康は五月に豊臣氏を大坂城で滅ぼしていますので（大坂夏の陣）、戦をやりながらその傍らで文化事業も行っていたのです。

後顧の憂いがなくなった家康は、翌元和二年（一六一六）には林羅山《はやしらざん》、金地院崇伝に命じて『群書治要』五〇巻の刊行を命じています。その参考に直江兼続の蔵書を必要として、書状を書いたことは前述した通りです。家康は、その完成を見る前の元和二年（一六一六）四月に亡くなり、『群書治要』は四七巻まで刊行され、六月まで事業は継続されました。

### ●駿河文庫

家康は読書を趣味として、木活字・銅活字を用いての出版事業も行っていたので、当然のことながら自らも相当量の蔵書を持っていました。

膨大な蔵書管理のためと、おそらく出版事業のための研究用に文庫を二ヶ所設けています。一つは江戸城内の富士見亭《ふじみてい》文庫で、もう一つは隠居所の駿府《すんぷ》城内に設置した駿河文庫です。富士見亭文庫は

第二節で詳しく説明しますので、ここでは駿河文庫について触れたいと思います。

実は、駿河文庫の開設年はよくわかっていません。ただ、慶長十二年（一六〇七）十二月に駿府城が火災に遭った際、「御文庫宝蔵は恙《つつが》なかりしかども、御座に置れし御宝物ども、一として烏有《うゆう》たらざるはなし」（『徳川実紀』）とあるので、駿河文庫はこの時点では存在したと考えられています。

家康は、戦国時代の一〇〇年間で数多くの貴重な書物が灰となってしまったことを嘆いて、残存していた書籍の収集に努めました。荒廃していた相模（神奈川県）の金沢《かねさわ》文庫の蔵書を一部接収して保存に努め、朝鮮出兵で日本に持ち込まれた図書も収集しています。また慶長十六年（一六一一）四月には京都五山《ござん》の禅僧に命じて、仙洞御所《せんとうごしょ》（上皇の御所）をはじめ、公家の家に伝わる古書を書き写させています。写本は三部製作され、一部を朝廷、一部を富士見亭文庫、一部を駿河文庫に所蔵させました。三部つくって各所に分散させたのは、火災などの被害に遭って一挙に本が失われることを家康が恐れたためといわれています。

公家や諸大名や大寺院は、第一章で見たように文庫を開設しているところも多かったのですが、自由に閲覧が許されたのは僅かで、その多くは「秘蔵」していました。「天下人」となった家康が、その将軍家の威光を背景にして、貴重書の写本を製作していったことは、文化保存の観点からも評価できる事業だといえるでしょう。

駿河文庫の蔵書数は、林羅山によると「八百余部」（『羅山外集』）と伝えられていますが、すでに家康存命中から、駿河文庫の蔵書は数回にわたって江戸城の富士見亭文庫に移されていました。家康の殁後、残存していた駿河文庫の蔵書は、遺命によって最も貴重な本は富士見亭文庫に移され、残りは尾張・紀伊・水戸の御三家に譲られました。これらの本を「駿河御譲本《するがおゆずりぼん》」と呼びます。分配の実務は林羅山が担当しましたが、元和四年（一六一八）の段階でもまだ完了していなかったようです。

駿河文庫の収書は、富士見亭文庫も同様ですが、稀覯本《きこうぼん》の散逸を恐れて家康が収集したものです。しかしそればかりではなく、武家諸法度《ぶけしょはっと》をはじめとする諸法典の編纂の参考資料と、駿河版刊行のためにも収集したと考えられます。

# 第二節　紅葉山文庫

## ●富士見亭文庫

小田原の北条氏《ほうじょう》が滅びたあと、秀吉は家康に旧北条領国への転封《てんぽう》を命じました。そのため家康は、長年居城としていた駿府城から、天正十八年（一五九〇）八月一日に江戸城へ入城します。

関ヶ原合戦から二年が経った慶長七年（一六〇二）六月、家康は江戸城本丸の南端にあった富士見の亭に文庫を設置し、「文蔵《ふみくら》」（または「御冊子蔵《おそうしぐら》」）としました。富士見の亭に設置された御文庫なので、現在は「富士見亭御文庫」、または「富士見亭文庫」と呼ばれています。本書では富士見亭文庫で呼び方を統一します。

家康が文庫を設置した動機は、史料には次のように書かれています。

応仁よりこのかた百有余年騒乱打ちつゞき。天下の書籍ことごとく散佚せしを御歎きありて。遍く古書を購求せしめらる。(『徳川実紀』)

戦国乱世によって貴重な書籍が散逸してしまったのを家康は嘆いて、可能な限り図書を収集しました。その図書の保存書庫として富士見亭文庫を設置したのです。

蔵書について、『徳川実紀』は次のことも伝えています。

慶長七年江戸城内にはじめて御文庫を創建せられ。金沢文庫に伝へし古書どもをあまためして収貯せられ。(『徳川実紀』)

家康が金沢文庫の貴重書を接収して、富士見亭文庫の蔵書にしたと『徳川実紀』は伝えているのですが、これには江戸時代後期の書物奉行近藤重蔵《こんどうじゅうぞう》の批判(『好書故事《こうしょこじ》』)があり、さらに近代に入ってからも森潤三郎、小野則秋両氏の反論があります。

小野氏によれば、天正十八年(一五九〇)の小田原征伐の際に、秀吉に従軍していた諸将の一部に金沢文庫の蔵書を持ち去った者がいたそうです。それらの武将から後年、家康に金沢文庫旧蔵書が贈られたものもあったので、それが富士見亭文庫に所蔵されたとしています。

また家康のもとには、朝鮮出兵に出陣した武将から朝鮮の本も一部贈られていて、それ以外にも秀吉歿後、権力者となった家康のもとには各地の大名や武将から貴重な書籍が多く贈られているので、富士見亭文庫はそれらの保存のための収蔵庫としても設置されたと小野氏は指摘しています(『日本文庫史研究』下巻)。

いずれにしても、この真相はいまだによくわかっていません。

富士見亭文庫の管理については、医師の田村長頤(安栖軒)に命じて足利学校一〇代庠主の龍派禅珠《りゅうはぜんしゅ》を呼び寄せて目録を編纂させています。龍派禅珠は一般には寒松《かんしょう》という別号で知られている禅僧で、『寒松日記』や詩文集『寒松稿』などが残されています。また家康は、禅珠に『貞観政要』と『吾妻鏡』の訓詁《くんこ》注釈もさせました。禅珠も先代の元佶と同様に、家康の文化的な事業に大きな影響を与えた人物といえます。

家康の存命中より、駿河文庫から富士見亭文庫への蔵書の移管は何回か行われていますが、特に慶長十九年(一六一四)七月に『晋書《しんじょ》』『戦国策《せんごくさく》』『淮南子《えなんじ》』など貴重書三〇部が江戸にいる将軍徳川秀忠宛てに贈られ、富士見亭文庫に収蔵されています。そのうち二二部が現存し、内訳は一四部が朝鮮で刊行された図書、五部が明《みん》で刊行された図書、三部が朝鮮本の写本でした。

元和二年(一六一六)に家康が死去した際は、『先代旧事本紀《せんだいくじほんぎ》』『古事記』『釈日本紀《しゃくにほんぎ》』など最も貴重なものを林羅山が厳選して富士見亭文庫に移管しています。その残りが尾張・紀伊・水戸の各徳川家に贈られたのです。のちに尾張家は蓬左《ほうさ》文庫、紀伊家は偕楽園《かいらくえん》文庫、水戸家は彰考館《しょうこうかん》文庫を設けて書物を管理し、学問の興隆に努めています。

富士見亭文庫は、家康・秀忠時代の江戸城内の文庫でしたが、これを大幅に整備したのが三代将軍徳川家光《いえみつ》です。次に、家光が整備した紅葉山《もみじやま》文庫について見てみましょう。

## ●富士見亭から紅葉山へ

家康が設けた富士見亭文庫は、幕府の図書館というよりも家康個人の蔵書を収納しておく書庫といった性格が強いものでした。家康自身は収集した書籍を活用して、幕府の諸法典の編纂を考えていたようですが、あくまでも家康・秀忠の時代は将軍個人の所有物だったのです。

それを大改革したのが、三代将軍家光です。家光は寛永十年（一六三三）十二月に書物奉行《しょもつぶぎょう》を創設し、関正成、星合具枚《ほしあいともかず》、三雲成賢《みくもしげかた》、西尾正保《にしおまさやす》の四名を任命しました。

以降、書物奉行は御目見得《おめみえ》以上の旗本で、人数は三人または七人が任じられ、若年寄《わかどしより》配下となりました。寛永年間（一六二四～四四）は、それまで「庄屋仕立《しょうやじた》て」と呼ばれていた簡素なものから、江戸幕府が全国政権として相応しい、きっちりとした官僚機構へと転身を図った時期で、文庫の管理者も将軍と個人的に親しい儒者から、幕臣へと改められたのです。

さらに家光は、富士見亭にあった文庫を、寛永十六年（一六三九）七月には江戸城大改修工事の一環として、防火上、類焼の危険が最も少ない紅葉山の麓に移転させようとしました。

ところが建設を始めたばかりの八月十一日に、江戸城本丸の厨《くりや》（台所）から出火して、本丸を全焼させてしまいました。火の手は富士見亭文庫まで迫ったのですが、創設されたばかりの初代書物奉行四名が協力し、文庫の蔵書を他所に移したので、大した被害を受けなかったのが幸いでした。おそらくこの火事により、紅葉山の新文庫の建設は急がれたものと考えられます。

実は、新文庫の落成時期は史料上はっきりとはわからないのですが、近藤重蔵が著した『右文故《ゆうぶんこ》事《じ》』巻十に寛永十七年（一六四〇）に落成したとあるので、おそらくこの年あたりに完成したものと思われます。ここに幕府の文庫は、富士見亭から紅葉山に移転し、それで今日「紅葉山文庫」と呼ばれているのです。ただし、江戸時代にはこの名称で呼ばれていませんでした。

では、次項から紅葉山文庫について、森潤三郎『紅葉山文庫と書物奉行』、福井保『紅葉山文庫――江戸幕府の参考図書館』などの先行研究に依拠しながら詳しく見ていきましょう。

## ●「紅葉山文庫」の名称

幕府の文庫は、今日「紅葉山文庫」という名称が定着していますが、実はこの名称は江戸時代当時の呼び方ではなく、明治に入ってからのものです。ちなみに江戸時代に「紅葉山文庫」と記された史料は、今のところ確認されていません。

江戸時代は主として「御文庫《ごぶんこ》」と呼ばれていました。「御文庫」という名称は各藩の文庫についても用いられていて紛らわしいのですが、幕府関係のものは「御文庫」といえば紅葉山文庫のことを指します。

例えば、林羅山の跡を継いで幕府お抱えの儒者となった林鵞峯《がほう》の日記『国史館日録《こくしかんにちろく》』には「御文庫」「官庫」と記されていますし、『群書類従《ぐんしょるいじゅう》』を編纂した著名な国学者の塙保己一《はなわほきいち》の書状にも「御文庫に御座候得ば」「御文庫へ相納候」とあります。ただ保己一は、ほかの御文庫と区別するために、「公儀御文庫」や「紅葉山御文庫」のように限定した表現を用いている場合もあります。「紅葉山御文庫」

という名称も使われていますが、基本的には「御文庫」と呼ばれていたようです。

近藤重蔵は「御庫《おくら》」「御文庫」「紅葉山御文庫」と『右文故事』に記していますし、書物奉行の公務日誌『御書物方日記』の中では「御蔵《おくら》」「紅葉山下御殿」「紅葉山下御書物蔵」などの名称で書かれています。

さて、文庫がある紅葉山を別名「楓山《ふうざん》」と書く習慣がありました。これは徳川家の霊廟がある東叡《とうえい》山寛永寺《ざんかんえいじ》を「叡山」、三縁山増上寺《さんえんざんぞうじょうじ》を「縁山」と呼んだので、語調を合わせて「楓山」と呼んだのが最初といわれています。

この「楓山」という呼び方は『楓山貴重書目』や『楓山書倉邸抄』など、紅葉山文庫の蔵書目録の書名にも使用されています。

明治時代になると紅葉山文庫は内閣《ないかく》文庫に改組されますが、文庫旧蔵本を指して「楓山文庫」「楓山秘閣」「楓山蔵書」と呼ばれています。「紅葉山」よりも「楓山」のほうが漢語的な表現なので、好まれたのではないかと思います。

## ●紅葉山文庫の位置

次に、紅葉山文庫が建てられた場所について簡単に触れておきたいと思います。

紅葉山と呼ばれる丘陵は、江戸城の中央、吹上《ふきあげ》地区の西側にあります。おそらく秋の紅葉の季節には紅葉が美しかったので、そう呼ばれるようになったのでしょう。

紅葉山の上には、寛永十四年（一六三七）以来、徳川家康をはじめとする歴代将軍の霊廟《れいびょう》が造営されていました。その麓で、霊廟の東北に隣接する地域には「御宝蔵」と呼ばれる数棟の倉庫があり、「御屏風蔵」、「御具足蔵」、「御鉄炮蔵」そして「御書物蔵」が建っていました。「御書物蔵」が紅葉山文庫の書庫となっていたのです。

寛永十六年（一六三九）七月八日に、本多信吉（次郎右衛門）が紅葉山文庫建設の奉行に任じられたと『徳川実紀《とくがわじっき》』に記されているので、書物奉行設置と同時に家光は富士見亭からの移転を考えていたと思われます。

文庫のある「御宝蔵」の区域は、西の丸から西桔門《にしはねもん》に通じる道路とお濠（内堀）とを隔てて、本丸の高い石垣に面しており、ほかの方角も霊廟に隣接しているかお濠に沿っていました。周囲には常緑樹の大木が繁っていて、火の手が最も及びにくい安全地帯になっているのです。

江戸城は何度か大火に見舞われ、明暦三年（一六五七）に起こった明暦の大火では天守閣をも焼失してしまいましたが、紅葉山文庫は無事でした。火災のリスクという点では紅葉山は最適の地ということが、図らずも実証されたのです。それゆえ、明治まで将軍家の貴重書を伝えることができたわけです。

## ●紅葉山文庫の建物・構造

最初に建てられた建物は、寛永十七年（一六四〇）に建てられた書庫一棟・書物奉行の詰所（会所《かいしょ》）

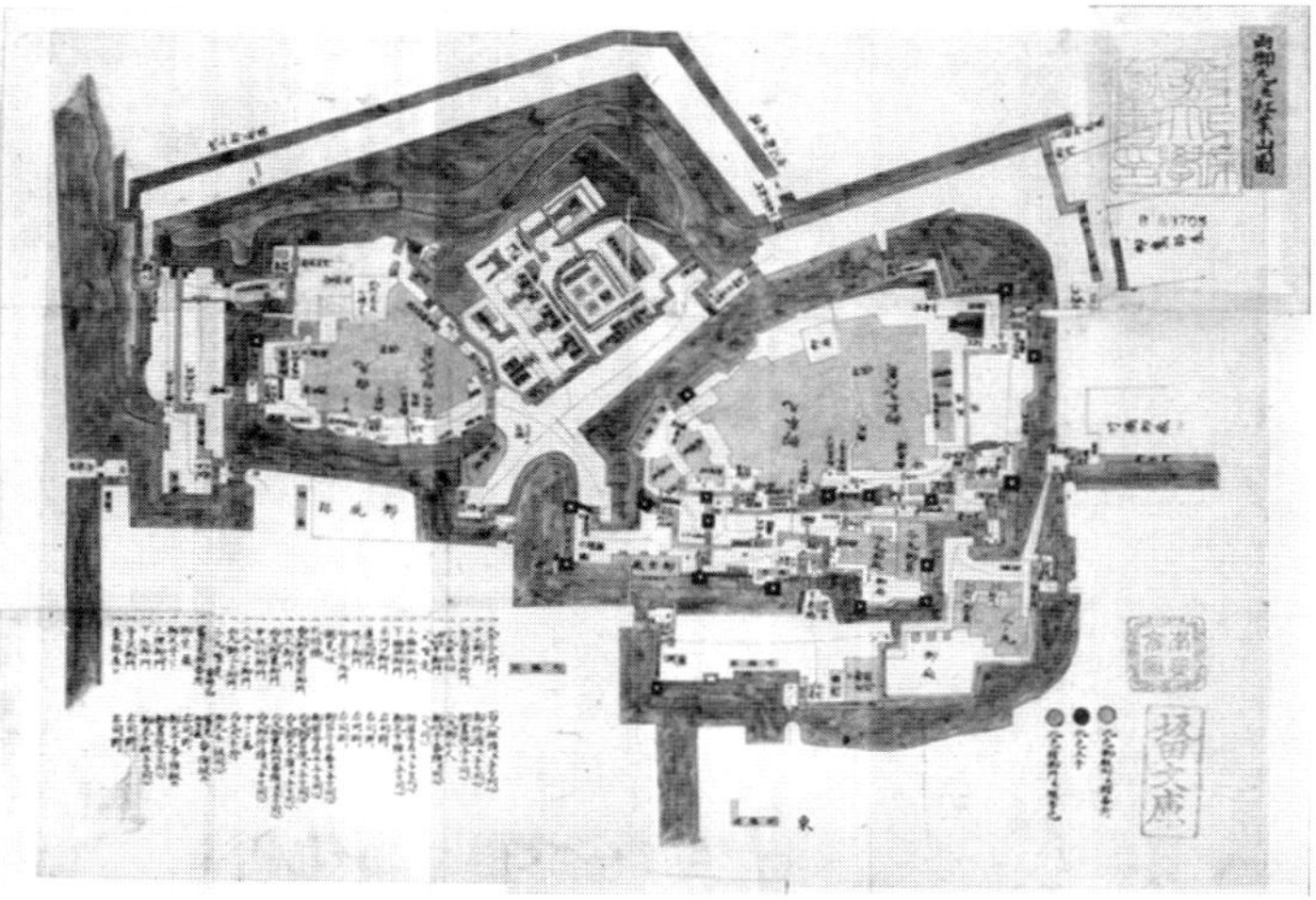

紅葉山文庫地図

一棟だったと考えられます。この時の書庫は長さ一五間、幅三間でした。一間はメートル法では約一・八メートルなので、長さ約二七メートル、幅は約五・四メートルとなります。

紅葉山文庫は火事に強いと書きましたが、実は書庫自体は被害に遭ってはいないものの、会所は宝永二年（一七〇五）に一度焼失しています。書物奉行の公務日誌である『御書物方日記』の最古のものは宝永三年（一七〇六）なのですが、それ以前のものはおそらく火事によって灰になってしまったと考えられています。

書庫のほうは宝永七年（一七一〇）になって、隣の霊廟を修築するために縮小させる必要が生じてしまい、長さ一〇間（約一八メートル）幅三間（約五・四メートル）になってしまいました。

当然このままでは全蔵書を収容できないので、翌正徳元年（一七一一）に一棟を増築して書庫は二棟となり、古いほうを「東御蔵」、新築のほうを「西御蔵」と区別して呼ぶようになりました。当時の宝蔵区域内には、書庫二棟のほかに具足蔵二棟、鉄砲蔵一棟、屏風蔵一棟の四棟がありました。正徳三年（一七一三）、六代将軍徳川家宣《いえのぶ》が甲府藩主時代の蔵書（これを「桜田御文庫本」といいます）を収めるために屏風蔵を御書物蔵に改装しました。これを「新御蔵」といいます。

宝蔵の数は書庫三棟、具足蔵二棟、鉄砲蔵一棟の合計六棟になったのです。このような内訳で紅葉山の宝蔵は一〇〇年間維持されます。しかし、この一〇〇年で新御蔵の半分は納戸《なんど》に転用されてしまいました。

文化十年（一八一三）七月に新御蔵を修理することになり、そのため西御蔵の半分を納戸に充て、残りの半分を貴重書のスペースに充てることにしました。文化十四年（一八一七）には書物奉行近藤重蔵の献策により、東御蔵を修理して貴重書をここに集めて保存することにしています。貴重書を集めることによって管理しやすくしたと考えられます。

文政十一年（一八二八）に、豊後佐伯《さいき》藩（大分県佐伯市）の藩主を務めた毛利高標《もうりたかすえ》の旧蔵書が、孫の現藩主高翰《たかなか》から幕府に献上されました。高標は佐伯藩の藩政改革を推進させ、特に文教面に力を入れた人物です。

高標の旧蔵書は昌平坂学問所《しょうへいざかがくもんじょ》と、紅葉山文庫に収蔵されることになりました。しかし、従来の書庫ではスペースが足りないため、新書庫建築を書物奉行が申請して、文政十三年（天保元年、一八三〇）に竣工しています。これで書庫は都合四棟となりました。翌天保二年（一八三一）には、従来の「東」

「西」「新」の名称を廃して、単純に東御蔵から、一・二・三・四と番号で書庫を呼ぶことにしたようです。

嘉永元年（一八四八）には文庫を修復しています。嘉永四年（一八五一）に貴重書を収蔵している一《いち》ノ《の》庫《くら》が木陰にあったので湿気が多く、本が虫に食べられてしまう被害が確認されたので、中央にあった四《よん》ノ《の》庫《くら》に貴重書を移動し、四ノ庫を一ノ庫と名称を変更しています。

慶応二年（一八六六）に書物奉行は廃止されてしまいますが、書庫は江戸時代初期と比べて増加しているので、蔵書も順調に増加していたことが窺えます。

## ●紅葉山文庫の蔵書目録

紅葉山文庫の蔵書の源流は、家康が収集した書籍がもとになっていることは前述しました。駿河文庫から譲られた「駿河御譲本」と呼ばれる蔵書や、金沢文庫などから移された書籍が、中核となっていました。

富士見亭から紅葉山に移転し、書物奉行という管理責任者が置かれるようになると、収集も効率的に行われるようになりました。蔵書も飛躍的に増加しています。

前身の富士見亭文庫から含めれば、紅葉山文庫の蔵書目録は一〇回作成されています。ただし新しく目録が作成されると、古い目録は焼却処分されてしまうので、最後に編纂された目録のみ、現存しています。では、その概要を確認しておきましょう。

①慶長七年（一六〇二）編集担当＝足利学校一〇代庠主龍派禅珠《しょうしゅりゅうはぜんしゅ》
富士見亭文庫の開設時に作成した蔵書目録。

②延宝八年（一六八〇）編集担当＝林大学頭信篤《のぶあつ》（鳳岡《ほうこう》）
担当者の林鳳岡は林家三代目で、この年に家督を相続しました。紅葉山へ移転して以降、初の蔵書目録です。

③享保五年（一七二〇）編集担当＝林大学頭信充《のぶみつ》（榴岡《りゅうこう》）
担当者の林榴岡は林家四代目で、鳳岡の嫡男です。享保八年（一七二三）に家督を継承するので、目録を作成した年は厳密には林家の当主ではありませんでした。ただ父の鳳岡はこの時七五歳でしたので、実質的には榴岡が林家を取り仕切っていたのではと思います。

延宝八年（一六八〇）と享保五年（一七二〇）の二回の蔵書目録作成は、林家当主の代替わり前後に行っていることがわかります。林家は紅葉山文庫の管理者ではありませんが、富士見亭文庫時代は、初代の林羅山が管理をしていましたし、将軍家お抱えの儒者ですので、目録作成には適任だと思われたのでしょう。

三回目の目録作成は、八代将軍に就任した徳川吉宗《よしむね》の命によるものです。あとで詳しく触れますが、吉宗は紅葉山文庫に並々ならぬ関心を寄せていて、将軍就任直前の享保元年（一七一六）に②の目録を借り出しています。おそらく目録に記載されている本と、実際に所蔵されている本の間に齟齬《そご》を来たしてしまっているので、新目録作成を吉宗が命じたものと考えられます。

④享保八年（一七二三）編集担当＝書物奉行

四回目から目録は書物奉行を中心に作成され、林榴岡は「協力」という形になっています。林家が中心となって編集し、書物奉行は補佐に回りたいと請願していましたが許されず、今回は奉行が中心となって編纂し、わからない点は林家に尋ねるという形になっています。

享保八年（一七二三）十一月十七日に目録を浄書して、正本・副本の二部一二冊を将軍吉宗に呈上しています。しかし吉宗は気に入らない点があったようで、再訂を命じています。一ヶ月後の十二月十七日に再び呈上しています。

⑤享保十年（一七二五）〜同十八年（一七三三）編集担当＝書物奉行

四回目の目録作成は再提出が求められたのですが、将軍吉宗はそれも気に入らなかったようで、提出の翌年の享保九年（一七二四）四月に五回目の目録作成が命じられています。前回作成された目録は、分類が混乱していて検索しにくいというのがその理由だったようです。

享保十年（一七二五）七月から、具体的な目録作成の相談が書物奉行で話し合われました。その話し合いの中で、従来の目録は国書と漢籍が区別されることなく一緒になって目録に掲載されていたのが、検索しづらくなっている原因だとわかったようです。それで、今回は国書を別冊とすることにしました。

この編集の過程で、吉宗の命により重複本の整理と処分が行われています。また重複本だけではなく、偽書も処分されています。幕府の文庫である紅葉山文庫には、内容の真偽や来歴が不明な書籍は相応しくないと吉宗は考えていたようです。

目録編纂の途中でこれらの業務も並行して行われていたので、遅々として目録作成は進まなかったようですが、八年かけて享保十八年（一七三三）四月に至ってようやく完成しました。

正本・副本合わせて二部各一〇冊の目録が完成しました。吉宗は目録完成を大変喜び、清書を行った書物奉行配下の同心に褒賞があったとのことです。

⑥明和三年（一七六六）～同五年（一七六八）編集担当＝書物奉行
目録作成後、新しく紅葉山文庫に収蔵された図書は、既存の目録の行間に書き込み、付箋《ふせん》を貼るなどして急場を凌いでいたようです。前回の目録作成から三〇年を経過したので新しく作り直したのが、この明和年間の目録です。

⑦『小目録』寛政三年（一七九一）～同五年（一七九三）編集担当＝書物奉行

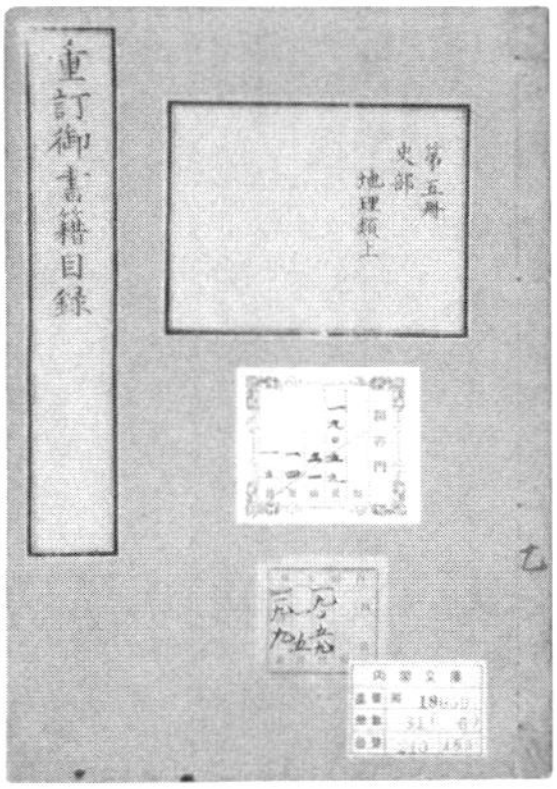

『重訂御書籍目録』

書物奉行の荻生《おぎゅう》義堅《よしかた》の進言に基づいて新規に編集されたもので、前回までのものとは異なり、簡単な目録だったと伝わっています。それで書名が『小目録』というのでしょう。ただ現存していないので、どのような目録なのかはわかりません。進言した荻生には褒賞が与えられました。

⑧『新訂御書籍目録』享和二年（一八〇二）～文化二年（一八〇五）編集担当＝書物奉行

享和二年（一八〇二）に、若年寄の堀田《ほった》正敦《まさあつ》から編集命令が下されて作成が開始された目録です。今回は林述斎《じゅっさい》、大御番格奥詰儒者の成島司直《なるしまもとなお》が編集補助として参加しています。

現存していないので詳しくはわからないのですが、かなり大規模な体制で目録が新しく編纂されたようで、七回目までの目録とは異なり、体裁、内容共に格段の進歩があったと思われます。

⑨『重訂御書籍目録』文化十一年（一八一四）～天保七年（一八三六）編集担当＝書物奉行

前回作成の『新訂御書籍目録』に書名などの誤りがあり、再編集を命じられたので「重訂」と冠されたようです。林述斎が編集の指導をし、この時の書物奉行は近藤重蔵で、実務は近藤がかなり努力したようです。

目録編纂途上の文政十一年（一八二八）、豊後佐伯藩主の毛利家から将軍家に献上された漢籍一万八〇〇〇冊余りを目録に追加することにしたので、編纂作業は二三年もの長きにわたることになってしまいました。

天保七年（一八三六）にようやく完成し、五部作成されました。現在、国立公文書館に所蔵されていますが、御家部、国書部が欠本となっていて、漢籍部のみが現存しています。

⑩『元治増補御書籍目録』元治元年（一八六四）～慶応二年（一八六六）編集担当＝書物奉行

天保年間（一八三〇～四四）以降に、新しく紅葉山文庫に収蔵された書籍数百部を増補して作成されたもので、漢籍部、御家部、国書部など四三冊にも達します。

書物奉行の渥美忠篤、塩野谷景朝、榊原好行、山田安増、石川政勝らが編集の任にあたり、林煒《あきら》（復斎《ふくさい》）と協議をして編纂を進めたようです。

目録が編纂された時代は幕末の動乱期にあたっていましたが、京都や大坂などの上方が動乱の中心地となっていたので、江戸城内で行われた編纂は比較的順調に進んだようです。しかし、さすがに慶応期に入ると周囲が慌ただしかったのか、この目録の編纂が完了した年月日は正確には判明していません。ただ、慶応二年（一八六六）十一月十七日に書物奉行は廃止されたので、それまでに完成していたのは確実だと思われます。

さて、一〇種の目録の概要を見てきましたが、完全な形で残っているのは『元治増補御書籍目録』

だけです。したがって、正確な蔵書数というのも最後に編纂された目録に記された数のみがわかるということになります。

では、次に紅葉山文庫の蔵書数と、図書の分類についても解説しましょう。

## ●紅葉山文庫の分類と蔵書数

紅葉山文庫の蔵書は、漢籍、御家部、国書部に大別されています。

漢籍とは主に中国人が漢文で著した図書のことで、経《きょう》部・史部・子《し》部・集《しゅう》部・付存部・彙刻《いこく》類と細分化されていました。この分類法は、中国で考え出された四部分類《しぶぶんるい》と呼ばれる伝統的な漢籍の分類法をもとにした、紅葉山文庫オリジナルのものです。

経部とは儒教の経典、および注釈書のことを指し、史部は歴史・地理書のことです。子部は諸子百家《しょしひゃっか》などの図書のことを指します。諸子百家とは中国の春秋戦国時代《しゅんじゅうせんごく》（前七七〇〜前二二一）に次々と現れた学者の総称で、諸子とは孔子《こうし》や孟子《もうし》、老子《ろうし》、孫子《そんし》、荀子《じゅんし》などの人物のことを指し、百家とは儒家、墨家《ぼくか》、農家、法家などの学派のことをいいます。子部はこうした古代中国に生まれた学者と学派に関係した図書のことです。

最後の集部は、文学作品や文芸評論のことを指します。

この四点が四部分類なのですが、紅葉山文庫ではさらに、戯曲・通俗小説・蛮書《ばんしょ》（洋書）・朝鮮人の著述、満洲語の図書などが該当する付存部、叢書の内容細目を目録本文から独立させた彙刻類も独

| 分類 | 袋綴など | 折本 | 巻子本 | 畳物 | 書状 |
|---|---|---|---|---|---|
| 漢籍 | 70,091冊 | 4,624帖 | 80軸 | 6張 | 3通 |
| 御家部 | 25,870冊 | 5帖 | 35軸 | 695張 | 296通 |
| 国書部 | 12,015冊 | 29帖 | 196軸 | 5張 | |
| 合計 | 107,976冊 | 4,658帖 | 311軸 | 706張 | 299通 |

福井保『紅葉山文庫』32頁をもとに作成

自に設けていました。

この中で「通俗小説」という分類がありますが、これは明《みん》王朝の末期に南京《なんきん》・杭州《こうしゅう》・蘇州《そしゅう》・建安《けんあん》方面で刊行された通俗読み物のことを指します。『金瓶梅《きんぺいばい》』『西遊記《さいゆうき》』『水《すい》滸伝《こでん》』など今日の私たちがよく知っている作品ですが、伝統的な四部分類では文学作品の入る集部には分類できなかったのですね。

御家部は徳川氏の事績、江戸幕府の記録類や編纂物が収められました。これは紅葉山文庫独自の分類で、他大名の文庫などでは見られないものです。

国書部は日本人が日本語、または漢文で著した図書です。

このように蔵書を分類することで、書物奉行が図書を出納《すいとう》しやすいようにしているのです。ほとんど利用がない文庫ならば、このように細かく分類する必要はありませんが、紅葉山文庫はそうではなかったということを裏づけています。

では蔵書数はどの程度あったのでしょうか。

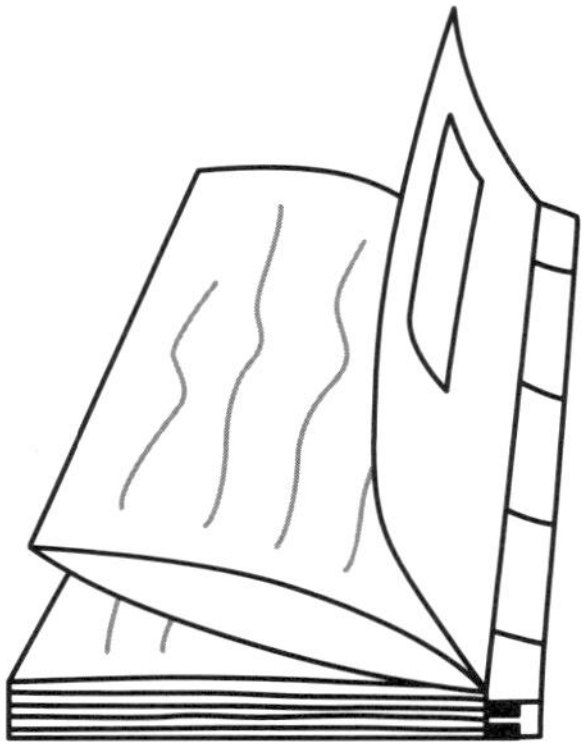

袋綴

『元治増補御書籍目録』では蔵書を装丁別で数えていました。少し説明が必要な項目もありますので、蔵書の内容に入る前に簡単に説明しておきましょう。

「袋綴《ふくろとじ》」とは、通常の和本の綴じ方です。一枚の長方形の紙を、文字面を外にして山折にして、四ヶ所の綴じ穴を開けて糸で綴じたものです。中国や日本などで使用されたごく一般的な綴じ方です。ちなみに袋綴は日本の呼び方で、中国では線装《せんそう》といいます。

「折本《おりほん》」とは、横に長く繋ぎ合わせた紙を一定間隔で折り畳んでつくる製本方法のことで、現代でも目にできるものとしては、お経が挙げられると思います。

「巻子本《かんすぼん》」とは、いわゆる巻物のことです。これも図書の仲間で、最も古い形での装丁といわれています。

「畳物《たたみもの》」とは、一枚の大きな紙を畳んだものです。

最後の「書状」がどういうものか、おわかりですね。

蔵書の内訳を一見していえることは、漢籍が約六六パーセントとかなり大きな割合を占めていることです。これは、徳川将軍が学ぶべき学問は漢学であるとされていたので、中国人が著した書籍が国書よりも珍重されていたからだと考えられます。庶民はもちろん日本語で書かれた書物を読んでいましたので、将軍の読書傾向は一般の傾向とは大きく異なっていたことが窺えます。

では、どのようなルートで紅葉山文庫は図書を収集したのでしょうか。いくつかのルートがあったのですが、次項でそれを概観してみます。

## ●紅葉山文庫の図書収集

紅葉山文庫の蔵書は、徳川家康の歿後に駿河文庫から移された「駿河御譲本」や金沢文庫などから移管された書籍が文庫設立当初のものだと前述しました。その後、六代将軍徳川家宣が、甲府藩主時代に江戸藩邸（桜田邸）で収蔵していた文庫（桜田御文庫）を、正徳三年（一七一三）閏五月に移管します。これらが紅葉山文庫草創期の核となった書籍群です。

草創期を過ぎると、紅葉山文庫に収蔵される図書はいくつかのグループに分けることができます。

①献上本
諸大名などから献上される図書のことを「献上本」と呼びます。

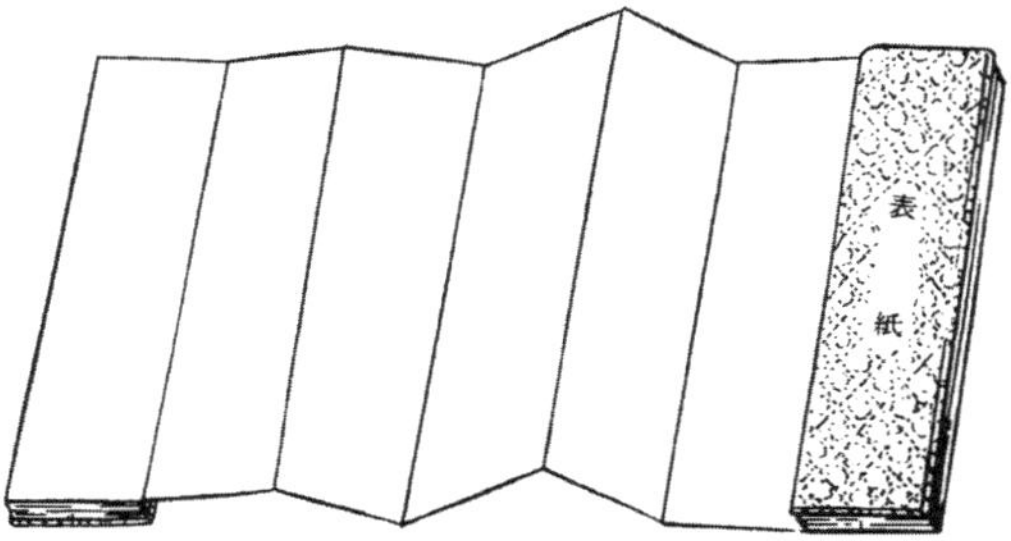

折本

献上本は非常に珍しい貴重書か、または献上者自らが編集・出版した新著のどちらかになります。徳川将軍家に献上されるほどの書物ですから、豪華な装丁が施された見た目も美しい図書が多かったのです。

家宣の桜田御文庫本も献上本の一つですが、古くは朝鮮に出陣した大名から朝鮮本が家康に献上されたのが最初だったといわれています。

以降、江戸時代を通じて献上は断続的に行われました。献上者は大名をはじめとして、林家《りんけ》、公家などからも数多くありました。それではいくつかの献上本を見ていきましょう。

延宝六年（一六七八）十一月に旗本小笠原直経《おがさわらなおつね》から家流の書五〇冊一二軸が献上されました。小笠原氏は弓術の家柄で、そればかりではなく礼法にも通じていました。将軍家との縁も深く、それゆえの献上かと思われます。

元禄八年（一六九五）七月に林鳳岡が、祖父羅山、父鵞峯らが幕命を受けて執筆した将軍家の儀式に関する記録類一七部三六冊を献上しています。

江戸時代後期の寛政年間（一七八九～一八〇一）には、新井白石《あらいはくせき》の子孫の新井成美《しげよし》から先祖の白石自筆の著述数種がまとめて献上されてきました。

江戸時代を通じて最大の献上本は、豊後佐伯藩主毛利高標の旧蔵書です。あまりの量の多さに幕府が新書庫一棟を増築したことは、すでに説明しました。文政十一年（一八二八）に孫の毛利高翰から献上されたのですが、総数は二万七五八冊もありました。林述斎がこれを詳しく調査した結果、一万四二〇〇冊、道蔵経四一〇五帖を紅葉山文庫へ受け入れることにし、医書六四七冊を医学館に、一八〇六冊を昌平坂学問所に収蔵しました。

毛利高標は豊後佐伯藩の「明君」として知られた八代藩主で、特に文教面の政策で知られました。書籍にも大きな関心があり、天明元年（一七八一）に佐伯文庫を設立し、画書をはじめとして漢籍、医学書、仏書など広範に書籍を収集したことでも知られています。

高標は貴重書のみを選別して献上しており、中国の宋《そう》・元《げん》・明時代、あるいは朝鮮で刊行された書物が紅葉山文庫に献上されています。

嘉永二年（一八四九）にも旗本新見正路《しんみまさみち》旧蔵の宋版『三国志《さんごくし》』や金沢文庫旧蔵書『王文公集』などが、正路養子の正興《まさおき》から献上されています。正路は大坂西町奉行を務めた人物ですが、蔵書家としても知られていて、自身の蔵書を「賜蘆《しろ》文庫」と称していました。

献上は江戸時代初期から後期まで断続的に行われており、途切れることはありませんでした。諸家から献上された貴重書は紅葉山文庫に収蔵されて、今日まで伝わっているのです。

②輸入本

献上だけではなく、紅葉山文庫は積極的に漢籍を購入していました。中国から輸入された本（「輸入唐本《とうほん》」と呼ばれました）のほとんどが紅葉山文庫によって購入されたともいわれています。

長崎における中国船からの輸入は、寛永十二年（一六三五）から行われています。輸入された本は検閲を受けました。検閲によってキリスト教関係書などを取り締まっていたのです。初期は長崎・春徳寺《しゅんとくじ》の住職が行っていました。

寛永十六年（一六三九）に本草学者で医師の向井元升《むかいげんしょう》が「書物改」に任命され、長崎における輸入唐本のうち、紅葉山文庫に納本される図書の検閲を担うようになりました。元升以降、検閲は向井氏の世襲となり、単なる内容の検閲だけではなく、破損・汚損・虫損・落丁の有無にまで及ぶようになります。ちなみに、初めて紅葉山文庫に輸入唐本が納本されたのは、向井元升が検閲に関与し始めた寛永十六年（一六三九）のことですので、向井氏と紅葉山文庫の関係は非常に深いものがあります。

では、どのような手順で輸入唐本を紅葉山文庫は購入していたのでしょうか。それは、今日の公共図書館などでも本を購入する際によく用いられている、「見計らい」という仕組みです。

見計らいは、まず中国人商人が日本人の好みそうな図書を選択して船に積み込みます。これは、今日の図書館界では「予備選択」と呼ばれている行為ですが、中国船はなるべく幅広い本を積み込むようにしていました。長崎に到着したら向井氏の検閲を受け、さらに輸入された本の『大意書』を作成します。『大意書』は長崎奉行を通じて幕府に提出され、お抱え儒者の林大学頭はそれを点検し、紅葉山文庫の蔵書目録と照合して重複の有無や必要性を考えて、購入すべき図書を選書していました。

見計らい図書を待つだけではなく、紅葉山文庫から発注することもよくありました。例えば、延享元年（一七四四）九月に書物奉行深見有隣《ふかみありちか》の進言により、『冊府元亀《さっぷげんき》』や『玉海《ぎょくかい》』など九種の図書を発注しています。

『冊府元亀』は中国の北宋時代（九六〇～一一二七）、『玉海』は南宋の王応麟《おうおうりん》（一二二三～九六）によって編纂されたもので、どちらも「類書」と呼ばれる百科事典のようなものです。深見は参考図書（レファレンスブック）として必要だと感じ、中国側に発注したと思われます。ちなみに紅葉山文庫に納入されたのは、四年後の延享四年（一七四七）のことでした。

③謄写本

謄写本《とうしゃぼん》とは、原本を見ながら書き写した本（写本）のことをいいます。本といえば写本が中心だった江戸時代までは、他人が所有している本を書き写して自分のものにしていました。

謄写による貴重書収集は、紅葉山文庫の開設前から行われていました。徳川家康が本好きだったという話は前述しましたが、大規模な謄写本作成プロジェクトを慶長十九年（一六一四）四月に開始し、一年後に終了しています。京都の仙洞御所《せんとうごしょ》（上皇の御所）、公卿、寺院などが秘蔵している貴重書を「天下人」の権威を背景に提出させ、京都五山の僧侶の中から能書の者を五〇人ほど集めさせて写本をつくらせました。この時の写本は、のちに紅葉山文庫へ収蔵され、「慶長御写本」と呼ばれて別置されて珍重されました。家康は、大坂の陣の最中にもかかわらず写本作成に熱を入れていたのです。戦の最中に文化事業をしていた為政者というのは、世界史的にも珍しいといえるでしょう。テレビドラマなどでは、家康のこういった側面がほとんど描かれないのが残念です。

その後も家康の遺志を受け継いだのか、紅葉山文庫は写本作成を怠りませんでした。

寛文二年（一六六二）に、三代将軍徳川家光は林鵞峯《がほう》に、新しい歴史書の編纂を命じました。その史料収集のため、諸国の寺社や諸大名に命じて、所蔵の古文書や古記録、国書類の目録を提出させ、それをもとにして林家では必要な図書を選んで謄写しました。一書ごとに正副の写本を作成し、正本を幕府に献上して副本を編集用としています。その上呈本が紅葉山文庫に収蔵され、「寛文御写本」と呼ばれて珍重されたようです。

八代将軍徳川吉宗《よしむね》も謄写本作成を盛んに行いました。ちなみに、吉宗が書き写させた写本は「享保御写本」と呼ばれました。

江戸時代後期に入っても謄写本は作成され続けています。天保十五年（一八四四）と安政元年（一八五四）には江戸城の本丸が炎上し、紅葉山文庫から貸し出されていた蔵書数十部が焼失してしまいました。購入して手に入る本は買い直しましたが、写本が必要なものは他機関から借りて写本を作成しました。これを「補写《ほしゃ》」といいます。

補写は火事による焼失だけではなく、何らかの要因で欠脱した部分があればその都度行われました。享保年間（一七一六〜一七三六）には『明月記《めいげつき》』と『山槐記《さんかいき》』を、延享三年（一七四六）には『北山抄《ほくざんしょう》』、享和元年（一八〇一）には『皇朝実録《こうちょうじつろく》』、文化五年（一八〇八）には『容台文集』、文政三年（一八二〇）には『類聚国史《るいじゅうこくし》』の補写が行われています。

④没収本

事例は少ないですが、罪を得た者が相当の蔵書家だった場合、その蔵書を没収して紅葉山文庫に収蔵したことが何回かあります。

元文五年（一七四〇）、大坂で大坂東町奉行所を巻き込んだ疑獄事件「辰巳屋騒動」が起こりました。これは木津屋吉兵衛《きづやきちべえ》という富商が、自身の兄が主人を務めていた辰巳屋の乗っ取りを企んだ事件です。その陰謀に辰巳屋手代の新六が気づき、大坂東町奉行所に訴えたのですが、逆に投獄されてしまいます。実は木津屋が大坂東町奉行の稲垣種信《いながきたねのぶ》に賄賂《わいろ》を渡していたのです。新六の同僚が江戸の評定所に訴え出て、幕府の吟味により東町奉行の稲垣、用人の馬場源四郎、そして木津屋吉兵衛が捕縛されてしまいました。

その木津屋が闕所《けっしょ》（財産没収）になったため、所有していた書籍で「御用に達すべき珍しい品ばかり」一〇部を選択して紅葉山文庫に収蔵されることになりました。没収された『石刻十二経』や『類聚国史』などは大変貴重なもので、「木津屋本」と呼ばれました。

ほかにも文政十一年（一八二八）に天文方高橋景保《たかはしかげやす》がシーボルト事件によって投獄された際、その蔵書が没収されていますし、天保年間（一八三〇〜四四）には渡辺崋山《わたなべかざん》や高島秋帆《たかしましゅうはん》の蔵書も取り上げられています。それらの図書は紅葉山文庫の蔵書になったのですが、景保が旧蔵していた洋書は、安政三年（一八五六）に蕃書調所《ばんしょしらべしょ》が開設された際、そちらに移管されています。

りませんでした。

⑤洋書

紅葉山文庫は洋書も多く所蔵していました。三代将軍家光の代から「鎖国」をしていたので、「ヨーロッパの文献は幕府に多くは渡っていないのでは？」と思われがちですが、決してそんなことはありませんでした。

寛文三年（一六六三）、ポーランドの博物学者ヨハネス・ヨンストンが著した動物図鑑『鳥獣虫魚図譜』を、長崎出島のオランダ商館長ヘンドリック・インディヤックが四代将軍徳川家綱《いえつな》に献上しています。インディヤックはオランダ商館長としては今回が二度目で、江戸参府の折に献上したのです。のちにこの本が紅葉山文庫に収蔵されました。

享保二年（一七一七）四月にオランダ商館長ヨアン・オーウェルが、江戸城で八代将軍吉宗に謁見した際、吉宗はオーウェルが携えていた本について質問しています。その書籍とは、十六世紀にフランドルの医師で博物学者のレンベルト・ドドエンスが著した植物学書*Cruydeboeck*で、吉宗はのちに蘭学者の魁《さきがけ》といわれる本草《ほんぞう》学者の野呂元丈《のろげんじょう》に翻訳を命じています。それが『阿蘭陀本草和解《おらんだほんぞうわげ》』で、これも吉宗に献上されて紅葉山文庫に収蔵されました。

吉宗はキリスト教以外の洋書の輸入を奨励したので、紅葉山文庫にも洋書が多く所蔵されるようになりました。天保七年（一八三六）に完成した蔵書目録『重訂御書籍目録』には四七部二二八冊の洋書が確認されています。内容は、天文・暦学・航海・地理・辞書類などの実用的な書物が大半でした。

洋書は長崎貿易で買い付けたものもありましたし、オランダ商館長から献上されたものもあり、また高橋景保や渡辺崋山ら「罪人」から没収したものもありました。

江戸時代後期になると、蘭学を重視した幕府は、弘化四年（一八四七）十一月に天文方の山路諧孝《やまじゆきたか》に命じて、紅葉山文庫の蘭書を調査させています。しかし、安政三年（一八五六）に蕃書調所が新設されると、洋書は全部そちらへ引き渡されてしまいました。

⑥幕府編纂物・幕府記録

江戸幕府は、紅葉山文庫に所蔵されている資料や、必要な資料を広範に収集して、編纂物を作成しています。これを「幕府編纂物」と呼んでおり、内容は歴史・系譜・伝記・地誌・医書・暦法・教訓・法制・類書・地図など非常に多岐にわたっています。いずれも長い年月と多額の経費、多数の編集員を投入して完成させたものばかりですので、非常に資料性の高いものとなっています。

代表的な幕府編纂物として、全国の大名から提出させた系図を編集・校訂した『寛永諸家系図伝《かんえいしょかけいずでん》』や『寛政重修諸家譜《かんせいちょうしゅうしょかふ》』、諸外国との外交記録史料を編纂した『通信全覧《つうしんぜんらん》』、歴代徳川将軍ごとの治蹟を編年体でまとめた『徳川実紀《とくがわじっき》』などがあります。

また、紅葉山文庫は主として図書を収蔵していましたが、公務日誌、外交文書、絵図などの今日でいうところの公文書類も数多く所蔵していました。これらを「幕府記録」と呼びます。

幕末には幕府記録専用の書庫が建設されたようで、吹上に「栗林文庫」、西の丸に「西丸文庫」「山里文庫」と呼ばれるものがあったことが確認されています。また、北の丸には勘定所の、辰の口には評定所の書庫がそれぞれあり、城門の渡り櫓《やぐら》や本丸の多聞《たもん》櫓にも不要になった記録類が集積されていました。これらは明治維新前後の非常に慌ただしい時期に焼却されてしまったようですが、詳しい経緯は不明です。

このうち、多聞櫓に集積されていた文書は廃棄処分を免れています。通常ならば廃棄処分されてしまう幕臣の出勤簿など、旗本・御家人の日常生活が垣間見られるような史料が数多く残されており、現在は国立公文書館に所蔵されていて、歴史研究に大いに活用されています。

幕府編纂物や幕府記録は、幕府自身が生み出した図書や記録類ですが、それも紅葉山文庫に収蔵されていました。そして必要な時に過去の記録を閲覧して、政務の参考に供されたのです。紅葉山文庫が図書館機能だけではなく、公文書館機能も果たしていたことがわかります。

以上、紅葉山文庫は六つのルートで図書を収集していたことがわかりました。なお、民間で刊行された図書は一切収蔵されていません。所蔵図書の多くが漢籍であり、実務的な内容の本が多かったことから、古代・中世の図書館の系譜に連なる、政治のための図書館、学問研究のための図書館という側面が非常に強かったと思われます。

しかし、紅葉山文庫は貴重書をただ死蔵していたわけでは決してなく、かなり利用されていましたので、その点も忘れてはなりません。

## ●紅葉山文庫の蔵書処分

紅葉山文庫は蔵書の収集を積極的に行っていましたが、除籍（蔵書目録から抹消すること）も基準を設けて行っていました。今日の図書館では、蔵書を収集する際の基本方針である「収集方針」や、除籍する時の「除籍基準」が設けられ、ホームページなどで公開することが日本図書館協会によって奨励されていますが、紅葉山文庫でも同様の除籍基準がありました。前近代の図書館で、このようなことが設定されているのは、世界的に見ても珍しいことだと思われます。

「除籍基準」は、享保十三年（一七二八）に八代将軍徳川吉宗によって設けられました。

一、二部の書が共に和版の同版である場合、その一部を廃棄する。
一、二部のうち一部は和版、一部は唐本（中国刊行の本）で、両者の底本が同版の場合、唐本を廃棄する。
一、二部共に唐本ならば、版の異同にかかわらず残す。
一、歴代将軍の手沢本《しゅたくぼん》（故人愛用の本）は版の異同にかかわらず残す。
一、三部ある場合、同版本は二部を残す。
一、三部共に異版の場合、すべてを残す。
一、四部以上ある場合、異版でも三部を残す。
四書五経や古写本、古注、稀書は例外とする。

（福井保『紅葉山文庫』五九頁）

除籍と決定された本が、ただちに焼却されるというわけではありません。後述しますが、吉宗は次男や三男に贈与したり、御書物師《ごしょもつし》という幕府御用書肆《しょし》に売却したり、または奥向や紅葉山文庫の職員に有償で払い下げられたりと様々でした。

また、前にも触れましたが、吉宗は重複した本だけではなく、偽書、欠本、不要本を厳しく選別して処分しています。そうすることによって、蔵書の質を高いものに維持しようとしたのです。

しかし江戸時代後期になると、単純に保管スペースの問題で除籍したこともあります。文化十二年（一八一五）には蔵書目録の改編に際して、「無益不用之御見候品も有之、用不用混雑仕居候」という理由で不要本を除籍しています。文政十一年（一八二八）には、前述した毛利高標《もうりたかすえ》の大量の献上本によって本箱が不足するということで、重複本や不要本を処分していますし、さらに天保十四年（一八四三）にも不要本三三部を売却して、その代金を本箱の新調や蔵書補修の費用に充てています。

当初は蔵書の質を高めるために除籍を行っていたのですが、後期になると収蔵場所の不足、果ては文庫維持費の不足から、不要本の売却などに除籍理由が変化していったことが窺えます。幕府の慢性的な財源不足のしわ寄せが、「不要不急」の施設である紅葉山文庫に向けられていたのでしょう。

これらとは別に、将軍が天皇や上皇《じょうこう》、林家や有力大名に紅葉山文庫の蔵書を贈与することが江戸時代を通じてしばしば行われています。

# 第三節　書物奉行

## ●紅葉山文庫の司書は書物奉行

ここで紅葉山文庫を管理していた書物奉行について見ていきたいと思います。書物奉行は、寛永十年（一六三三）の設置から慶応二年（一八六六）までの約二三三年間に九〇名が任命されています。

表2－1　書物奉行一覧

| 任命順 | 奉行姓名 | 俸禄 | 在職期間 | 在職年数 | 前職 | 後職 | 備考 |
|---|---|---|---|---|---|---|---|
| 1 | 関平三郎正成 | 300石 | 寛永10年（1633）12月20日～寛文6年（1666）6月21日 | 33 | 奥詰 | 病気にて辞職 | のちに兵左衛門と改名 |
| 2 | 星合伊左衛門具枚 | 500俵 | 寛永10年（1633）12月20日～承応2年（1653）6月7日 | 20 | 納戸番 | 在職中死去（年齢不詳） | |
| 3 | 三雲内記成賢 | 450石 | 寛永10年（1633）12月20日～延宝2年（1674）9月26日 | 28 | 大番 | 裏門切手番之頭 | のちに平左衛門と改名 |
| 4 | 西尾加右衛門正保 | 450石 | 寛永10年（1633）12月20日～寛文元年（1661）3月23日 | 28 | 大番 | 在職中死去（60歳） | |

| | | | | | | | |
|---|---|---|---|---|---|---|---|
| 5 | 浅羽三右衛門成儀 | 200俵 | 寛文元年（1661）5月26日～天和元年（1681）2月21日 | 20 | 小十人 | 小普請 | |
| 6 | 星合太郎兵衛門具通 | 300石 | 寛文3年（1663）11月26日～延宝元年（1673）11月29日 | 10 | 右筆 | 小普請 | |
| 7 | 服部甚太夫保好 | 250石 | 寛文9年（1669）9月13日～元禄4年（1691）11月23日 | 22 | 新番 | 在職中死去（68歳） | |
| 8 | 池田勘兵衛貞雄 | 450石 | 延宝2年（1674）12月25日～貞享元年（1684）2月4日 | 10 | 納戸番 | 小普請 | |
| 9 | 荒尾平三郎成継 | 200俵 | 延宝8年（1680）11月11日～元禄10年（1697）8月2日 | 17 | 大番 | 大坂弓奉行 | |
| 10 | 広戸藤左衛門正武 | 250俵 | 天和元年（1681）5月26日～元禄8年（1695）4月19日 | 14 | 新番 | 小普請 | |
| 11 | 松永太郎左衛門政重 | 200俵 | 貞享元年（1684）5月26日～元禄7年（1694）3月19日 | 10 | 大番 | 小普請 | |
| 12 | 内河伝次郎正宣 | 150石 | 元禄7年（1694）3月19日～正徳4年（1714）7月16日 | 20 | 富士見宝蔵番 | 在職中死去（年不詳） | |
| 13 | 酒井七郎左衛門昌村 | | 元禄8年（1695）4月19日～享保元年（1716）5月28日 | 21 | 賄頭 | 在職中死去（78歳） | |
| 14 | 比留勘右衛門正房 | 200俵 | 元禄10年（1697）8月2日～正徳元年（1711）5月23日 | 14 | 寄合番 | 小普請 | |
| 15 | 浅井半右衛門清盈 | 100俵5人扶持 | 宝永6年（1709）10月19日～享保13年（1728）12月12日 | 19 | 西丸書物奉行 | 在職中死去（61歳） | のちに石川と改姓 |

| | | | | | | | |
|---|---|---|---|---|---|---|---|
| 16 | 平井五右衛門次久 | 150俵 | 宝永6年（1709）10月19日～享保4年（1719）12月10日 | 10 | 西丸書物奉行 | 在職中死去（年不詳） | |
| 17 | 松田金兵衛長治 | 200石 | 正徳元年（1711）6月4日～享保6年（1721）7月5日 | 10 | 奥右筆 | 在職中死去（64歳） | |
| 18 | 堆橋主計俊淳 | 150俵 | 正徳4年（1714）7月21日～享保17年（1732）1月11日 | 18 | 大番 | 船手頭 | |
| 19 | 高階半次郎経和 | 200俵 | 正徳5年（1715）12月21日～享保2年（1717）7月13日 | 2 | 奥右筆 | 小普請 | |
| 20 | 奈佐又助勝英 | 200俵 | 享保6年（1721）閏7月28日～元文5年（1740）8月4日 | 19 | 大番 | 裏門切手番之頭 | のちに四兵衛と改名 |
| 21 | 川窪斎宮信近 | 200俵 | 享保6年（1721）閏7月28日～同10年（1725）6月5日 | 4 | 小普請 | 在職中死去（37歳） | |
| 22 | 下田幸太夫師古 | 200俵 | 享保8年（1723）12月22日～同13年（1728）4月9日 | 5 | 奥右筆 | 在職中死去（37歳） | |
| 23 | 松村左兵衛元隣 | 300俵 | 享保10年（1725）7月11日～同17年（1732）11月9日 | 6 | 大番 | 膳奉行 | |
| 24 | 松波金五郎正富 | 300石 | 享保13年（1728）5月16日～同19年（1734）1月11日 | 6 | 新番 | 納戸頭 | |
| 25 | 水原次郎右衛門保氏 | 200俵 | 享保14年（1729）1月26日～寛保3年（1743）2月13日 | 14 | 大番 | 在職中死去（71歳） | |
| 26 | 川口頼母信友 | 300俵 | 享保17年（1732）2月15日～宝暦7年（1757）12月15日 | 25 | 腰物方 | 西丸裏門番之頭 | |

| | | | | | | | |
|---|---|---|---|---|---|---|---|
| 27 | 浅井左衛門奉政 | 260俵 | 享保17年（1732）5月2日～同19年（1734）6月5日 | 2 | 大番 | 在職中死去（38歳） | |
| 28 | 桂山三郎左衛門義樹 | 200俵 10人扶持 | 享保19年（1734）3月13日～寛延2年（1749）2月2日 | 15 | 評定所勤役 | 小普請 | 儒者 |
| 29 | 深見新兵衛有隣 | 200俵 | 享保19年（1734）8月8日～明和2年（1765）4月11日 | 31 | 儒者 | 西丸裏門番之頭 | |
| 30 | 小田切治太夫昌倫 | 279石余 | 元文5年（1740）9月16日～寛延3年（1750）11月晦日 | 10 | 小普請 | 高齢のため辞職 | |
| 31 | 近藤源次郎舜政 | 330俵 5人扶持 | 寛保3年（1743）3月10日～寛延3年（1750）12月7日 | 7 | 西丸右筆 | 在職中死去（63歳） | |
| 32 | 大岡五平治清長 | 200俵 | 寛延2年（1749）3月5日～宝暦12年（1762）2月2日 | 13 | 大番 | 在職中死去（55歳） | |
| 33 | 曲渕惣兵衛政樹 | 300俵 | 寛延3年（1750）12月25日～宝暦元年（1751）9月1日 | 1 | 大番 | 在職中死去（51歳） | |
| 34 | 服部金左衛門保正 | 150俵 | 寛延3年（1750）12月25日～明和2年（1765）11月7日 | 15 | 表右筆 | 小普請 | |
| 35 | 本郷与三右衛門一泰 | 200俵 | 宝暦元年（1751）10月27日～安永9年（1780）4月6日 | 29 | 大番 | 高齢のため辞職 | |
| 36 | 中根伝左衛門正雅 | 300俵 | 宝暦8年（1758）1月16日～明和4年（1767）1月29日 | 9 | 西丸新番 | 小普請 | |
| 37 | 徳力藤八郎良弼 | 200俵 | 宝暦12年（1762）3月4日～安永6年（1777）2月22日 | 15 | 小普請 | 小普請 | |

| | | | | | | | |
|---|---|---|---|---|---|---|---|
| 38 | 土田清助貞仍 | 300俵 | 明和2年（1765）5月27日～安永5年（1776）12月29日 | 12 | 評定所勤役 | 在職中死去（71歳） | 儒者 |
| 39 | 長谷川主馬安卿 | 150俵 | 明和2年（1765）12月7日～安永8年（1779）11月晦日 | 14 | 小普請 | 在職中死去（61歳） | |
| 40 | 青木文蔵敦書 | 150俵 | 明和4年（1767）2月16日～同6年（1769）10月12日 | 2 | 評定所勤役 | 在職中死去（72歳） | 儒者 |
| 41 | 人見又兵衛美至 | 500石 | 明和6年（1769）11月27日～天明3年（1783）7月24日 | 14 | 小普請 | 船手頭 | |
| 42 | 野尻助四郎高保 | 30俵2人扶持 | 安永6年（1777）2月10日～寛政6年（1794）6月24日 | 17 | 賄頭 | 小普請 | |
| 43 | 中岡半九郎芳範 | 230俵 | 安永6年（1777）3月17日～天明2年（1782）6月9日 | 5 | 作事奉行 | 小普請 | |
| 44 | 佐佐木文次郎秀長 | 200俵 | 安永8年（1779）12月16日～天明6年（1786）7月12日 | 7 | 天文方 | 小普請 | のちに吉田四郎三郎と改姓名 |
| 45 | 間宮三郎右衛門信寧 | 1000石 | 安永9年（1780）6月10日～寛政7年（1795）5月29日 | 15 | 小普請 | 富士見宝蔵番之頭 | |
| 46 | 中村六左衛門正勝 | 200石 | 天明2年（1782）7月8日～寛政7年（1795）6月18日 | 13 | 鳥見組頭 | 小普請 | |
| 47 | 松平加賀右衛門乗雄 | 300石 | 天明3年（1783）8月21日～寛政9年（1797）4月15日 | 14 | 小普請 | 西丸切手番之頭 | |
| 48 | 荻生小三郎義堅 | 300俵 | 天明6年（1777）8月24日～寛政8年（1796）3月23日 | 19 | 評定所勤役 | 小普請 | 儒者 |

| | | | | | | | |
|---|---|---|---|---|---|---|---|
| 49 | 野田彦之進成勝 | 250石 | 寛政6年（1794）9月13日～文化10年（1813）12月26日 | 19 | 小普請 | 幕奉行 | |
| 50 | 成嶋仙蔵峯雄 | 200俵 | 寛政7年（1795）6月5日～文化5年（1808）1月21日 | 13 | 大番格奥詰 | 西丸奥儒者 | のちに勝雄と改名　儒者 |
| 51 | 増嶋藤之助信道 | 150俵 | 寛政7年（1795）7月17日～文化9年（1812）10月17日 | 17 | 小普請 | 在職中死去（68歳） | |
| 52 | 長崎四郎右衛門元貴 | 200俵 | 寛政9年（1797）6月5日～文化10年（1813）8月25日 | 16 | 大番 | 西丸切手番之頭 | のちに半七郎と改名 |
| 53 | 河田安右衛門乗彝 | 70俵5人扶持 | 文化元年（1804）7月18日～同3年（1806）2月21日 | 2 | 畳奉行 | 在職中死去（年不詳） | |
| 54 | 近藤重蔵守重 | 100俵 | 文化5年（1808）2月晦日～文政2年（1819）2月3日 | 11 | 小普請 | 大坂弓奉行 | |
| 55 | 鈴木岩次郎成恭 | 100俵5人扶持 | 文化9年（1812）11月24日～文政4年（1821）12月24日 | 9 | 学問所勤番組頭 | 小普請 | |
| 56 | 藤井佐左衛門義知 | 100俵5人扶持 | 文化10年（1813）8月25日～同12年（1815）6月3日 | 3 | 西丸奥右筆 | 病気にて辞職 | |
| 57 | 高橋作左衛門景保 | 100俵 | 文化11年（1814）2月3日～文政11年（1828）10月3日 | 13 | 天文方在職中のまま書物奉行兼務 | 罪あって免職 | シーボルト事件 |
| 58 | 夏目勇次郎成充 | 300俵 | 文化12年（1815）7月23日～文政4年（1821）2月2日 | 5 | 大番 | 膳奉行 | |

| | | | | | | | |
|---|---|---|---|---|---|---|---|
| 59 | 川勝頼母広常 | 700石 | 文政4年（1821）3月4日〜同10年（1827）12月23日 | 6 | 大番 | 在職中死去（年不詳） | |
| 60 | 山角貞一郎久矩 | 200俵 | 文政5年（1822）閏1月8日〜同7年（1824）10月8日 | 2 | 大番 | 在職中死去（年不詳） | |
| 61 | 林韑之助韑 | 500石 | 文政7年（1824）11月25日〜天保9年（1838）11月12日 | 14 | 小普請 | 二丸留守居 | のちに式部右近、大学頭に任官　号復斎　儒者 |
| 62 | 勝田弥十郎獻 | 70俵5人扶持 | 文政11年（1828）3月16日〜天保3年（1832）9月10日 | 3 | 学問所勤番組頭 | 在職中死去（32歳） | |
| 63 | 篠田藤四郎隆懋 | 100俵5人扶持 | 文政12年（1829）4月16日〜天保9年（1838）6月10日 | 9 | 納戸番 | 代官 | |
| 64 | 中山栄太郎利紀 | | 天保3年（1832）2月21日〜弘化元年（1844）3月29日 | 12 | 奥右筆 | 富士見宝蔵番之頭 | |
| 65 | 黒野源太左衛門保士 | 200俵 | 天保9年（1838）7月9日〜嘉永元年（1848）3月2日 | 10 | 鳥見 | 小普請 | |
| 66 | 水野七三郎忠篤 | 200俵 | 天保9年（1838）12月13日〜嘉永4年（1851）4月8日 | 13 | 腰物方 | 切手番之頭 | のちに新右衛門と改名 |
| 67 | 小林半右衛門政灼 | 400石 | 天保12年（1841）12月5日〜弘化4年（1847）7月28日 | 6 | 小普請 | 大坂弓奉行 | |
| 68 | 渋川六蔵敬直 | 200俵 | 天保13年（1842）10月16日〜弘化2年（1845）3月16日 | 3 | 天文方見習 | 罪あって免職 | 老中水野忠邦失脚の余波 |

| | | | | | | | |
|---|---|---|---|---|---|---|---|
| 69 | 金井伊太夫俊有 | 60石 | 弘化元年（1844）4月3日～嘉永4年（1851）5月19日 | 7 | 勤仕並小普請 | 西丸切手番之頭 | |
| 70 | 石川良左衛門通睦 | 70俵5人扶持 | 弘化4年（1847）7月28日～嘉永3年（1850）4月8日 | 3 | 大坂弓奉行 | 林奉行 | |
| 71 | 佐山源右衛門正武 | 100俵 | 嘉永元年（1848）3月9日～同6年（1853）3月晦日 | 5 | 勤仕並小普請 | 広敷番之頭 | |
| 72 | 蒔田又三郎俊光 | 70石 | 嘉永4年（1851）5月10日～同5年（1852）5月27日 | 1 | 日光奉行支配組頭 | 在職中死去（年不詳） | |
| 73 | 木村董平定政 | | 嘉永4年（1851）7月21日～安政2年（1855）5月12日 | 4 | 佐渡奉行支配組頭 | 鉄砲玉薬奉行 | |
| 74 | 石井内蔵充至穀 | 30石 | 嘉永4年（1851）8月14日～安政6年（1859）4月17日 | 8 | 学問所勤番組頭 | 在職中死去（82歳） | |
| 75 | 武嶋安右衛門茂潤 | 70石 | 嘉永5年（1852）7月8日～文久2年（1862）閏8月1日 | 10 | 二条蔵奉行 | 在職中死去（年不詳） | |
| 76 | 嶋田帯刀政富 | 150俵 | 嘉永6年（1853）5月2日～文久元年（1861）9月7日 | 8 | 代官 | 病気にて辞職 | |
| 77 | 中井太左衛門儀旭 | 40俵3人扶持 | 安政2年（1855）2月5日～元治元年（1864）6月19日 | 9 | 日光奉行支配組頭 | 小普請 | |
| 78 | 庄田金之助安明 | 400石 | 安政4年（1857）1月22日～同5年（1858）1月11日 | 1 | 腰物方 | 船手頭 | |
| 79 | 中神順次守業 | 70俵5人扶持 | 安政4年（1857）10月29日～元治元年（1864）1月18日 | 7 | 奥右筆 | 在職中死去（年不詳） | |

| | | | | | | | |
|---|---|---|---|---|---|---|---|
| 80 | 神尾安太郎久敬 | 150俵 | 安政5年（1858）2月4日～同6年（1859）4月7日 | 1 | 蔵奉行 | 二条蔵奉行 | |
| 81 | 平山謙二郎敬忠 | | 安政5年（1858）7月9日～同6年（1859）9月10日 | 1 | 賄頭格徒目付 | 免職、小普請入差控 | のちに図書頭に任官 |
| 82 | 黒坂丹助維叙 | 100俵 | 安政6年（1859）11月17日～文久2年（1862）12月24日 | 3 | 賄頭次席小普請方 | 勘定吟味役 | |
| 83 | 江連小市右衛門茂尭 | 100俵 | 万延元年（1860）1月27日～12月8日 | 1 | 裏門切手番之頭 | 在職中死去（年不詳） | |
| 84 | 花井弥之助持久 | 200俵 | 万延元年（1860）10月29日～文久3年（1863）9月10日 | 3 | 大坂弓奉行 | 蕃所調所頭取 | |
| 85 | 小田又蔵信贛 | 30俵3人扶持 | 文久2年（1862）12月24日～同3年（1863）11月4日 | 1 | 外国奉行支配組頭 | 納戸頭 | |
| 86 | 渥美豊次郎忠篤 | 150俵2人扶持 | 文久3年（1863）11月6日～慶応2年（1866）11月17日 | 3 | 新番系図調出役 | 勤仕並小普請 | |
| 87 | 塩野谷善次景朝 | 100俵5人扶持 | 文久3年（1863）11月6日～慶応2年（1866）11月17日 | 3 | 寄場奉行 | 勤仕並小普請 | |
| 88 | 榊原藤一郎好行 | 40俵 | 元治元年（1864）2月22日～慶応2年（1866）11月17日 | 2 | 表台所頭 | 勤仕並小普請 | |
| 89 | 山田万助安増 | 500石 | 元治元年（1864）3月28日～慶応2年（1866）11月17日 | 2 | 大番 | 勤仕並小普請 | |
| 90 | 石川次左衛門政勝 | 150俵 | 慶応2年（1866）3月21日～11月17日 | 1 | 関東郡代付組頭 | 勤仕並小普請 | |

森潤三郎『紅葉山文庫と書物奉行』二二七～二四六頁をもとに作成

奉行は概ね三、四名が任命されていました。当初は将軍や老中・若年寄《わかどしより》などの呼び出しがあれば登城する体制でした。それゆえ初期の奉行は、在職期間が二〇年、三〇年とかなり長期間務めています。

しかし、紅葉山文庫に強い関心を寄せていた徳川吉宗が、享保元年（一七一六）七月十八日に将軍に就任すると、奉行の在職期間がかなり短くなります。中には川口信友《かわぐちのぶとも》の二五年、本郷一泰《ほんごうかずやす》の二九年といった長期間在職した者もいますが、おおよそ一〇～一五年で退職か異動をしていることがわかります。これは、享保十九年（一七三四）から、書物奉行は一名交代で紅葉山文庫に常駐する詰番の制度を開始し、奉行の職務負担がそれまでよりも重くなったので、長期間の在職は厳しいと判断されたためかもしれません。十九世紀初頭の文化期以降はさらに在職期間が短くなり、一〇年以内に異動していきます。ちなみに奉行在職の平均年数は約一〇年です。

奉行になれる者は旗本ですが、禄高を見れば一目瞭然で、数石～数百石程度の小身旗本が任命されたようです。

また、在職中に死去した者が二八名、奉行辞職後に無役で勤務が課されない小普請《こぶしん》に編入された者が一九名、病気や高齢のために辞職した者が五名、合計で五二名と、奉行総数のおよそ三分の二を占めています。

これらのことを考えると、書物奉行は小身旗本の出世の到達点となっていたことがわかります。

書物奉行の概要は右のようなものです。次項では、その歴史について触れたいと思います。

た。

## ●書物奉行の歴史

前にも少し述べましたが、紅葉山文庫の前身である富士見亭《ふじみてい》文庫時代には、書物奉行のようなはっきりとした職は置かれていませんでした。この時代は江戸幕府の創業期ですので、老中や若年寄などのような官僚機構は存在しておらず、戦国時代以来の譜代家臣を中心として政権が運営されていました。

富士見亭文庫は、徳川家康の個人蔵書を収蔵するために設置したものですので、その管理にあたったのも家康と個人的に関係の深い者だと考えられます。

慶長十九年（一六一四）に駿府から江戸へ三〇〇部の図書を家康は贈りましたが、それを富士見亭で受領したのが林永喜《えいき》という儒者で、家康お抱えの儒者林羅山《らざん》の弟です。ちなみに羅山は、駿府城にあった家康の書庫である駿河文庫の管理を担当していました。富士見亭と駿河の両文庫は、家康と個人的に親しい林兄弟によって管理されていたのです。

家康は、豊臣氏を滅ぼした翌年の元和二年（一六一六）四月に死去します。同年に駿府の家康の蔵書を富士見亭文庫に引き渡した際には、内藤主馬《ないとうしゅめ》と上田善次の二名が受領しています。将軍側近の者から二名が選抜され、文庫の管理にあたっていたようです。

家康の歿後、林兄弟は文庫の直接的な管理者ではなかったようですが、特に羅山は駿府から江戸に移って、なんらかの形で文庫に関与していたものと考えられています。羅山の子孫は代々幕府の儒者になっていますが、紅葉山文庫の直接的な管理者には任命されなかったものの、幕末まで間接的に関与し続けています。

さて、寛永十年（一六三三）十二月に書物奉行が設置され、初代奉行は四名、氏名は前掲表の通りです。

江戸時代の史料によると、奉行は「御書物奉行」と呼ばれていました。これは文庫の蔵書が「御書物」と呼ばれていたからです。「御」はあくまで蔵書に対する敬称であって、奉行に対するものではありません。

紅葉山移転、書物奉行設置により、それまでは将軍の個人蔵書の色彩が強かったのですが、幕府の公的管理に移行されました。

最初期は、奉行配下の職制がはっきりしておらず、公的には部下は存在しない状態だったのですが、寛永二十一年（一六四四）に新たに勤番を置きました。紅葉山下御門の門番のうち、与力《よりき》一名、同心《どうしん》二名が交替で文庫に勤務するようになったのです。この時点で、ようやく紅葉山文庫の管理体制が整いました。

万治二年（一六五九）に書物奉行は、躑躅之間《つつじのま》北より二の間詰と定められました。これは江戸城に登城した際のいわば控室のことで、家格によって部屋は決まっていたのです。したがって、登城時の控室がわかれば、書物奉行の幕府内でのヒエラルキー（序列）がわかることになります。

寛文二年（一六六二）に、書物奉行は若年寄の支配下に入ることになりました。それまで曖昧だった職性が、これで決定したことになります。

元禄六年（一六九三）には、書物奉行の下に書物方同心四名が初めて任命されました。

宝永六年（一七〇九）には、将軍継嗣《けいし》として江戸城西の丸に入っていた徳川家宣《いえのぶ》の六代将軍就任に伴って、西丸書物奉行の浅井清盈《きよみつ》（のち「石川」に復姓）、平井次久が紅葉山文庫に編入されました。また、奉行と共に西丸書物方同心四名も編入されたので、同心は計八名となりました。

家宣はもともと甲府藩主で、その江戸藩邸には「桜田御文庫」と呼ばれた膨大な蔵書を有していて、西の丸入城に伴ってそこに移されていました。西丸書物奉行は、その蔵書管理のために新設された役職です。

正徳三年（一七一三）には、桜田御文庫の蔵書を紅葉山文庫へ正式に移管し、書庫一棟を増設したことは前述しましたが、そのために人手不足となってしまいました。正徳五年（一七一五）には同心を二倍の定員一六名に大幅に増員し、奉行も一名増やしています。

享保六年（一七二一）には、書籍の出納業務が頻繁だというので、書物奉行の月俸が増額されています。これは読書好きの吉宗が頻繁に図書を借り出していたからです。

この時に書物奉行は俸給二〇〇俵高、役扶持七人扶持となりました。ただ実際には、人によって四〇俵から一〇〇〇石までと、かなり俸給に差があったようです。

享保七年（一七二二）には、貸し出してから三〇日を経過しても返却がない場合は、御側衆《おそばしゅう》に伺いを立てる「三十日伺」を開始しています。吉宗は本を借り出してもなかなか返却しなかったようで、返却期限を設定して利用者に守らせることを徹底したのです。将軍もその対象に当然入っていて、例外扱いにしませんでした。

享保十一年（一七二六）には、同心はなるべく字が上手な者を選抜して選んでいただきたいと、書物奉行が上申しています。似たような事例は、寛政五年（一七九三）に、同心には図書に興味を持つ者を選んでいただきたいとの上申をしています。おそらく書物方同心の中には、特に図書に興味がなくて蔵書をぞんざいに扱う者や、著しく書籍に関する知識が不足していて仕事に支障をきたす者がいたからだと思われます。

享保十八年（一七三三）三月に同心二名を増員しています。翌十九年（一七三四）には奉行自身の要請により、毎日奉行一名・同心三名交代で出勤する詰番の制度を開始しました。毎月初めにその月の勤務表を定め、その割り当てに従って出勤することとなったのです。そのため奉行は、全員が出勤して事務連絡の打ち合わせを行う必要が生じて、ミーティングの機会を設けることになりました。

また、将軍の用務があれば、夜間でも出勤して図書出納などの業務に従事しなければならなくなりました。この制度ができる以前は不定期の出勤で、将軍のお召しがあれば登城するという形でした。

寛政七年（一七九五）には奉行も二名体制（それぞれ詰番、加番といいます）で当直を行うことになりましたが、天保十四年（一八四三）には加番を廃止し、詰番のみを登城することに改めています。

延享元年（一七四四）には、焼火之間《たきびのま》に控室が移動になりました。若年寄支配は変わりません。

寛政三年（一七九一）、書籍修理を行った書物奉行の野尻高保と松平乗雄に銀五枚が下賜されています。しかしこれ以降、修理は同心の役目と決まりました。書籍修理は奉行自らが行わなくてもよくなったのです。

文政二年（一八一九）二月、書物奉行が若年寄の小笠原貞温《おがさわらさだあつ》に対して、正徳年間（一七一一〜一六）と比較すると紅葉山文庫の蔵書数は二倍に増加しているのに対して職員数は据え置きであるとし、増員を上申しています。それが認められて同心が五名増員され、書物方同心は定員二一名になりました。実は、同心五名の増員と引き換えに、奉行の定員を事実上三名に削減することをこの時に認めています。同年五月に奉行の一人である近藤重蔵《こんどうじゅうぞう》が大坂弓奉行へ異動になったので、その後任を放棄した代替措置だったのです。しかしそれでも不足していたのか、文政五年（一八二二）には定員外の同心二名を増員し、同心の欠員が出た場合はそこから補充するようになりました。

この頃になると、紅葉山文庫の運営資金が不足してきたのか、蔵書を売却したり、洋書を他所に移管したりしています。そして奉行の定員も嘉永元年（一八四八）三月、三名に正式に削減されてしまいました。ただ、定員外に臨時に設けられる場合が江戸時代後期になると見られるようになっていましたので、実質的にはもう少し奉行の数は多かったようです。臨時職の場合は「御書物奉行格」と呼ばれ、中にはのちに正式な奉行に出世する者もいました。

慶応二年（一八六六）十一月十七日、書物奉行は廃止されました。ただ、書物方同心は直ちに廃止されず、学問所の付属という形になり、林家の支配下に組み込まれました。これは、一五代将軍徳川慶喜《よしのぶ》が行った「慶応の改革」と呼ばれる幕府改革の一環でした。しかし、幕府自体が翌慶応三年（一八六七）十月十四日の大政奉還《たいせいほうかん》によってなくなってしまいます。

書物奉行の歴史を俯瞰すると、いくつかの時期に分けることができます。

第一期は、書物奉行成立前史で、まだ江戸城富士見亭に文庫があった時代です。文庫も将軍の個人書庫といった性格が強く、役職名すらもはっきりとわかっていません。将軍と個人的に繋がりが深い人物が任命されていました。

第二期は、三代家光・四代家綱期です。文庫が紅葉山に移転、書物奉行、次いで書物方同心という文庫を管理する職制が整備されました。

第三期は、八代吉宗の享保年間（一七一六～三六）です。吉宗は大変読書好きな将軍で、そのため紅葉山文庫と書物奉行にも、様々な改革を行いました。また、キリスト教以外の洋書輸入を大幅に緩和したので、文庫にも洋書が多く所蔵されるようになりました。

第四期は、文政年間（一八一八～三〇）以降になります。この頃になると、蝦夷地《えぞち》（北海道）にロシア船が来航するなど、対外的にやかましくなってきました。その反面、文庫を維持管理する書物奉行の定員が削減され、資金不足のために不要な蔵書を売却したりしています。そして幕末の改革によって、大政奉還直前の段階で廃止されてしまうのです。

紅葉山文庫や書物奉行は、現代でいえば「文化事業」にあたりますので、幕末の慌ただしい世情では存続が許されなかったのかもしれません。

では、書物奉行はどのような仕事をしていたのでしょうか。

## ●書物奉行の仕事内容

奉行の仕事は、その公務日誌『御書物方日記《ごしょもつかたにっき》』からまとめると次の七点になります。

①蔵書の出納。
②夏季に行われる蔵書の虫干し（これを専門用語で「曝書《ばくしょ》」といいます）。
③欠本を補うための写本作成の監督。
④蔵書の目録作成、その改訂作業。
⑤重複本などの処分。
⑥将軍の日光東照宮参拝時の沿道地図の携行。
⑦紅葉山文庫の維持・管理。

『御書物方日記』

この『御書物方日記』ですが、これは書物奉行の日常がつぶさにわかる大変良質な一次史料です。宝永三年（一七〇六）から安政四年（一八五七）まで一五二年間という非常に長期間にわたって書物奉行の活動が窺えます。もっとも、すべて揃っているわけではなく、文政十一・十二年（一八二八・二九）、天保元・三～十一年（一八三〇・三二～四〇）、弘化元～三年（一八四四～四六）、嘉永元・二年（一八四八・四九）、安政元・二年（一八五四・五五）の一九年間の日記は現存していません。

『御書物方日記』という名称は便宜的なもので、日記の原本には「留書」・「留帳」・「留牒」などと書かれていて一貫性がありません。江戸後期になると表紙に「日記」と仮の題名を大書したようです。現在は国立公文書館が保管しており、また翻刻は宝永三年（一七〇六）から延享二年（一七四五）まで、『大日本近世史料　幕府書物方日記』として東京大学出版会から刊行されています。

では『御書物方日記』の元文六年（一七四一）正月の記事から、書物奉行の仕事の様子をみてみましょう。将軍は八代吉宗で、治世の後半にあたります。

元旦には、水原次郎右衛門保氏《みずはらじろうえもんやすうじ》、川口頼母信友《かわぐちたのものぶとも》、深見新兵衛有隣《ふかみしんべえありちか》、小田切治太夫昌倫《おだぎりじだゆうまさとも》の書物奉行四名全員が登城しています。これは元旦という特別な日だからで、普段は詰番を決めて一名が紅葉山文庫に出仕していました。

正月五日に、老中松平乗邑《まつだいらのりさと》から「御用がある」とのことで本丸に書物奉行が呼ばれています。詰番の小田切治太夫が出向いたところ、承応二年（一六五三）の四代将軍徳川家綱の右大臣転任の記載がある書物があれば、差し出すようにという命でした。小田切は文庫に戻り調べたところ、『寛明《かんめい》録《ろく》』という本に家綱右大臣転任の記述があることを確認し、早速乗邑に報告しに行ったところ、すでに退出したあとでした。しかし乗邑は退出の前に、奥右筆《おくゆうひつ》の蜷川親雄に、「明日五ツ（午前八時）に若年寄の西尾忠尚《にしおただなお》へ提出するように」と命じていたので、いったん出納用の小箱に入れて文庫内にしまっておきました。

翌六日の詰番は水原次郎右衛門でしたが、小田切も登城し、蜷川を介して西尾に『寛明録』を提出しましたが、しばらくしたら用が済んだのか返却されてきました。

五月十八日にも乗邑は、『正保二年四月御元服記』を閲覧したいので明日持ってくるように」と、詰番の桂山三郎左衛門に命じています。正保二年（一六四五）は家綱が元服した際の記録で、八月には竹千代《たけちよ》（のちの一〇代将軍徳川家治《いえはる》）が元服をすることになっているので、その前例調査かと思われます。家治は家綱の元服時の資料を参考にしたことがわかります。

翌十九日の詰番は、前回も乗邑に出納を行った小田切でした。ちなみに『正保二年四月御元服記』は二十一日に乗邑から返却されています。その際、当日の詰番、川口頼母に「この書物は今後たびたび貸し出されることになるから、左様心得よ」と、奥右筆の蜷川からいわれています。これは乗邑の意向に間違いないでしょう。竹千代の元服は八月十二日に行われています。

正月二十九日に、今度は若年寄の西尾から呼ばれます。詰番の深見新兵衛が出向いたところ、すでに西尾は退出したあとでしたが、右筆の山中新八郎から『松平肥後守家譜《まつだいらひごのかみかふ》』一巻と『保科家譜《ほしなかふ》』一巻とが、新たに紅葉山文庫の収蔵になったことを聞かされました。深見は早速それを東御蔵に保管しています。書名から、陸奥会津藩（福島県会津若松市）の藩主松平氏の家系図のようです。四代家綱の側近として幕政を主導したのは陸奥会津藩主保科正之《まさゆき》でした。

このように、紅葉山文庫に所蔵するか否かを決めるのは書物奉行ではなく、より上位の役職の判断によるもののようで、奉行は決まった本を御蔵に収納するのが仕事のようです。

新しく紅葉山文庫の所蔵となった図書の記事は、二月十二日にも見えます。今回は清国の図書で、『孝慈備覧』四冊、『上諭』五冊、『中山伝信録』四冊、『本艸類方』一〇冊が長崎から届いたとあります。これは将軍吉宗の中国書籍蒐集のため、買い上げとなったようです。

二月十三日には、去年（元文五年〈一七四〇〉）の秋に新しく文庫に入った『群書治要《ぐんしょちよう》』と『大蔵一《だいぞういち》覧《らん》』の来歴を目録に記入せよとの将軍吉宗の命で、詰番の深見新兵衛が文案を作成しています。十九日に吉宗へ見せたところ「それでよい」とのことなので、深見はその文面で目録に記入しています。

また十九日には、写本の『飲膳正要《いんぜんせいよう》』が、加賀藩主の前田吉徳《よしのり》所蔵本と吉野吉水院《きっすいいん》所蔵本のどちらの本から転写したのかわからなくなっているので、どのように目録に記入したら良いのかという問題が発生しました。将軍吉宗は、小姓の土岐《とき》佐兵衛佐《さひょうえのすけ》朝直《ともなお》を通じて、「可能性のある両方を明記しろ」という指示を出しています。

五月十三日には、幕府の公式日記『日次記《ひなみき》』の添書に吉宗がクレームをつけています。どうも吉宗の「御好ミ」に沿わなかったようで、書き直しを書物奉行に命じています。また、用紙も大奉書《おおぼうしょ》と指定しています。吉宗は紙も気に入らなかったようです。

将軍吉宗はこういった細かい点にまで自ら介入しており、紅葉山文庫とその収蔵書、そして目録の記入法にまで多大な関心を寄せていることがわかります。私たちがイメージする吉宗像は、武芸が大好きで活動的なものが一般的だと思いますが、もう一方では細かい点にまで拘る「書籍オタク」な一面もあったようですね。

書物奉行の職務は収蔵書の出納だけではなく、建物の管理も担っています。四月三日から御蔵の屋根に生えた草の除草作業が始まりました。草取りは小普請《こぶしん》の手代《てだい》が行ったようで、四月十九日に終了しています。しかしまた生えてきたのか、五月二十八日には小普請方に除草を命じています。六月五日には、蔵書の風干《かざぼし》許可の記事が見られます。翌六日には風干に必要な毛氈《もうせん》三〇枚を受け取り、新御蔵の掃除も行いました。七日から風干が始まり、八日には細工所から棕櫚《しゅろ》箒《ぼうき》五本、羽箒《はねぼうき》一〇本を借り出しています。すべての蔵の風干には一か月もかかったようで、七月十二日に終了し、毛氈三〇枚も返却しています。

十一月十五日には、将軍吉宗からの命が書物奉行に下っています。「『諸家書付《しょけかきつけ》』の記述の中から選択をして提出しろ」というものでした。その選択も吉宗の「御好」に沿うものでなければならなかったようです。

『諸家書付』は、一般に『貞享書上《じょうきょうかきあげ》』と呼ばれています。『貞享書上』は天和三年（一六八三）から貞享元年（一六八四）にかけて、徳川家に縁がある諸大名などから提出させた古文書・家譜類の総称です。『武徳大成記《ぶとくたいせいき》』という歴史書編纂のために『貞享書上』は参考にされましたが、貞享三年（一六八六）に完成したあとは紅葉山文庫に収蔵されていました。

翌十六日から病気に罹った深見新兵衛以外の四人総出で、『諸家書付』の吟味を行っています。夕食の弁当の増加も要求しています。吟味には奉行だけではなく書物方同心も参加していました。十七日に吟味が終了し、詰番の川口頼母が提出しましたが、再提出を命じられてしまいます。翌十八日に再提出し、いったん吉宗は受け取っています。それ以降なんの音沙汰も吉宗からはありませんでしたが、十二月五日に「『諸家書付』の吟味は先月提出した通りで良い」という内意が示されて、書物奉行一同は安堵したということです。多めの夕食の用意も本日限りで終了としています。おそらく吉宗が何か急な指示を出した時の対応で、書物奉行や同心が余計に詰めていたのでしょう。

十一月十九日には若年寄の西尾忠尚から詰番深見新兵衛に呼び出しがあり、文庫は『権現様御位記口宣之写』を所蔵しているか、というものでした。『権現様御位記口宣之写』とは、書名から判断すると、徳川家康が叙位した際の天皇の任命書（口宣案《くぜんあん》）だと考えられます。翌二十日、新兵衛は当日の詰番小田切治太夫、書物方同心小沢又四郎にも確認をして、「もともと所蔵はしていない」と西尾に回答しています。結局、『権現様御位記口宣之写』は、十二月二十日に老中松平乗邑から渡されて、文庫の東御蔵に納められています。江戸城内の別のところに置いてあったのでしょう。しかし『権現様御位記口宣之写』は、いったん文庫に収蔵されただけであって、「老中からの申出が近日中にあるので、その際は速やかに提出するように」との指示が乗邑から出されています。

ざっと元文六年（一七四一）の記事から、筆者の目にとまった書物奉行の仕事を見てきましたが、もちろんこれがすべてではありません。このほかにも頻繁に行われる吉宗への貸出・返却作業、老中・若年寄からの所蔵調査、御蔵の維持管理の雑務など、業務は地味ですが、意外と忙しい日々を送っていることが『御書物方日記』から窺えます。特に将軍吉宗からの指示や出納が、さらに書物奉行の業務を増やしていることも指摘できるかと思います。

では、吉宗はどのような本を紅葉山文庫から借り出していたのでしょうか。次節では、吉宗の読書傾向について詳しく検討したいと思います。

## 第㊃節　将軍徳川吉宗と紅葉山文庫

### ●将軍就任直前の紅葉山文庫利用

前にも触れましたが、八代将軍徳川吉宗は歴代将軍の中で最も紅葉山文庫に関心を寄せていました。吉宗は将軍就任前から、文庫と、そこに所蔵されている書籍に興味を抱いたようです。本節では、いくつかの時期に区切って、吉宗の紅葉山文庫利用から窺える読書傾向について、特徴を明らかにしたいと思います。

徳川吉宗肖像

まずは将軍になる前の利用です。正徳六年（享保元年。一七一六）五月二十二日、次期将軍として江戸城本丸に入城していた吉宗は、将軍就任二か月前の六月三日、延宝八年（一六八〇）に林信篤《のぶあつ》（鳳岡《ほうこう》）が作成した蔵書目録を提出させています。

翌四日、吉宗は目録を見て興味を持った本があったらしく、早速本を借り出しています。それらの本は『御書物方日記』に挙げられているものを列挙すると、次の通りです。

『弓鷹書』　一三冊
『関原始末記』　二冊
『慶長以来諸法度』　六冊
『御年譜』　五冊
『御伝』　一冊
『弓箭並射法之書』　二〇冊
軸物　六巻
『乗馬並手綱之書』　一〇冊
軸物　三巻
『諸礼法儀之書』　二〇冊
軸物　三巻
『故実書』　七冊
『論矢犬追物並弓之記』　五七巻
『真犬追物並弓之記』　六六巻
『真犬追物馬場之絵図』　二巻

（『大日本近世史料　幕府書物方日記』二、一八～二〇頁）

同時に吉宗は、『江戸絵図』を文庫が所持していないかを調査させています。
七日には、四日に吉宗が借りた本の一部が早くも返却されてきました。返却本は次の通りです。

『御年譜』 五冊
『御伝』 一冊
『関ヶ《（ママ）》原始末記』 二冊
『慶長以来諸法度』 六冊
『故実書』 七冊
『弓箭並射法之書』 二〇冊
軸物 六巻
『諸礼法儀之書』 一《（ママ）》〇冊
軸物 三巻
『乗馬並手綱之書』 一〇冊
軸物 三巻

（『大日本近世史料　幕府書物方日記』二、二六〜二七頁）

残りの本は一〇日に返却されています。

『論矢犬追物並弓之記』　五七巻
『真犬追物並弓之記』　六六巻
『真犬追物馬場之絵図』　二巻
『弓鷹書』　一三冊

（『大日本近世史料　幕府書物方日記』二、三〇頁）

吉宗が初めて紅葉山文庫から借り出した図書のリストを見てみると、武芸に関するもの、礼法や法度（法律）に関するものなど、実用的な本が多いことが特徴かと思われます。『御年譜』や『御伝』など、徳川家自身や歴代将軍の事績なども借りており、将軍になるにあたっての基礎知識を身につけようとしているようです。

江戸時代初期にまとめられた編纂物史料の『関原始末記』だけは、完全に吉宗の個人的趣味から請求した本でしょうか。

将軍になるにあたっての基礎知識の吸収という点では、七月一日に『細川家伝』、藤堂家より上呈された『覚書』、翌二日には、池田家、上杉家、酒井家より上呈された『家譜』などを借り出しています。譜代・外様を問わず、有力大名家の歴史や家系図の知識を得ようとしたのでしょう。

ほかにも朝廷関係、朝鮮関係、幕府が発令した諸法度、軍記物と、将軍就任の八月二日直前まで毎日といってもいいほど、頻繁に図書を借りています。二か月という短い期間に、将軍として政務を行う上での必要最低限の知識を早く身につけようとの吉宗の必死さが伝わってくるようです。

吉宗の将軍在任期間は、享保元年（一七一六）八月十三日から延享二年（一七四五）九月二十五日まででした。柳田直美氏は在職期間を、①享保元年（一七一六）〜同六年（一七二一）、②享保七年（一七二二）〜同十六年（一七三一）、③享保十七年（一七三二）〜延享二年（一七四五）の三つの期間に分けて、その読書傾向を検討しています（「徳川家康の文蔵と紅葉山文庫」）。本書でも三つの期間に分けて、柳田氏の論考を参考にしながら、将軍在職時の吉宗の読書傾向を明らかにしたいと思います。

## ●享保元年（一七一六）〜同六年（一七二一）

この時期は、吉宗が将軍に就任して間もない頃であり、治世の前半期です。享保の改革をスタートさせた時期でもあります。

この間に行った政策は、主なものだけでも挙げてみると、享保二年（一七一七）江戸南町奉行に大《おお》岡忠相《おかただすけ》を起用、同四年（一七一九）相対済令《あいたいすましれい》（金銀貸借の訴訟を幕府は一切受け付けず、当事者同士での話し合いによる示談解決を奨励した法令）発令、同五年（一七二〇）江戸に町火消しを創設、キリスト教に無関係の洋書輸入を緩和、同六年（一七二一）に目安箱設置、小石川薬園設置など、矢継ぎ早に改革を行っていた時期でした。

吉宗は、将軍就任前から頻繁に紅葉山文庫を利用したと前述しましたが、それは正式に征夷大将軍に任じられてからも何も変わりませんでした。

将軍就任直前から直後にかけて、吉宗は北から南まで、国絵図《くにえず》をすべて借り出しています。将軍宣下直前の七月八日に伊賀（三重県）、尾張（愛知県）、武蔵（埼玉県・東京都・神奈川県）、常陸（茨城県）などの東海道一五か国、十三日には、近江（滋賀県）、信濃（長野県）、上野（群馬県）、下野（栃木県）、陸奥（青森県・岩手県・宮城県・福島県）、出羽（秋田県・山形県）など東山道八か国、蝦夷地松前《えぞちまつまえ》（北海道松前郡松前町）、二十一日には若狭（福井県）、能登（石川県）など北陸道七か国、二十七日には、但馬（兵庫県）、因幡（鳥取県）など山陰道八か国、八月五日に播磨（兵庫県）、安芸（広島県）など山陽道八か国、八月八日に播磨（兵庫県）、美作（岡山県）など山陽道八か国を再び借り出しています。そして、将軍宣下を挟んで十九日に山陽道を返却し、同日に今度は紀伊（和歌山県）、土佐（高知県）、薩摩（鹿児島県）、対馬（長崎県）など南海道、西海道一七か国の国絵図を借りています。これらの国絵図は十月二十七日に返却し、今度は畿内（近畿地方）、琉球《りゅうきゅう》（沖縄県）、そして日本図まで借り出しています。

国絵図とは、江戸幕府が徴税や行政上必要なことから、諸大名に提出させた国単位の地図のことで、慶長十年（一六〇五）、寛永十年（一六三三）、正保元年（一六四四）、元禄十年（一六九七）、天保六年（一八三五）の五回にわたって作成されています。吉宗が閲覧したのは元禄国絵図だと思われます。

吉宗は、その後も国絵図を頻繁に出納させ、さらに享保二年（一七一七）六月二十六日には、「新国絵図」と「旧国絵図」を書物奉行に比較させています。前者は元禄国絵図、後者は正保国絵図のことでしょう。また享保三年（一七一八）一月二日には山城（京都府）・大和（奈良県）・甲斐（山梨県）・伊豆（静岡県）・下総（千葉県）の五か国の「古国絵図」を借りています。「古国絵図」とは正保国絵図のことではないかと考えられます。

吉宗は、将軍就任直後の享保二年（一七一七）、同四年（一七一九）に日本図の作成を命じていますが、それ以前に自ら国絵図、日本図をすべて閲覧し、また正保と元禄の国絵図を比較させています。比較の結果を享保日本図作成に役立てようとしたのでしょう。

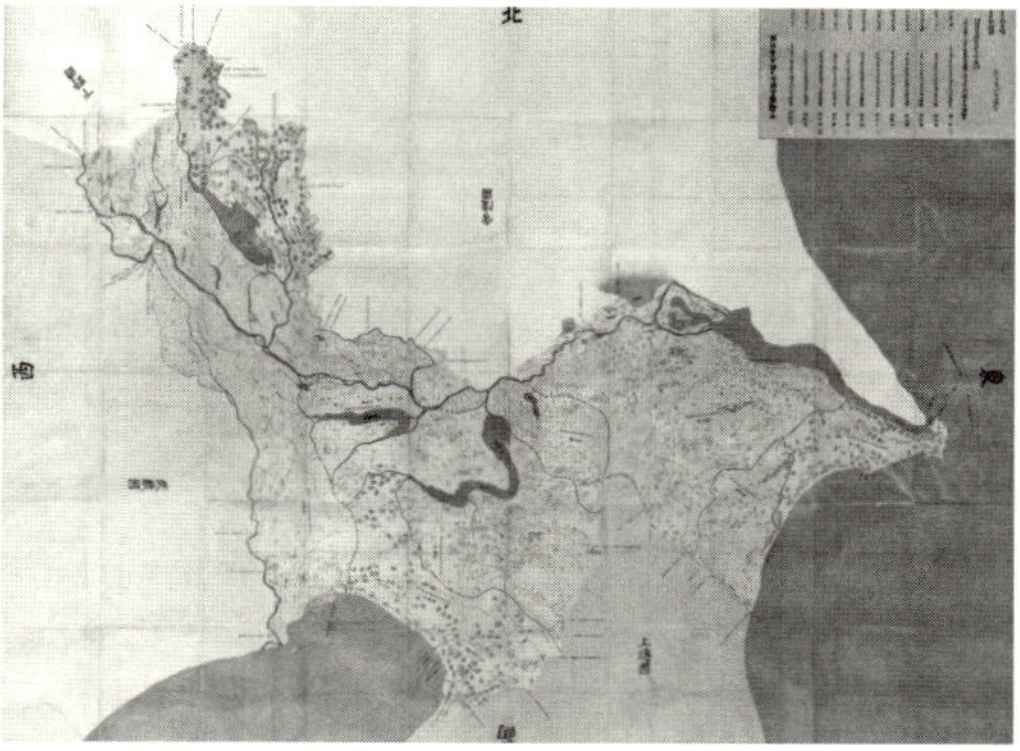

元禄国絵図（下総国）

また吉宗は、過去に出された武家法についても大きな関心を寄せていました。

享保元年（一七一六）六月二十三日には『御成敗式目《ごせいばいしきもく》』を借り、翌二年（一七一七）三月二十六日には『御成敗式目』の別の写本を借り出し、同年の七月十四日にどちらも返却しています。『御成敗式目』は鎌倉幕府によって定められた武家法ですが、江戸時代にもその効力は有していました。しかし、当時は『御成敗式目』の写本が数多く流通していて、どの写本が原本に近いものなのか全くわからなくなっていました。紅葉山文庫にも何種類かの写本が存在していましたが、吉宗はそれら写本を比較し（これを「校合《きょうごう》」といいます）、少しでも原本に近いものを割り出して読み込もうとしていたのでしょう。吉宗は意外と学究的だったのです。

享保二年（一七一七）三月十五日には、二代将軍徳川秀忠《ひでただ》・三代家光《いえみつ》・四代家綱《いえつな》の治世に出された条目《じょうもく》と朱印状《しゅいんじょう》が紅葉山文庫に収蔵されているのかとの質問があり、さらに五代綱吉《つなよし》・六代家宣《いえのぶ》の治世に出された条目はいつ文庫に収蔵されたのかについても質しています。これなども、現代でいうレファレンスの一種の所蔵調査にあたるでしょう。

享保三年（一七一八）六月二十五日には『慶長以来諸法度』を借りて、十一月五日に返却するなど、割と長期間手元に置いています。

吉宗は将軍就任直後から『御成敗式目』や、江戸幕府歴代将軍が発した条目を紅葉山文庫から借り出しています。のちに公事方御定書《くじかたおさだめがき》編纂を吉宗は命じ、治世末期の寛保二年（一七四二）に一応の完成をみていますが、その前段階として将軍自ら過去の武家法を相当勉強したことが窺えます。

さらに吉宗は『創業記』、『三河記』、『慶長記』、『岡崎物語』、『松平記』、『関原始末記』などの徳川家康に関する歴史書、関ヶ原合戦について記された書物なども数多く借りていて、初代将軍家康のことについて深く知りたかったことがわかります。吉宗は家康を尊敬していましたが、その事績の勉強も惜しまなかったのです。

享保四年（一七一九）六月二十二日には、吉宗は「関ヶ原合戦時の軍令が紅葉山文庫に所蔵されているかを調査して、明朝四ツ（午前十時）までに返答しろ」と命じています。翌二十三日に書物奉行は、井伊直政《いいなおまさ》に家康が下した法度の写本や、松平、堀田《ほった》、榊原《さかきばら》、京極《きょうごく》各家など、関ヶ原合戦時の軍令などが書き込まれている可能性が高い文書を「吟味」して吉宗に提出しています。書物奉行を動員して調査を行わせているなど、吉宗は自家の事績について多大な関心を寄せていることがわかります。また、吉宗の要望に書物奉行が迅速に対応していることも、現代の図書館司書を想起させます。

ほかにも、朝鮮、蝦夷地松前、琉球関係の資料も数多く吉宗は借りています。特に松前や琉球は異国と境を接する「境界領域」にあたり、征夷大将軍としてそういった地域の知識も頭に入れて置こうという考えなのでしょう。

前述したように、吉宗は享保五年（一七二〇）に新目録編纂を命じていますが、これほど頻繁に紅葉山文庫を利用していれば、目録が使いやすいようにつくられているのか容易に判断がついたと思います。おそらく以前の目録は、吉宗にとってあまり使いやすいものではなかったのでしょう。

享保元年（一七一六）～同六年（一七二一）の吉宗の紅葉山文庫利用の特徴は、将軍として日本を統治する際に必要な基礎知識を得るために利用したといえるでしょう。日本全体を把握するために国絵図を頻繁に借り、松前や琉球に関心を寄せたのも、統治者としての意識からだと考えられます。

また、それまで幕臣の個人的な記憶や慣例によって運用されていた法を、『御成敗式目』にまで遡って自ら調査することで、記憶や慣例ではなく、成文化した法典の必要性を感じ、その結果、公事方御定書編纂に繫がったと思います。

家康の事蹟調査もそうですが、吉宗は、すべて将軍として政務に必要な本のみを数多く借りていることがわかります。もちろん、吉宗の個人的趣味と思しき武芸の本や軍記物も借りていますが、やはり「仕事」の本が貸出図書の多くを占めています。

さらに、書物奉行にレファレンスを行わせているなど、この時期の吉宗は完全に「紅葉山文庫の常連」として縦横無尽に使いこなし、そこから得た知識・情報を政策に活かしていることがわかります。

このように紅葉山文庫に強い関心を示し、積極的に利用していた吉宗ですが、職務怠慢な奉行に対しても厳しい態度で臨んでいました。

享保四年（一七一九）五月三日には、書物奉行の平井五右衛門次久に「遠慮」を申し付けています。「遠慮」とは出仕《しゅっし》を止められたことです。その理由を『寛政重修諸家譜』は、以前吉宗がある本の所蔵の有無を尋ねた際に、よく調べもしないで「所蔵していない」と回答したからだ、と記しています。平井は勤続一〇年目のベテラン奉行なのですが、そういったことには関係なく、いい加減な回答をした者にはかなり厳しい対応をしているのです。平井は七月十七日に許されて職務に復帰していますが、その年の十二月、在職中に病死しています。

しかし、書物奉行の側から見ると、吉宗はあまりよくない「上司」との見方もできるでしょう。享保六年（一七二一）六月二十六日、平安時代後期に朝廷の儀礼について大江匡房《おおえのまさふさ》が編纂した『江次第《ごうしだい》』（全二一巻）の第一六巻が、紅葉山文庫所蔵本では欠本になっている理由を吉宗は奉行に問うています。奉行は至急調査して、第一六巻はどの写本も欠本となっている旨を回答しています。奉行の調査は正確で、第一六巻「行幸」はもともと書かれなかったとの説も今日にはあるようです。吉宗の質問は深夜に突然下されたようで、奉行も「夜中御用、例之通難儀申候」（『大日本近世史料　幕府書物方日記』三）と愚痴をこぼしています。「例之通」ということは、深夜の下問は一回や二回ではなく何度もあったということでしょう。奉行は「勤務時間外」であっても、将軍から質問が寄せられたら直ちに職務にあたらなくてはなりません。吉宗は、「部下」から見たら迷惑で自分勝手な「上司」といえそうです。

## ●享保七年（一七二二）～同十六年（一七三一）

この九年間は、吉宗が享保の改革を推進していった時期です。享保七年（一七二二）には足高《たしだか》の制、上米《あげまい》の制、質流《しちながれ》地禁止令《ちきんしれい》を相次いで発令しています。享保十三年（一七二八）には、幕府の年貢の取り分をそれまでの四公六民から五公五民に引き上げ、同十六年（一七三一）には、幕府が市場の米を買い上げて米価調節を行う買米《かわせまい》（「かいまい」とも）を実施しています。

紅葉山文庫関係でも、蔵書目録の改訂、重複している蔵書の処分、欠書目の作成、未所持本の写本作成などを積極的に行っています。これらの作業は、吉宗が文庫を利用することで、意外に所蔵されていない重要な本や、全巻揃っておらず欠けている巻が存在することを知り、蔵書の充実を図ることを目的に行われたことです。

さて、この時期の吉宗の読書はどのような傾向になっていたのでしょうか。

享保七年（一七二二）と八年（一七二三）は、特に様々な図書が借り出されている年ですので、この二年を中心に見ていくことにしましょう。

一月二十九日には、伊勢津藩（三重県津市）の藩主藤堂高敏《とうどうたかとし》から『伊賀風土記』が献上されています。吉宗は『風土記』の欠本を広く諸家から献上させています。

二月八日には、書物奉行が「三十日伺」の制度をスタートさせています。吉宗は短期間で返却することも多くありましたが、二か月、三か月、一年と手元にとどめておくことも稀ではありませんでした。享保十八年（一七三三）八月一日に借りた『唐書《とうじょ》』三三一冊、同二十年（一七三五）四月三日に借りた『晋書《しんじょ》』五三冊と『隋書《ずいしょ》』二〇冊、同二十一年（一七三六）に借りた『津逮秘記《しんたいひき》』二四〇冊が返却されたのは延享二年（一七四五）八月三日と、なんと一二年も返却されていませんでした。吉宗は、延享二年（一七四五）九月二十五日に将軍職を辞して嫡子家重《いえしげ》に譲るので、その直前に未返却本に気づいて、慌てて返却したのかもしれません。

早くも三十日伺は、施行直後の二月十八日に奉行から吉宗に出されています。また四月三日には、御側御用取次《おそばごようとりつぎ》の加納久通《かのうひさみち》が、三月中には一度も三十日伺が提出されていないとのことで、奉行に促していています。しかも三十日伺を提出することを怠ったということで、四月五日に奉行は始末書を書かせられています。未提出の理由は「心得違」ということです。返却期限の三十日を奉行は把握していなかったのでしょうか。施行直後ということがあるのかもしれません。

翌六日には、吉宗が御用のために享保元年（一七一六）以来手元に置いていた八冊と、同六年（一七二二）以降に借りられていた一冊が返却させられています。
以降、たびたび三十日伺は提出されているので、吉宗は自分が必要と感じた本についてはかなりの長期間にわたって手元に置く癖があったようです。

この三十日伺ですが、宝暦二年（一七五二）五月三十日に、享保七年（一七二二）の事例に戻すことになったという記述があるので（『御文庫始末記』）、吉宗の在任中に、いつの間にか廃止されていたようです。吉宗が一〇年間も借りていることが許されたのは、三十日伺が廃止されたからだと推測されます。宝暦二年（一七五二）に復活して、だいぶ長期間施行されますが、寛政八年（一七九六）十二月二十三日に再び廃止されています。

吉宗は中国から輸入された本をよく借りています。三月九日には『杭州府志《こうしゅうふし》』二七冊、『浙江通志《せっこうつうし》』一六冊が借りられています。これらは中国の杭州、浙江の地誌で、その地方の地理・歴史・自然・気候などが詳細に書かれている本です。その土地に行ったことがなくても、その地方の事情に精通することができます。

吉宗は中国の地誌が好きだったようで、たびたび『御書物方日記』に登場しています。四月十四日に『太平府志』、九月十六日には『西湖遊覧志《せいこゆうらんし》』、『東国輿地勝覧《とうごくよちしょうらん》』、『保定府志《ほていふし》』、『河間《かかん》府志』、『大名《だいめい》府志』、『真定《しんてい》府志』、『蘆州《ろしゅう》府志』、『鎮江《ちんこう》府志』、『松江《しょうこう》府志』、『安慶《あんけい》府志』、『福州《ふくしゅう》府志』、『南昌《なんしょう》府志』、『大原府志』、『開封《かいふう》府志』、九月二十五日には『揚州《ようしゅう》府志』、『烏程《うてい》県志』、『蘆江《ろこう》県志』、『浙江通志』、『湖広《ここう》通志』をそれぞれ借りています。『浙江通志』は四月九日に返却されていますが、吉宗は特に輿味があったのか二回も借りています。この本は四月二十五日にも儒者の室鳩巣《むろきゅうそう》が借りていますが、鳩巣には三十日伺は適用しなかったようです。ちなみに、これらの中国の地誌は、一度借りたら三十日伺を出されるまで吉宗は借りっぱなしでした。

吉宗は、地誌だけではなく字典にも興味があったようです。五月七日には『康熙《こうき》字典』を借りて、内容に関して質問までしています。『康熙字典』全四六巻は、清《しん》国皇帝・康熙帝の勅撰により編纂された漢字字典で、一七一六年に完成しています。収録字数は四万字を超え、諸橋轍次《もろはしてつじ》が『大漢和辞典』を完成させるまで世界最大の字典でした。

中国の本以外にも朝鮮の本、さらには献上されたオランダの書物にも関心を持っていたようです。漢文は読めたでしょうが、オランダ語はさすがに読めなかったと思います。しかし吉宗は興味を持ったようで、四月八日には加納久通を通して奉行に質問があったようです。残念ながら質問の内容は記録に書かれていません。

翌享保八年（一七二三）になっても、吉宗の旺盛な読書欲は衰えていません。表2―2に享保八年（一七二三）の一年間に吉宗が紅葉山文庫から借り出した図書や絵図の一覧を示しましたが、二六〇種ほどにものぼっています。

表2－2　享保八年の吉宗貸出図書等一覧

| 書名 | 冊数 | 貸出日 | 返却日 | 備考 |
|---|---|---|---|---|
| 太閤記 | 19 | 1月12日 | ※返却されず | 御小納戸に留め置かれる |
| 山城国絵図 | 1枚 | 1月12日 | 3月30日 | |
| 大和国絵図 | 1枚 | 1月12日 | 3月30日 | |
| 河内国絵図 | 1枚 | 1月12日 | 3月30日 | |
| 和泉国絵図 | 1枚 | 1月12日 | 3月30日 | |
| 摂津国絵図 | 1枚 | 1月12日 | 3月30日 | |
| 近江国絵図 | 1枚 | 1月12日 | 3月30日 | |
| 美濃国絵図 | 1枚 | 1月12日 | 3月30日 | |
| 尾張国絵図 | 1枚 | 1月12日 | 3月30日 | |
| 越前国絵図 | 1枚 | 1月12日 | 3月30日 | |
| 北山抄 | 5 | 1月12日 | 2月17日 | |
| 西宮記 | 22 | 1月12日 | 2月17日 | |
| 浅井軍記 | 2 | 1月18日 | 3月13日 | |
| 蒲生記 | 3 | 1月18日 | 3月13日 | |
| 氏郷記 | 1 | 1月18日 | 4月4日 | |
| 稽古書 | 1 | 1月18日 | 4月4日 | |

| | | | | |
|---|---|---|---|---|
| 唐書 | 50 | 1月19日 | 2月20日 | 唐本 |
| 武徳大成記 | 31 | 1月27日 | 2月12日 | |
| 大明会典 | 4 | 1月28日 | 2月20日 | 唐本 |
| 丹羽篠山城絵図 | 1枚 | 2月1日 | 5月1日 | |
| 尾州名護屋城絵図 | 1枚 | 2月1日 | 5月1日 | |
| 尾州犬山城絵図 | 1枚 | 2月1日 | 5月1日 | |
| 江州膳所城絵図 | 1枚 | 2月1日 | 5月1日 | |
| 濃州大垣城絵図 | 1枚 | 2月1日 | 5月1日 | |
| 大明会典 | 240 | 2月4日 | 2月20日 | 唐本 |
| 家忠日記増補 | 1 | 2月4日 | 4月4日 | |
| 東武実録 | 40 | 2月12日 | 享保9年1月11日 | |
| 類聚三代格 | 2 | 2月26日 | 5月20日 | |
| 丹羽国亀山城絵図 | 1枚 | 3月1日 | 5月1日 | |
| 伊予国絵図 | 1枚 | 3月25日 | 5月23日 | |
| 土佐国絵図 | 1枚 | 3月25日 | 5月23日 | |
| 阿波国絵図 | 1枚 | 3月25日 | 5月23日 | |
| 讃岐国絵図 | 1枚 | 3月25日 | 5月23日 | |
| 砂石集 | 6 | 3月25日 | 4月4日 | 『沙石集』のこと |

| | | | | |
|---|---|---|---|---|
| 豊後国絵図 | 1枚 | 3月25日 | 5月23日 | |
| 日向国絵図 | 1枚 | 3月25日 | 5月23日 | |
| 周防国絵図 | 1枚 | 3月25日 | 5月23日 | |
| 長門国絵図 | 1枚 | 3月25日 | 5月23日 | |
| 為政録 | 1 | 4月9日 | 4月10日 | 前田家献上本 |
| 類聚国史 | 1 | 4月10日 | 4月18日 | |
| 類聚国史 | 1 | 4月10日 | 4月18日 | |
| 類聚国史 | 22 | 4月15日 | 4月18日 | |
| 類聚国史 | 28 | 4月15日 | 4月18日 | 徳川家宣旧蔵本 |
| 類聚国史 | 28 | 4月15日 | 4月18日 | |
| 類聚国史 | 16 | 4月15日 | 4月18日 | 水戸徳川家献上本 |
| 類聚国史 | 3 | 4月15日 | 4月18日 | 前田家献上本 |
| 類聚国史 | 2 | 4月15日 | 4月18日 | 浅野家献上本 |
| 類聚国史 | 2 | 4月15日 | 4月18日 | 三条西家献上本 |
| 類聚国史 | 2 | 4月15日 | 4月18日 | 前田家献上本 |
| 類聚国史 | 1 | 4月15日 | 4月18日 | |
| 選集抄 | 7 | 4月20日 | 7月21日 | |
| 沙石集 | 6 | 4月20日 | 7月21日 | |

| | | | | |
|---|---|---|---|---|
| 武備志 | 100 | 4月20日 | 7月21日 | 唐本 |
| 信濃国絵図 | 1枚 | 4月21日 | 5月23日 | |
| 周礼集註 | 4 | 4月26日 | 5月23日 | 唐本 |
| 周礼註疏 | 20 | 4月26日 | 7月26日 | 唐本 |
| 周礼句解 | 4 | 4月26日 | 5月23日 | 唐本 |
| 河中嶋戦記 | 1 | 4月27日 | 5月23日 | |
| 書物 | 2 | 4月27日 | 4月27日 | |
| 本朝世記 | 1 | 5月3日 | 5月11日 | 尾張徳川家献上本 |
| 山城風土記 | 1 | 5月3日 | 5月11日 | 尾張徳川家献上本 |
| 伊勢風土記 | 1 | 5月3日 | 5月11日 | 尾張徳川家献上本 |
| 尾張風土記 | 1 | 5月3日 | 5月11日 | 尾張徳川家献上本 |
| 丹後風土記 | 1 | 5月3日 | 5月11日 | 北野献上本 |
| 伊賀風土記 | 1 | 5月3日 | 5月11日 | 藤堂和泉守献上本 |
| 甲斐風土記 | 1 | 5月3日 | 5月11日 | 松平甲斐守献上本 |
| 風土記 | 1 | 5月3日 | 5月11日 | 酒井修理大夫献上本 |
| 遠江風土記 | 1 | 5月3日 | 5月11日 | 渡部下総守・黒川丹羽守献上本 |
| 武蔵風土記 | 1 | 5月3日 | 5月11日 | 渡部下総守・黒川丹羽守献上本 |
| 薦河風土記 | 1 | 5月3日 | 5月11日 | 跡部海翁献上本 |

| | | | | |
|---|---|---|---|---|
| 民部省図帳風土記 | 1 | 5月3日 | 5月11日 | 跡部海翁献上本 |
| 常陸風土記 | 1 | 5月3日 | 5月11日 | 岡丈庵献上本 |
| 本朝月令 | 2 | 5月3日 | 5月11日 | 近藤源次郎献上本 |
| 本朝世記 | 5 | 5月3日 | 5月11日 | 斎藤平八郎献上本 |
| 日本新国史 | 1 | 5月3日 | 5月11日 | 水戸徳川家献上本 |
| 日本総国風土記 | 2 | 5月3日 | 5月11日 | 水戸徳川家献上本 |
| 伊賀風土記 | 1 | 5月3日 | 5月11日 | 前田家献上本 |
| 為政録 | 10 | 5月3日 | 5月11日 | 前田家献上本 |
| 法曹類林 | 3巻 | 5月3日 | 5月11日 | 前田家献上本 |
| 法曹類林 | 1 | 5月3日 | 5月11日 | 近衛家献上本 |
| 河内風土記 | 1 | 5月3日 | 5月11日 | 松平伊賀守献上本 |
| 摂津風土記 | 1 | 5月3日 | 5月11日 | 松平伊賀守献上本 |
| 和泉風土記 | 1 | 5月3日 | 5月11日 | 松平伊賀守献上本 |
| 但馬風土記 | 1 | 5月3日 | 5月11日 | 松平伊賀守献上本 |
| 日向風土記 | 1 | 5月3日 | 5月11日 | 松平伊賀守献上本 |
| 備前風土記 | 1 | 5月3日 | 5月11日 | 松平伊賀守献上本 |
| 淡海風土記 | 1 | 5月3日 | 5月11日 | 松平伊賀守献上本 |
| 品野風土記 | 1 | 5月3日 | 5月11日 | 松平伊賀守献上本 |

| | | | | |
|---|---|---|---|---|
| 播磨風土記 | 1 | 5月3日 | 5月11日 | 松平伊賀守献上本 |
| 備中風土記 | 1 | 5月3日 | 5月11日 | 松平伊賀守献上本 |
| 大和風土記 | 1 | 5月3日 | 5月11日 | 松平伊賀守献上本 |
| 大清会典 | 141 | 5月8日 | 10月21日 | 唐本 |
| 日本惣国風土記 | 1 | 5月11日 | 5月15日 | 榊原式部太夫献上本 |
| 国名風土記 | 1 | 5月11日 | 5月15日 | 酒井修理大夫献上本 |
| 日本惣国風土記 | 2 | 5月11日 | 5月15日 | 稲葉丹後守献上本 |
| 武蔵風土記 | 1 | 5月11日 | 5月15日 | 土屋左京亮献上本 |
| 駿河風土記 | 1 | 5月11日 | 5月15日 | 土屋左京亮献上本 |
| 伊賀風土記残篇 | 1 | 5月11日 | 5月15日 | 土屋左京亮献上本 |
| 武蔵風土記 | 1 | 5月11日 | 5月15日 | 水野壱岐守献上本 |
| 尾張風土記 | 1 | 5月11日 | 5月15日 | 水野壱岐守献上本 |
| 伊賀風土記 | 1 | 5月11日 | 5月15日 | 水野壱岐守献上本 |
| 国名風土記 | 1 | 5月11日 | 5月15日 | 菅沼織部献上本 |
| 武蔵風土記 | 1 | 5月11日 | 5月15日 | 岡部藤十郎献上本 |
| 薦河風土記 | 1 | 5月11日 | 5月15日 | 岡部藤十郎献上本 |
| 山城風土記 | 1 | 5月11日 | 5月15日 | 林道二献上本 |
| 伊勢風土記 | 1 | 5月11日 | 5月15日 | 林道二献上本 |

| | | | | |
|---|---|---|---|---|
| 武佐志風土記 | 1 | 5月11日 | 5月15日 | 跡部海翁献上本 |
| 伊勢山城風土記 | 1 | 5月11日 | 5月15日 | 跡部海翁献上本 |
| 日本記内風土記 | 1 | 5月11日 | 5月15日 | 小林十三郎献上本 |
| 令抄 | 3 | 5月11日 | 5月15日 | 加茂献上本 |
| 令抄 | 2 | 5月11日 | 5月15日 | 尾張徳川家献上本 |
| 日本惣国風土記残篇 | 1 | 5月11日 | 5月15日 | 伊達家献上本 |
| 令書抄 | 1 | 5月11日 | 5月15日 | 近衛家献上本 |
| 本朝世記 | 1 | 5月11日 | 5月15日 | 一条家献上本 |
| 法曹類林 | 2巻 | 5月11日 | 5月15日 | 一条家献上本 |
| 孫子本義 | 1 | 5月12日 | 8月18日 | 唐本 |
| 孫子参同 | 6 | 5月12日 | 8月18日 | 唐本 |
| 孫子十一家註 | 6 | 5月12日 | 8月18日 | 唐本 |
| 左氏兵法則要 | 12 | 5月12日 | 8月18日 | 唐本 |
| 左氏兵畧 | 12 | 5月12日 | 8月18日 | 唐本 |
| 天台山志 | 6 | 5月16日 | 5月23日 | 唐本 |
| 江次第 | 20 | 5月16日 | 5月23日 | 唐本 |
| 浙江通志 | 40 | 5月18日 | 5月23日 | 唐本 |
| 伊賀風土記 | 1 | 5月20日 | 5月22日 | 前田家献上本 |

| | | | | |
|---|---|---|---|---|
| 伊賀風土記 | 1 | 5月20日 | 5月22日 | 藤堂和泉守献上本 |
| 伊賀風土記 | 1 | 5月20日 | 5月22日 | 水野壱岐守献上本 |
| 伊賀風土記残篇 | 1 | 5月20日 | 5月22日 | 土屋左京亮献上本 |
| 山城風土記 | 1 | 5月20日 | 5月22日 | 尾張徳川家献上本 |
| 山城風土記 | 1 | 5月20日 | 5月22日 | 林道二献上本 |
| 伊勢山城風土記 | 1 | 5月20日 | 5月22日 | 跡部海翁献上本 |
| 伊勢風土記 | 1 | 5月20日 | 5月22日 | 尾張徳川家献上本 |
| 伊勢風土記 | 1 | 5月20日 | 5月22日 | 林道二献上本 |
| 尾張風土記 | 1 | 5月20日 | 5月22日 | 尾張徳川家献上本 |
| 尾張風土記 | 1 | 5月20日 | 5月22日 | 水野壱岐守献上本 |
| 証類本草 | 47 | 5月24日 | 6月27日 | 唐本 |
| 史記 | 1 | 5月24日 | 6月27日 | 唐本 |
| 和漢朗詠集 | 2 | 5月24日 | 6月27日 | |
| 三才図会 | 160 | 5月26日 | 10月21日 | |
| 図会宝鑑 | 4 | 5月27日 | 7月21日 | 唐本 |
| 墨譜 | 8 | 5月27日 | 10月21日 | 唐本 |
| 聖諭像解 | 10 | 5月27日 | 7月21日 | 唐本 |
| 王氏農書 | 5 | 5月27日 | 8月26日 | 唐本 |

| | | | | |
|---|---|---|---|---|
| 程氏墨苑 | 24 | 5月28日 | 延享2年9月28日 | 唐本 |
| 史記 | 1 | 5月28日 | 7月2日 | |
| 状元図考 | 5 | 5月28日 | 7月2日 | 唐本 |
| 人鏡陽秋 | 12 | 5月28日 | 7月2日 | 唐本 |
| 芥子園画伝 | 5 | 5月28日 | 7月2日 | 唐本 |
| 周礼註疏 | 16 | 6月1日 | | 唐本 |
| 周礼註疏壱部 | 20 | 6月1日 | | 唐本 |
| 周礼註疏壱部 | 23 | 6月1日 | | 唐本 |
| 周礼註疏壱部 | 14 | 6月1日 | | 唐本 |
| 信濃国絵図 | 1枚 | 6月3日 | 8月6日 | |
| 農政全書 | 20 | 6月22日 | 7月21日 | 唐本 |
| 朗朋彙集 | 5 | 6月22日 | 7月21日 | 唐本 |
| 群芳譜 | 24 | 6月22日 | 7月21日 | 唐本 |
| 康熙字典 | 40 | 6月22日 | 享保9年1月11日 | 唐本 |
| 馬経 | 3 | 6月22日 | 7月21日 | 唐本 |
| 満漢品級考 | 6 | 7月1日 | 7月21日 | 唐本 |
| 津軽国絵図 | 1枚 | 7月1日 | 8月6日 | |
| 仙台国絵図 | 1枚 | 7月1日 | 8月6日 | |

| | | | | |
|---|---|---|---|---|
| 南部絵図 | 1枚 | 7月1日 | 8月6日 | |
| 会津絵図 | 1枚 | 7月1日 | 8月6日 | |
| 福島絵図 | 1枚 | 7月1日 | 8月6日 | |
| 岩城・棚倉・相馬絵図 | 1枚 | 7月1日 | 8月6日 | |
| 白川・二本松・三春絵図 | 1枚 | 7月1日 | 8月6日 | |
| 松前絵図 | 1枚 | 7月1日 | 8月6日 | |
| 文選 | 61 | 7月10日 | 7月21日 | 唐本 |
| 秘方集験 | 2 | 7月10日 | 8月28日 | 唐本 |
| 万全備急方 | 2 | 7月10日 | 8月28日 | 唐本 |
| 衆妙方 | 4 | 7月10日 | 8月28日 | 唐本 |
| 備急良方 | 1 | 7月10日 | 8月28日 | 唐本 |
| 祝由科 | 1 | 7月10日 | 8月28日 | |
| 豊後風土記 | 1 | 8月1日 | 8月5日 | |
| 出雲風土記 | 1 | 8月1日 | 11月28日 | |
| 和剤局方 | 8 | 8月8日 | 享保9年2月19日 | 唐本 |
| 試験良方 | 1 | 8月8日 | 10月21日 | 唐本 |
| 救急易方 | 4 | 8月8日 | 10月21日 | 唐本 |
| 常陸国絵図 | 1枚 | 8月16日 | 12月28日 | |

| | | | | |
|---|---|---|---|---|
| 下野国絵図 | 1枚 | 8月16日 | 12月28日 | |
| 上野国絵図 | 1枚 | 8月16日 | 12月28日 | |
| 下総国絵図 | 1枚 | 8月16日 | 12月28日 | |
| 安房国絵図 | 1枚 | 8月16日 | 12月28日 | |
| 武蔵国絵図 | 1枚 | 8月16日 | 12月28日 | |
| 相模国絵図 | 1枚 | 8月16日 | 12月28日 | |
| 駿河国絵図 | 1枚 | 8月16日 | 12月28日 | |
| 遠江国絵図 | 1枚 | 8月16日 | 12月28日 | |
| 参河国絵図 | 1枚 | 8月16日 | 12月28日 | |
| 釈日本紀 | 15 | 8月16日 | 享保9年3月9日 | |
| 旧事記 | 5 | 8月16日 | 10月21日 | 『先代旧事本紀』のこと |
| 上総国絵図 | 1枚 | 8月16日 | 12月28日 | |
| 孫子明解 | 6 | 8月18日 | 9月26日 | 唐本 |
| 孫武子会解 | 4 | 8月18日 | 9月26日 | 唐本 |
| 武経攷註 | 5 | 8月18日 | 10月15日 | 唐本 |
| 武備集要 | 2 | 8月18日 | 10月15日 | 唐本 |
| 武備秘書 | 8 | 8月18日 | 10月15日 | 唐本 |
| 武試全書 | 8 | 8月18日 | 10月15日 | 唐本 |

| | | | | |
|---|---|---|---|---|
| 陳法全書 | 6 | 8月18日 | 9月26日 | 唐本 |
| 延喜式 | 49 | 8月18日 | 10月21日 | |
| 内裡式 | 2 | 8月18日 | 10月21日 | |
| 新儀式 | 1 | 8月18日 | 10月21日 | |
| 陸奥国郡絵図 | 1枚 | 8月19日 | 12月28日 | |
| 会津郷絵図 | 1枚 | 8月19日 | 12月28日 | |
| 津軽郡絵図 | 1枚 | 8月19日 | 12月28日 | |
| 津軽郡郷村絵図 | 1枚 | 8月19日 | 12月28日 | |
| 松前絵図 | 1枚 | 8月19日 | 12月28日 | |
| 仙台領絵図 | 1枚 | 8月19日 | 12月28日 | |
| 南部領絵図 | 1枚 | 8月19日 | 12月28日 | |
| 白川・二本松・三春絵図 | 1枚 | 8月19日 | 12月28日 | |
| 痘科鍵 | 2 | 8月22日 | 9月26日 | 唐本 |
| 周礼注疏 | 14 | 8月27日 | 10月21日 | 唐本 |
| 人鏡経 | 4 | 8月28日 | 9月13日 | 唐本 |
| 甦生的鏡 | 6 | 8月28日 | 9月13日 | 唐本 |
| 類聚国史 | 1 | 9月15日 | 10月17日 | |
| 西宮記 | 22 | 9月17日 | 10月21日 | |

| | | | | |
|---|---|---|---|---|
| 北山抄 | 5 | 9月17日 | 10月21日 | |
| 江次第 | 20 | 9月19日 | 10月21日 | 唐本 |
| 石室秘録 | 6 | 9月27日 | 10月26日 | 唐本 |
| 種痘集方 | 1 | 9月27日 | 10月26日 | 唐本 |
| 万痾必癒 | 8 | 9月27日 | 10月26日 | 唐本 |
| 蒼生司命 | 8 | 9月27日 | 10月26日 | 唐本 |
| 頓医抄 | 50 | 9月28日 | 延享2年8月5日 | |
| 活嬰全書 | 1 | 10月8日 | 享保9年6月9日 | 唐本 |
| 痘症全書 | 4 | 10月8日 | 享保9年8月3日 | 唐本 |
| 痘書大成 | 2 | 10月8日 | 享保9年3月14日 | 唐本 |
| 痘経 | 3 | 10月8日 | 享保9年3月14日 | 唐本 |
| 痘経会成 | 4 | 10月8日 | 享保9年6月10日 | 唐本 |
| 痘疹秘妙集要 | 5 | 10月8日 | 享保9年11月24日 | 唐本 |
| 痘疹格致要論 | 3 | 10月8日 | 享保9年8月3日 | 唐本 |
| 痘疹論 | 1 | 10月8日 | 享保9年6月9日 | 唐本 |
| 小児痘疹論 | 2 | 10月8日 | 享保9年6月9日 | 唐本 |
| 痘疹理解 | 2 | 10月8日 | 享保9年3月14日 | 唐本 |
| 痘疹宝鑑 | 1 | 10月8日 | 享保9年6月4日 | 唐本 |

| | | | | |
|---|---|---|---|---|
| 痘疹心要 | 4 | 10月8日 | 享保9年6月9日 | 唐本 |
| 痘疹一覧 | 1 | 10月8日 | 享保9年11月24日 | 唐本 |
| 痘疹世医心法 | 6 | 10月8日 | 享保9年8月3日 | 唐本 |
| 痘疹百問歌 | 3 | 10月8日 | 享保9年3月14日 | 唐本 |
| 小児遺方論 | 2 | 10月8日 | 享保9年2月25日 | 唐本 |
| 活幼便覧 | 2 | 10月8日 | 享保9年2月25日 | 唐本 |
| 痘疹活幼心法 | 4 | 10月8日 | 享保9年6月4日 | 唐本 |
| 原幼心法 | 3 | 10月8日 | 享保9年2月25日 | 唐本 |
| 小児方訣 | 1 | 10月8日 | 享保9年2月25日 | 唐本 |
| 痘疹方 | 1 | 10月8日 | 享保9年6月9日 | 唐本 |
| 痘科鍵 | 2 | 10月8日 | 享保9年7月13日 | 唐本 |
| 痘科切要 | 1 | 10月8日 | 享保9年6月9日 | 唐本 |
| 児科方要 | 1 | 10月8日 | 享保9年6月9日 | 唐本 |
| 医経会元 | 10 | 10月11日 | 12月11日 | 唐本 |
| 錦嚢秘録 | 20 | 10月11日 | 享保9年6月10日 | 唐本 |
| 駿河国絵図 | 1枚 | 10月18日 | 12月28日 | |
| 石室秘録 | 6 | 10月26日 | 享保9年5月12日 | 唐本 |
| 類聚国史 | 1 | 10月30日 | 11月8日 | |

| | | | | |
|---|---|---|---|---|
| 類聚国史 | 28 | 11月5日 | 11月8日 | 水戸徳川家献上本 |
| 類聚三代格 | 6 | 11月5日 | 11月8日 | 水戸徳川家献上本 |
| 類聚国史 | 16 | 11月5日 | 11月7日 | 水戸徳川家献上本 |
| 類聚国史 | 3 | 11月5日 | 11月7日 | 前田家献上本 |
| 類聚国史 | 2 | 11月5日 | 11月7日 | 浅野家献上本 |
| 類聚国史 | 2 | 11月5日 | 11月7日 | 三条西家献上本 |
| 類聚国史 | 2 | 11月5日 | 11月7日 | 前田家献上本 |
| 康富記 | 20様 | 11月23日 | 12月28日 | |
| 親元日記 | 7 | 11月23日 | 享保9年3月26日 | |
| 文保記 | 1 | 11月23日 | 12月28日 | |
| 類聚国史 | 2 | 11月23日 | 12月31日 | |
| 類聚国史 | 1 | 11月23日 | 12月31日 | |
| 類聚国史 | 1 | 11月23日 | 12月31日 | |
| 類聚国史 | 3 | 11月23日 | 12月31日 | |
| 大清会典 | 141 | 12月23日 | 享保9年5月28日 | 唐本 |

『大日本近世史料　幕府書物方日記』四をもとに作成

その内容ですが、国絵図を何度も借り出していることがわかりますし、城絵図も借りています。さらに『太閤記《たいこうき》』、『氏郷記《うじさとき》』、『浅野軍記』などの戦国時代の軍記物も借りていますが、中国から輸入した「唐本《とうほん》」も多く請求していることが読み取れます。『孫子《そんし》』の注釈書や、武備に関する専門書も多く借りています。江戸時代中期という泰平の世にあっても、吉宗は将軍として有事に備えていたことが窺えます。最早、合戦を知っている人間は誰もいなくなってしまったので、軍事的な知識は戦国時代を題材にした軍記物や『孫子』などの兵法書に頼るしかなかったのでしょう。

過去の将軍の事蹟をまとめた本も借りています。初代将軍家康の伝記『武徳大成記《ぶとくたいせいき》』は、一月二十七日に借りて二月十二日に返し、同日に二代秀忠の伝記『東武実録《とうぶじつろく》』を借りて、返却したのは翌享保九年（一七二四）一月十一日です。実は、この二冊は将軍就任直後から何度か借りているのです。幕府創業期の家康と秀忠の事蹟を知り、そこから何かを学ぼうとしていたのでしょう。吉宗がお手本にした将軍は家康、綱吉だと巷間でいわれていますが、二代秀忠にも強い関心を示していたことがわかります。

吉宗は医書もかなり借りています。十月八日には中国から取り寄せた二四種もの医書を閲覧しています。天然痘《てんねんとう》や乳幼児の病気の専門書が多く含まれています。当時は天然痘で多くの人が亡くなり、特に子どもの死亡者が多かったことから、吉宗は将軍として天然痘の知識を知っておこうと思い立ったのでしょう。三年前の享保五年（一七二〇）にも天然痘は流行しており、その予防策はないかと考えて手に取ったと思われます。

また『石室秘籙《せきしつひろく》』という本は、九月二十七日に借りて十月二十六日に返却していますが、同日中にまた借り出しています。その理由は、本文に欠落している箇所や印刷が不鮮明な箇所があるので、典《てん》薬頭《やくのかみ》の今大路道三《いまおおじどうさん》に補わせるためでした。その事情は書物奉行に知らされていなかったので、『石室秘籙』の三十日伺を十二月二十五日に出していますが、結局本が返却されたのは今大路の作業が終わった、翌享保九年（一七二四）五月十二日のことでした。

長期間借りている医書としては、『和剤局方《わざいきょくほう》』があります。明《みん》代の一六三七年に刊行された薬剤の処方集です。吉宗は、どうやら本書の官許《かんきょ》（幕府が出版すること）を計画していたので、そのために長期間借りていたようです。

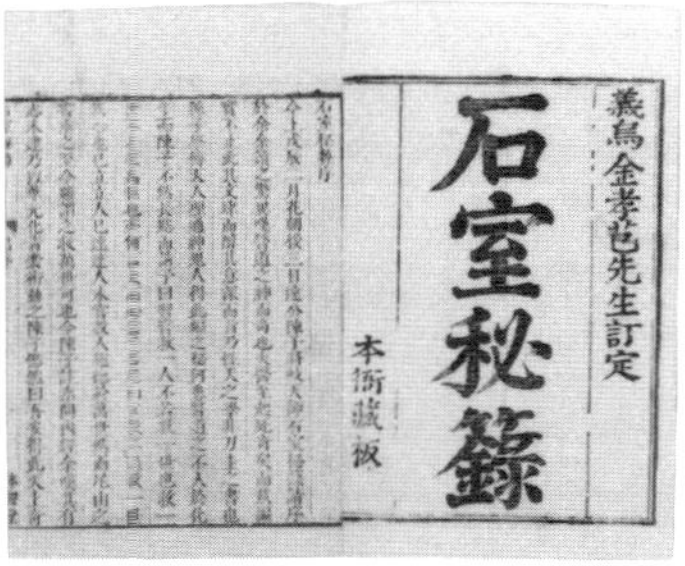

『石室秘籙』

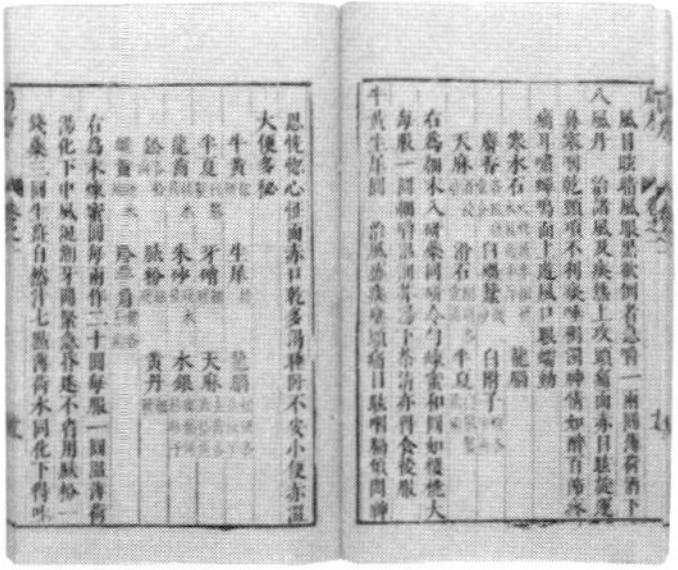
『和剤局方』

唐本ではありませんが、鎌倉時代に和文で著された『頓医抄《とんいしょう》』も、返却日が延享二年（一七四五）八月五日と、二〇年以上借りられています。同書は医学の百科全書的な性格の書物で、多くの病気について取り上げられていました。手元に置いておくと何かと便利なので、借りっぱなしになっていたのかもしれません。

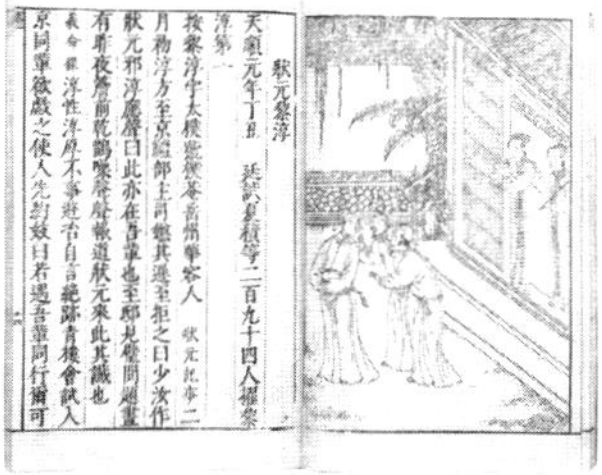
『状元図考』

医書以外の唐本も、享保七年（一七二二）と同様に多く借りています。儒書、農書、兵法書など多彩な書名が一覧表に見られます。例えば、五月二十八日に借り出している『状元図考《じょうげんずこう》』は、明代の一三七一年から一六〇七年までに、科挙《かきょ》の最終試験である殿試《でんし》に一番で合格した者を指す「状元」について、出身地や逸話などを記した書物です。享保八年（一七二三）には、身分が低くても優秀な人材を積極的に登用する「足高の制」を発足させていますが、ひょっとしたら吉宗はその参考に明代の科挙の仕組みを知ろうとしたのかもしれません。

紅葉山文庫には諸大名や旗本、公家などから献上された本も多く収蔵されていました。例えば『類聚国史《るいじゅうこくし》』も諸家から献上させていて、これも自ら閲覧しています。『類聚国史』は菅原道真《すがわらのみちざね》の編纂といわれ、六国史《りっこくし》を再編集したものです。平安時代初期の寛平四年（八九二）成立といわれており、多くの写本が存在していました。吉宗は写本同士を比較し、後世に加筆された箇所を除いて、原本を復元することを目的としていたようです。自らその試みも行ったようで、そのためこのように多くの写本を集めたのだと思います。

享保七年（一七二二）と八年（一七二三）の二年間における吉宗の読書傾向を見てきましたが、将軍就任直後とは違い、自ら行っている改革に直結する本を多く借りていることがわかります。観念的な内容の書物ではなく、実践的な内容のものが多く借りられているのです。

## ●享保十七年（一七三二）～延享二年（一七四五）

治世後半期の吉宗は、前半で行った享保の改革を見直す政策を事実上行っています。例えば元文元年（一七三六）五月には、享保小判を改鋳《かいちゅう》して質の悪い元文小判を市場に流通させ、幕府に利益をもたらせるなどの施策を行っています。そもそも享保小判は、質の悪い元禄小判の流通を停止し、家康が幕府創業時に鋳造した慶長小判と同質に戻した小判だったのです。したがって、質の悪い元文小判への改鋳は、自らの政策を否定したことになってしまいます。

ただ、評価される政策も当然あります。吉宗が長年関心を持って取り組んできた、幕府法の集大成である「公事方御定書」が、治世末期の寛保二年（一七四二）にようやく完成しています。

紅葉山文庫に限った施策を見てみると、この時期は文庫蔵書の質を高める作業に取り組んでいることが窺えます。

表2－3　享保十七年十一月二日、偽書による廃棄書一覧

| | | | | |
|---|---|---|---|---|
| 類聚国史 | 45、52、92 | 3 | 前田家献上本 | |
| 類聚国史 | 45、52、86、92、137 | 5 | 稲葉丹後守献上本 | |
| 類聚国史 | 45、52、86、92、137 | 合巻1 | 跡部海翁献上本 | 合巻は合冊 |
| 山城風土記 | | 1 | 尾張徳川家献上本 | |
| 伊勢風土記 | | 1 | 尾張徳川家献上本 | |

| | | | |
|---|---|---|---|
| 尾張風土記 | 1 | 尾張徳川家献上本 | |
| 伊賀風土記 | 1 | 藤堂和泉守献上本 | |
| 甲斐風土記 | 1 | 松平甲斐守献上本 | |
| 風土記 | 1 | 酒井修理大夫献上本 | |
| 遠江風土記 | 1 | 渡邊下総守・黒川丹波守献上本 | |
| 武蔵風土記 | 1 | 渡邊下総守・黒川丹波守献上本 | |
| 薦河風土記 | 1 | 跡部海翁献上本 | |
| 民部省図帳風土記 | 1 | 跡部海翁献上本 | |
| 日本総国風土記 | 2 | 水戸徳川家献上本 | |
| 日本新国史 | 1 | 水戸徳川家献上本 | |
| 伊賀風土記 | 1 | 前田家献上本 | |
| 河内風土記 | 1 | 松平伊賀守献上本 | |
| 摂津風土記 | 1 | 松平伊賀守献上本 | |
| 和泉風土記 | 1 | 松平伊賀守献上本 | |
| 播磨風土記 | 1 | 松平伊賀守献上本 | |
| 但馬風土記 | 1 | 松平伊賀守献上本 | |
| 大和風土記 | 1 | 松平伊賀守献上本 | |
| 日向風土記 | 1 | 松平伊賀守献上本 | |

| | | | |
|---|---|---|---|
| 備中風土記 | 1 | 松平伊賀守献上本 | |
| 備前風土記 | 1 | 松平伊賀守献上本 | |
| 淡海風土記 | 1 | 松平伊賀守献上本 | |
| 品野風土記 | 1 | 松平伊賀守献上本 | |
| 日本国総国風土記 | | 榊原式部大夫献上本 | |
| 国名風土記 | | 酒井修理大夫献上本 | |
| 日本総国風土記 | | 稲葉丹後守献上本 | |
| 武蔵風土記　四郡 | 1 | 土屋左京亮献上本 | |
| 駿河風土記 | 1 | 土屋左京亮献上本 | |
| 伊賀風土記残篇 | 1 | 土屋左京亮献上本 | |
| 武蔵風土記 | 1 | 水野壱岐守献上本 | |
| 尾張風土記 | 1 | 水野壱岐守献上本 | |
| 伊賀風土記 | 1 | 水野壱岐守献上本 | |
| 国名風土記 | 1 | 菅沼織部正献上本 | |
| 武佐志風土記 | 1 | 岡野藤十郎献上本 | |
| 薦河風土記 | 1 | 岡野藤十郎献上本 | |
| 山城風土記 | 1 | 林道二献上本 | |
| 伊勢風土記 | 1 | 林道二献上本 | |

| | | | |
|---|---|---|---|
| 武佐志風土記 | 1 | 跡部海翁献上本 | |
| 伊勢風土記 | 1 | 跡部海翁献上本 | |
| 日本紀内風土記 | 1 | 小林十三献上本 | |
| 日本総国風土記 | 1 | 伊達陸奥守献上本 | |
| 本朝月令 | 1 | 近藤源次郎献上本 | |
| 類聚三代格 | 6 | 松平伊賀守献上本 | |
| 類聚三代格 | 6 | 松平伊賀守献上本 | |

森潤三郎『紅葉山文庫と書物奉行』四四～四八頁をもとに作成

享保十七年（一七三二）十一月二日に、諸大名から献上された本をよく調査して、重複本や偽書は廃棄させています（表2―3）。これを見てわかるのは、吉宗が享保八年（一七二三）五月三日に集中して借り出して閲覧した図書が非常に多いことです。吉宗は自らの目で確かめて、疑問が残る本は書物奉行に徹底的に調べさせて、その結果「偽書」と判断した本は容赦なく焼き捨てているのです。偽書の焼き捨てに関しては、吉宗よりも書物奉行のほうが積極的だったのか、享保二十年（一七三五）に献上本の中で「偽書」と判明したものは、焼き捨てることを若年寄に進言し、認められています。

近藤重蔵が書き記した『好書故事《こうしょこじ》』によると、紅葉山文庫に収蔵されていたもので偽書と判断された本は、『山城風土記』、『尾張風土記』、『武蔵風土記』などの、古代の大和朝廷が編纂させた各国の風土記を中心に四六部が挙げられています。

偽書には「焼却処分」という厳しい態度で臨んでいますが、重複本に関しては次男の田安宗武《たやすむねたけ》、三男の一橋宗尹《ひとつばしむねただ》に譲渡するなどしています（享保十六年〈一七三一〉）。また、享保十七年（一七三二）二月には不用の書籍を、文庫出入りの商人である唐本屋清七や出雲寺源七などに売却しています。その代金は江戸城御金蔵《おかねぐら》に収められているので、ちょっとした雑収入になっているのです。これらも吉宗が始めたもので、廃棄された本を有効活用しています。これらの蔵書処分の方法は、現代の公共図書館でも日常的に行われていることで、紅葉山文庫は、それらを江戸時代に行っていたことになります。偽書と判定されたもののみ焼却されているのですが、これも後世に偽物が残らないようにという吉宗や書物奉行の配慮だったのかもしれません。

紅葉山文庫に所蔵されていた本には写本が多く、刊本（印刷された本）は僅かしか存在しませんでした。文庫に収蔵されているような本は江戸時代以前のものが多く、自然と写本が多くなっていました。写本は長い間、人から人へと写され続けてきたので、転写の際にどうしても間違いが生じてしまいますし、中には写す際に意図的に改竄《かいざん》をする者もいました。

こうして見ると、吉宗は良質な写本を強く求めていたことがわかります。そのため、写本が何種類も所蔵されている本は校合して、信頼のおける写本（「定本《ていほん》」といいます）を作成することを書物奉行に命じています。例えば、元文元年（一七三六）には、『類聚国史』の写本を校合して定本をつくらせています。その過程で判明した偽書は、やはり焼却処分になっています。かつて吉宗は『類聚国史』の写本を集中して借りており（享保八年〈一七二三〉四月）、これも自身で閲覧をした結果、定本の作成が必要と認められたからだと考えられます。

さらに吉宗は、本の一部が欠けている状態のものを完全な形にするための活動も行っています。享保二十年（一七三五）一月十四日、鎌倉時代の公家藤原定家《ふじわらのさだいえ》の日記『明月記《めいげつき》』に欠本があったので、奉行に命じて水戸彰考館《しょうこうかん》所蔵本をもって欠けた部分を写させて、全巻揃った状態、すなわち完本《かんぽん》にしています。

完本への熱い思いは、輸入された唐本にも及んでいます。元文元年（一七三六）九月、康熙帝が編纂を命じた『欽定古今図書集成《きんていここんとしょしゅうせい》』一六〇〇冊が、長崎から紅葉山文庫に持ち込まれました。吉宗は早速借り出して閲覧していますが、果たして全巻が揃っているのか疑問に思ったらしく、書物奉行に詳しく調べさせています。その結果、全巻が揃っていないことが判明したので、清国の商人に戻しています。吉宗は全巻を持ってくるようにと商人に命じていますが、それが実現するのは吉宗死後のことでした。『欽定古今図書集成』は清国が編纂した中でも最大規模の百科事典で、刊行されたのは雍正《ようせい》帝《てい》の一七二八年でした。吉宗は刊行されてすぐに買い求めたようなので、もともと関心がかなり高かったことがわかります。

治世後半のこの時期、吉宗は以前と比較すると蔵書の質を高める活動を自ら先頭に立って推進していることがわかります。書物奉行に丸投げをしてしまうのではなく、細かい点に関しても自ら指示を出しています。享保の改革もこの時期になると失速してしまったので、政策に直結する図書を借り出すことも減っていますが、その分、半永久的に保存される紅葉山文庫のために、良質な蔵書を構築しようと努力しているのです。

## ●「図書館」としての紅葉山文庫

こうして見てくると、紅葉山文庫の利用者は将軍や老中、林家などの儒者、諸大名に限られていますが、その活動は限りなく現代の図書館に近かったと思われます。

文庫の外に蔵書を貸し出す「館外貸出」も行っていますし、吉宗がなかなか借りた本を返さなかったため、「三十日」という返却期限も定めています。また利用者からのレファレンスにも適切に対応しており、蔵書検索のツールである目録も完備していましたし、分類も中国の四部《しぶ》分類を参考にして独自のものを作成し適用するなど、現代と共通する要素も多く持っていたことが明らかとなりました。

紅葉山文庫は、徳川将軍家の蔵書を後世に残すための保存書庫として設立されたわけですが、八代将軍徳川吉宗は縦横無尽に文庫を活用し、その読書から得た知識で享保の改革を推進しました。文庫の蔵書は「保存」だけではなく、吉宗によって「利用」されていたのです。「保存」と「利用」という二つの役割を併せ持っていた紅葉山文庫は、やはり「図書館」と見なすべきではないでしょうか。

江戸時代は、いうまでもなく身分制社会でした。徳川将軍家には本章の検討の結果、確かに「図書館」はありました。では下の身分の者には「図書館」のような施設はあったのでしょうか。次章では、一般の武士の「図書館」である、藩校付属の文庫について検討したいと思います。

## 【第二章の参考文献】


岩猿敏生『日本図書館史概説』（日外アソシエーツ、二〇〇七年）
小川徹・奥泉和久・小黒浩司『公共図書館サービス・運動の歴史』一（日本図書館協会、ＪＬＡ図書館実践シリーズ四、二〇〇六年）
小野則秋『日本図書館史　補正版』（玄文社、一九七三年）
小野則秋『日本文庫史研究　下巻　改訂新版』（臨川書店、一九七九年）
小和田哲男『戦国大名と読書』（柏書房、二〇一四年）
草野正名『三訂　図書館の歴史』（学芸図書、一九七五年）
黒板勝美編『新訂増補国史大系　徳川実紀』第一～一〇篇（吉川弘文館、一九九八～九九年）
竹内誠編『徳川幕府事典』（東京堂出版、二〇〇三年）
東京大学史料編纂所編『大日本近世史料　幕府書物方日記』一～一八巻（東京大学出版会、一九六四～八八年）
長澤孝三『幕府のふみくら――内閣文庫のはなし』（吉川弘文館、二〇一二年）
中村孝也『家康伝』（講談社、一九六五年）
福井保『紅葉山文庫――江戸幕府の参考図書館』（郷学舎、東京郷学文庫、一九八〇年）
福井保『江戸幕府編纂物』（雄松堂出版、一九八三年）
福井保『江戸幕府刊行物』（雄松堂出版、一九八五年）
藤實久美子『近世書籍文化論――史料論的アプローチ』（吉川弘文館、二〇〇六年）
森潤三郎『紅葉山文庫と書物奉行　復刻版』（臨川書店、一九八八年）

柳田直美「将軍の図書館――紅葉山文庫」(『学際』第一八号、二〇〇六年四月)
柳田直美「徳川家康の文蔵と紅葉山文庫」(『大日光』第八三号、二〇一三年六月)
山本博文「将軍さまの図書館――『紅葉山文庫』という徳川家の財産」(『東京人』第二五巻第一一号、二〇一〇年九月)
綿抜豊昭『図書館文化史』(学文社、図書館情報学シリーズ八、二〇〇六年)
綿抜豊昭『図書・図書館史』(学文社、ライブラリー図書館情報学一〇、二〇一四年)
国立公文書館所蔵資料特別展「将軍のアーカイブズ」
http://www.archives.go.jp/exhibition/digital/shogunnoarchives/contents/30.html

# 第二章

# 藩校の図書館

# 第一節　藩校とは何か

## ●藩校の概要

藩校とは、簡単にいえば江戸時代に藩士の子弟を教育することを目的に各藩が設置した学校のことです。藩学・藩学校・藩黌《はんこう》とも呼ばれています。

狭義では儒学を中心とした学問を教えた藩校のみを指しますが、広義では江戸時代後期に相次いで諸藩が設立した医学校・洋学校・国（皇）学校・兵学校・郷学校なども含む場合があります。

藩校は藩士のための学校でした。しかも、義務として入学させていた藩が多かったようです。幕末期には、藩校を設置していた二一九藩の内、二〇〇藩までが藩士の入学を義務化させていました。農民にまでは入学を義務づけていませんでしたが、文久年間（一八六一～六四）以降になると、農兵や民兵の公募と関連して入学を許可する藩がにわかに激増しています。

藩士には月謝の支払い義務は基本的になく、無料で授業が受けられました。それどころか、成績優秀者には江戸などに遊学させる制度が整えられている藩もありました。

藩校は基本的に領地に設立されましたが、江戸時代後期になると大藩ではなくとも江戸藩邸内に設置するなど、一校だけではなく二校、三校と設立する藩も出てきました。例えば、蝦夷地《えぞち》（北海道）

にあった松前藩《まつまえ》は無高の大名でしたが、文政五年（一八二二）に松前城下に徽典館《きてんかん》を設け、さらに同十一年（一八二八）には江戸藩邸内に明倫館《めいりんかん》を設立しています。江戸詰の松前藩士の教育が手薄になるとの藩首脳の判断からでした。

藩校は、各地の藩によって細かな制度は違いますが、おおよそ一〇歳、幕末期では七、八歳で入学することになります。教育方法は素読《そどく》・講義・会読《かいどく》・輪講《りんこう》・独看《どくかん》・質問など、様々な形態が取り入れられていました。

入学した藩士の子弟には、儒学の基本書である四書五経《ししょごきょう》の「素読」をまず徹底的に行わせます。四書五経とは、儒教の基本書である四書（『大学《だいがく》』『中庸《ちゅうよう》』『論語《ろんご》』『孟子《もうし》』）と五経（『易経《えききょう》』『書経《しょきょう》』『詩経《し きょう》』『礼記《らいき》』『春秋《しゅんじゅう》』）のことを指します。素読とは、意味を一切考えずに本に書かれている文字を読み上げることをいいます。つまり、藩校に入学すると、ひたすら四書五経を素読させて暗記させるのです。

素読の次に、「講義」が行われます。ここで初めて先生の話を聞き、四書五経の内容にまで踏み込んだ授業が行われるのです。

そのうえで、共同学習ともいうべき「会読」・「輪講」に参加します。会読とは数人が集まって一冊の本を読み合い、その書物の意味や解釈について討議しながら読み進めることをいいます。この会読という勉強のスタイルは江戸時代に大いに流行したようで、藩校以外でも家塾や、あるいは私的な読書グループでも盛んに行われていました。会読・輪講は先生を入れないで、上級生と下級生、または同級生同士と、様々な人々と共同で行ったようです。

先生の指導の下に会読を行う場合でも、議論は学生同士で行って、先生は議論が紛糾して収拾がつかなくなった場合の仲裁や、特に学生から意見を求められた場合のみ発言しました。会読の主体はあくまでも学生です。会読では身分の上下に関係なく議論を闘わせていましたので、江戸時代では数少ない、身分を度外視して勉強できるシステムだったといえるでしょう。

会読・輪講を行って、さらに個人的に深く調べたいことが見つかったら、一人で読んで一人で考察を進める「独看」、問題点を発見して教官の儒者へ個人的に質問に行く「質問」と、さらに勉強の質は高度化していくのです。

会読・輪講では、儒教の古典だけではなく歴史書も取り上げられ、独看・質問では諸子百家《しょしひゃっか》や文学書（漢詩文集）も扱われたようです。

素読といい会読といい、藩校の教育は現代の学校のように教員の話を黙って聞くのみという受け身の学習方法ではなく、まずは暗記、そして自学自習、討論という、学生が主体となって努力して学ぶスタイルだったといえるでしょう。

江戸時代後期になると、蘭学《らんがく》や医学を藩校の教育に取り入れるところが多くなっています。藩校の教育は旧態依然としていたわけでは決してなく、新しい学問も積極的に取り入れていたのです。

また幕末になると、等級制を取り入れる藩校が多くなってきました。等級制とは、学生の年齢や学力に応じていくつかの段階を立て、段階の下から上へ移すのに試験や日常の成績を勘案して決定する制度のことをいいます。二等級制、三等級制が最も多かったようです。

ほかには武芸も奨励されていました。剣術や馬術はもちろんですが、会津藩校日新館《にっしんかん》では水練（水泳）も奨励されています。

このように藩校で学んで、通常は一四、五歳で卒業となります。ただし、さらに学問を続けたい者は藩校に残ることも許されていましたし、江戸や長崎などへ遊学に行く者も多くいました。それらの藩士に対して大名は援助を惜しまなかったのです。

藩校とは右のような学校でしたが、ではどの藩が一番早く設置したのでしょうか。次項で藩校の歴史について触れてみましょう。

## ●藩校の歴史

最初に設立された藩校は、岡山藩の岡山学校です。藩主池田光政《いけだみつまさ》によって寛文九年（一六六九）に設立され、学校奉行が管理にあたりました。岡山学校は、もともと熊沢蕃山《くまざわばんざん》が個人的に藩士に教えていた花畠教場《はなばたけきょうじょう》がその前身となっていたので、開校式には蕃山も呼ばれています。学校では、幕府が公式に認めていた朱子学《しゅしがく》を中心に教え、『小学《しょうがく》』と四書五経の講義と、武術を中心に教えていました。

岡山藩が始めた藩校が全国に広がるのは宝暦年間（一七五一〜六四）以降です。この頃になると、幕府をはじめとして諸藩の政治が行き詰まっており、藩政改革が叫ばれるようになりました。藩政改革を担える有為な人材を育成するために、諸藩に藩校が次々と設立されていったのです。

庄内藩校致道館

　全国的に有名な藩校としては、仙台藩校養賢堂《ようけんどう》、会津藩校日新館、米沢藩校興譲館《こうじょうかん》、紀州藩校学習館《がくしゅうかん》、長州藩校明倫館《めいりんかん》、佐賀藩校弘道館《こうどうかん》、熊本藩校時習館《じしゅうかん》、薩摩藩校造士館《ぞうしかん》などが挙げられます。設立年はかなり下りますが、水戸藩校弘道館《こうどうかん》も会《あい》沢正志斎《ざわせいしさい》や藤田東湖《ふじたとうこ》などを教授として擁し、殊に幕末は全国的に有名な藩校でした。

　藩校の役割は幕末になるに及んで、俄然重視されます。一部の藩校では、儒学や国学だけではなく、医学や物理学、天文学、西洋兵学なども教えていました。倒幕の核となった西南雄藩の藩校だけがクローズアップされますが、こういった西洋の学問の教授は、大なり小なり全国の藩校で試みられていたようです。

　藩校は明治維新後もしばらくは存続しますが、明治四年（一八七一）の廃藩置県《はいはんちけん》で正式に廃止されます。しかし、今日でも地方の公立高等学校にその名を冠しているものが多数あり、形を変えて藩校は生き続けているといえるでしょう。

# 第二節　昌平坂学問所と付属文庫

## ●幕臣の学校・昌平坂学問所

各藩には藩校がありましたが、では幕府自体の教育機関には何があったのでしょうか。実は幕府には、全国の藩校のお手本となった、昌平坂学問所《しょうへいざかがくもんじょ》という学校がありました。

この学校は、もともとは幕府お抱え儒者の林家《りんけ》の私塾でした。徳川家康から上野忍岡《しのぶがおか》の屋敷を拝領していた林羅山《はやしらざん》が、寛永七年（一六三〇）にそこで私塾を開校します。羅山は孔子《こうし》を祀る孔子廟《こうしびょう》を建て、以降は代々林家の当主が祭祀を執り行いました。この私塾こそが昌平坂学問所の起源です。

私塾では、羅山の蔵書をもとにして文庫が形成されていたようです。最初の文庫は火災に遭ってしまいましたが、幕府や諸大名からの援助により、次第に蔵書を充実させていきました。

幕府は三代徳川家光《いえみつ》・四代家綱《いえつな》の代に修史事業の一環として、日本通史『本朝通鑑《ほんちょうつがん》』の編纂を林羅山・鵞峯《がほう》父子に命じていますが、これをきっかけにして参考資料として膨大な数の書籍を林家は蒐集しています。『本朝通鑑』は鵞峯の代の寛文十年（一六七〇）に全三一〇巻として完成します。鵞峯は編纂のために使用された建物や経費を学生教育に転用することを幕府から許され、その結果、学問所としての基礎が固まりました。

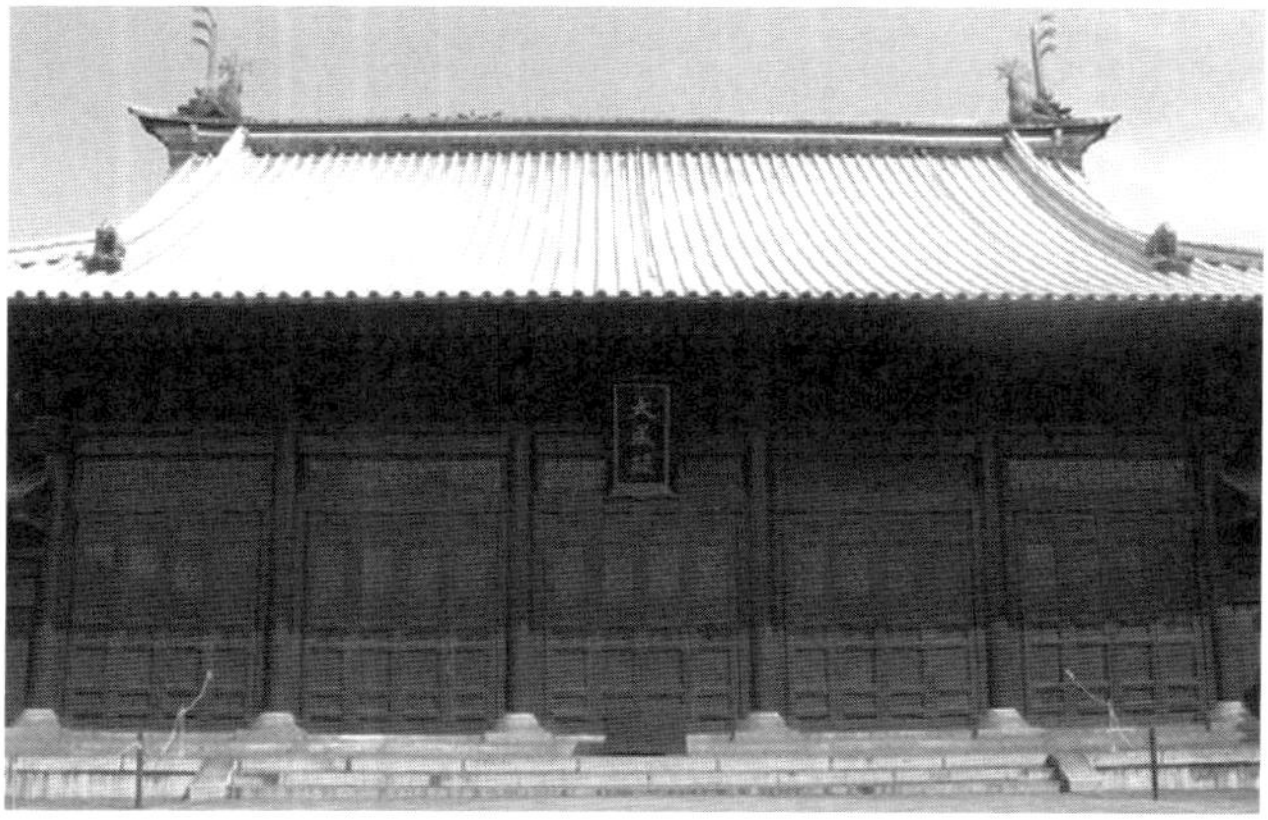

昌平坂学問所

学問好きの徳川綱吉が五代将軍に就任すると、たびたび上野忍岡を訪れていましたが、元禄三年（一六九〇）、神田湯島に孔子廟の移転を命じます。この時に講堂、学寮も整備され、孔子の故郷の地名「昌平郷」に倣って「昌平坂」と名づけられました。ちなみに上野忍岡のほうは火災に遭ってしまい、湯島に移ったあとだったので再建はされませんでした。

湯島移転後、林家の学問所は全国から集まってくる大量の学生を抱えることになるのですが、あくまで「私塾」というのが建前でした。

それが正式に幕府の学校となるのが、寛政の改革の時です。老中松平定信《まつだいらさだのぶ》は改革の一環として、学問所を「官学」と認め、幕府の直轄機関としたのです。定信は儒学の中でも朱子学を奨励した「寛政異学の禁」を寛政二年（一七九〇）五月に発令するのですが、林家の学問所を「官学」にすることで、そこで講じられている朱子学を「幕府公認の学問」として広く世間に周知させようとしたのです。

官学以前は直参《じきさん》（旗本・御家人）のみの入学が許されていましたが、官学以降は、他藩の藩士、郷士、浪人も聴講が許可されています。門戸が広がったということです。

官学に認定された昌平坂学問所は、ますます発展していきます。文庫の蔵書数も増大していき、約五四〇〇部四万冊を誇るようになります。その後も図書費は幕府から増額され、幕府の紅葉山文庫や諸大名からの貴重書の寄贈もあとを絶ちませんでした。

天保十三年（一八四二）六月には、書物出版取締令により、昌平坂学問所が江戸市中で出版される本の原稿の事前検閲を行うようにまでなります。検閲のことを当時「学問所改」といったのですが、それを経た出版物の一部が昌平坂学問所へ納本されることになりました。わが国の納本制度の嚆矢《こうし》です。皮肉なことに、この「納本制度」によって文庫の蔵書数が格段に増加したようで、書庫が二棟も増築されています。

学問所は、慶応四年（一八六八）に新政府へ接収され、「昌平学校」と改称されますが、明治三年（一八七〇）に休校、そのまま廃止されてしまいます。しかし昌平坂学問所は、今日の東京大学、筑波大学、お茶の水女子大学にその系譜が繋がっています。

## ●昌平坂学問所付属文庫の利用実態

昌平坂学問所の教育組織は、寄宿寮、書生寮、通学生の三部に分かれていました。寄宿寮へは旗本の子弟が入寮し、官費によって食費などの経費を充てていました。書生寮へは全国から集まった藩士が入寮することができましたが、もともと学問所は幕臣のためのものでしたので、食費などの経費は自弁でした。

文庫は、学生ならば誰でも利用できたようです。最初期の頃は特に借覧規則はなかったようですが、寛政十二年（一八〇〇）閏四月の規程によると、蔵書を寮に持ち帰ることが許されていたようです。

享和元年（一八〇一）九月には、寮生だけではなく、通学生にも貸し出しを許可していたようですが、この年に「書物掛勤番」を設置して、一括して蔵書の出納業務を行うことになっています。

文化六年（一八〇九）になると、「頭取世話役勤方弁心書」の中に、文庫からの出納日を決めるようになり、さらには一人五部までという貸出部数も制限されるようになりました。その理由は「寄宿人借覧之書籍部数多く候ては多端相成り、勤学のために宜しからず、心も散乱いたし候」（「頭取世話役勤方弁心書」『日本教育史資料』七巻、一七九頁）というものでした。つまり、「多く本を借りても何が重要なのかよくわからなくなってしまい、却って心も乱れてしまうものだ」というわけです。

さらに文政元年（一八一八）に寮生への貸出部数は、一人三部までと狭まっています。これは、当時の素読吟味（試験）は暗記が主体だったので、一度に大量の本を借りて覚えようとすると、どの本から手をつけて良いかわからなくなってしまうので、貸出部数を制限したのだと考えられます。昌平坂学問所では、多読よりも少数の本を熟読することを奨励していたので、貸出部数を制限するのは自然な流れだったのかもしれません。

多読ではなく、選りすぐった「良書」を精読するという読書スタイルは、幕末の越後長岡藩の家老河井継之助《かわいつぐのすけ》も採用しており、河井は自身の血肉にするために、これはと思った一冊の本を暗誦できるまで読み込んだということです。それに対して、幕末の尊王思想家で長州藩士の吉田松陰《よしだしょういん》は、短期間に驚くほど大量の本を読破していて、明らかに多読派です。人物によって色々な読書スタイルがあったことがわかりますが、昌平坂学問所が採用していたのは精読ですので、多読というのは学問的な読書では少数派だったのかもしれません。

天保十三年（一八四二）には例外の規程として、『康熙字典《こうき》』などの参考図書の貸し出しは行わず、寄宿頭取の部屋に全冊置くことにして（今日の図書館界では、これを「別置《べっち》」といいます）、そこで閲覧させることにしたとあります。頻繁に利用される字典を外に持ち出されてしまうと、ほかの学生の迷惑になるからこうした措置を施したのです。学問所の文庫は当然ながら閉架式で、自由に書架には立ち入れなかったのですが、参考図書は例外にしたということでしょう。これなども現代の図書館では普通に行われていることですが、そのルーツが昌平坂学問所にあったのでしょうか。

今までは寮生への貸出規則でしたが、学問所の外へ持ち出す「館外貸出」に関する規程が元治元年（一八六四）五月に登場します。

学問所出役……三部
通学生………二部
世話役………二部

世話役助……一部
調役出役……館外貸出不許可
組頭…………二部
勤番…………一部
下番…………館外貸出不許可
ただし、寮生・通学生が会読・輪講のために必用な図書は、ほかに三部まで貸出可能
（「御書籍宅下けの定」『日本教育史資料』七巻、五〇三頁）

通学生は二部、会読などのために必要な図書は三部まで可能でした。通学生の自宅学習に対応した規則に改定されたのです。また、教職員にも館外貸出を許していたことがわかります。

ちなみに寮では、学問の本以外の読書は余暇といえども認めていませんでした。「頭取世話役勤方幷心書」では「頭取・世話役申し合わせ、昼夜に拘わらず時々見廻り、勤学の致し方相改め、稗官小説等の雑書雑談等これ無きように心づけ」（「頭取世話役勤方幷心書」『日本教育史資料』七巻、一七八頁）とあり、頭取や世話役は小説などの雑書を読んでいる者がいないように、昼夜に関係なく見回って気を付けるように、さらにそのような者がいたら教授に報告するようにと規程にあります。

中には雑書を読んでいる者がいたのかもしれませんが、明治・大正・昭和初期にかけて活躍した歴史学者の久米《くめ》邦武《くにたけ》の回顧録『久米博士九十年回顧録』（以下、『回顧録』と省略）によれば、書生寮の寮

生の気風は次のようなものだったといいます。

才人志士は、外出すると有名な人物に紹介を求めて訪問し、面会し、談論をし、遊学の主要目的は（学問所の）課程よりは大家先生の訪問にあり、読書よりも名士の談話によつて学問は進むものとし、又寮内でも申し合せて会読をして議論を闘はすを有益とし、優秀な学友の卓抜な議論は人を啓発する力が強いと信じて居た

（『回顧録』上巻、五二八頁）（傍線引用者）

どうやら寮生の中でも「才人志士」は、著名な人物に会いに行って議論をし、自ら率先して知識を身につけていたようです。むしろ学問所の授業よりも、そちらのほうが目的だった者が多かったのでしょう。そして夜は、寮で自主的に会読を行って議論を闘わせていました。

久米とほぼ同時期に寮生だった、会津藩士で維新後は東京大学教授や東京高等師範学校（現筑波大学）教授を歴任した南摩綱紀《なんまつなのり》も、次のように寮での勉強を回想しています。

佐藤一斎《さとういっさい》、古賀謹堂《こがきんどう》両教授が行った昌平坂学問所の正規の授業は「書生（学生）が出席することは出席しますけれ共、熱心に先生の説を聴いて修業をするなどといふ様な人は、誠に少いことで坐眠などをして居たり話をして居たりする位なもので、ホンの形式に止つた位」だったといいます。また教授の下の教官の儒者などが寮に見回りに来る時間だけは「輪講をいたす」が「これも亦名ばかり」だったようです（南摩綱紀「書生時代の修学状態」八～九頁）。

南摩によれば、本当の勉強は次のような形式で行ったといいます。

書生（学生）同士にて或は経書、或は歴史、或は諸子、又詩文などを、銘々に申合せ会を定めて稽古して居りました、此時には教師も無ければ会頭もなし、書生同士で稽古するものである。

（南摩綱紀「書生時代の修学状態」九頁）

学生たちは正規の授業ではなく、自分たちでテキストを指定して、会読を行っていたのです。その議論の様子は、かなり激しかったようです。

その議論といふものは大層喧《やか》ましいことで、口から沫を飛ばし、顔を真赤にして、今に攫《つかみ》合《あい》でも始めやうといふ迄に非常な激論をいたす。互《たがい》に充分に論じた所で、自分の説が悪るかつたと気が附きまするると、あゝ我輩の説は悪るかつた誤つたと云ふて笑つて止めて仕舞ひ少しも心頭に留めずして旧《も》との通りにまた会をいたして居るといふ様な訳である。

（南摩綱紀「書生時代の修学状態」九～一〇頁）

激論を闘わせたあとはしこりが残ることなく、もとの仲の良い関係に戻っているなど、学生らしいサッパリとしたものだったことが窺えます。

南摩によれば、こうした自学自習と討論は「大に力になつた」ようで、「唯々先生より一通りの講釈を聴いたばかりで無しに互に思ふ丈けのことは充分に論ずるといふのが今云ふ注入主義でなく、自分より考案研究する」（南摩綱紀「書生時代の修学状態」一〇頁）力が身についたと振り返っています。

久米や南摩の回想によって、学生が授業の予習のための会読ではなく、自主的な会読のためにも文庫の蔵書は利用されていたことが推測されます。学生同士の激論も、著名な学者に会いに行くのも、その予習のために読書をしなければならなかったと思われます。そのためにも文庫の蔵書は必要不可欠だったのです。

昌平坂学問所の文庫は、今日の大学図書館のように教育・研究のための施設だったことがわかりました。特に本が貴重だった江戸時代において、部数を制限していたとはいえ館外貸出を行っていたことは、前近代の図書館としては特筆すべきことでしょう。これを見ても、学問所の文庫が単なる書庫ではなく、利用者に活発に利用される「図書館」であると断じて良いように思います。

ではここで、当時の寮生活はどのような雰囲気だったのか。ちょっと本書の主旨から逸れるかもしれませんが、見ておきましょう。

## ●書生寮の寮生活

久米邦武は、一般には知名度はかなり低いですが、明治期に近代的な歴史学研究の手法を日本史に導入し、数々の研究業績を挙げた国史学者として、研究者の間ではかなり有名な存在です。久米は天保十年（一八三九）に佐賀藩士久米邦郷《くにさと》の三男として生まれ、藩校弘道館《こうどうかん》入学後は首席を誇り、二五歳の時に藩命で江戸の昌平坂学問所に留学しています。

さて、久米が佐賀から江戸にやって来て、学問所の書生寮に入寮したのは、文久二年（一八六二）のことでした。すでに幕末の動乱期に入っており、「安政以来時勢の変動で真面目に漢学を勉むる人気は銷沈し、書生寮の室は七分満」（『回顧録』上巻、五二二頁）であったようです。入学者が少なくなったとはいえ、それでも七割は部屋が埋まっていたので、最盛期は満室が当たり前だったのでしょう。

寮は「五十余年前の建物で、無性（精）な学生が交々住み荒したから、汚い事夥《おびただ》しく、棚は塵埃《じんあい》に、醤油徳利が油盞《あぶらつき》と雑居」（『回顧録』上巻、五二二頁）しているようなもので、かなり汚かったようです。

食事については「入寮の時に炊夫が飯器の蓋に其の人の氏を貼付し置いて、翌朝から炊いた飯二合分を入れ置くのを沢庵漬副へて食し、昼飯も亦二合分で沢庵漬の他に味噌汁が副はる、椀の中に大根か葱《ねぎ》・茄子《なす》が二三切浮いて」（『回顧録』上巻、五二三頁）いるシロモノで、夕食は新たにご飯を炊くことはなく朝・昼食のご飯をわざと残しておいて、冷飯に沢庵漬を添えるか、もしくは焼き塩を自弁するかして、それをおかずに食べていたようです。

かなりの粗食だったようですが、若い男がそれだけの食事で満足できるはずがありません。財力がある家の生徒は、朝食後に炊夫《すいふ》に頼んで食料を調達したり、または魚屋や八百屋が寮まで売りに来るので、それを買って自炊したりしていました。それを「割烹《かっぽう》」と生徒たちは呼んでいた、とあります。

寮生活ですから、当然のことながら飲酒は厳禁です。古賀精里《こがせいり》が教授だった時代といいますから一九世紀初頭のことで、久米が在学していた時代よりも半世紀近く前のことになると思いますが、夜に密かに飲み食いをしていた学生がいて、ちょうどその時、精里が見回りに来て「何をしている」と咎めたようです。とっさにそのうちの一人が「『礼記《らいき》』の会読をしています」と答え、それを聞いた精里は「関心に夜も『礼記』を会読しているのか」と、わざと見逃したことがあったといいます。以降、禁を犯して夜に飲み食いすることを「礼記会」というようになったとのことです。

寮内での飲食は厳禁でしたが、外出先などでは当然ながら問題はありませんでした。また、退寮する学生がいたら送別会を神田の料理屋で開いたりしており、この時は各人がお金を出し合って開催していたようです。酒が回ると漢詩を吟じ、それに退寮生が漢詩で応えたりしていました。そういう伝統が久米の在学中には根づいていました。

門限が近づくと寮に帰るわけですが、その通り道には越後村松《むらまつ》藩堀《ほり》氏の屋敷があり、その前には辻《つじ》番《ばん》がいました。この辻番は昌平坂学問所の学生と少なからぬ因縁があったようです。というのは、学問所が幕府直轄になった当時の教授に尾藤二洲《びとうにしゅう》という学者がいました。尾藤は老齢だったので我慢ができず、辻番の前で小便をしてしまうということがあったそうです。怒った辻番は謝る尾藤を無視して捕らえてしまい、番所の留置場に入れてしまいました。邸内に辻番が報告したところ、重役が驚いて尾藤に詫び、それから辻番に大名の名鑑である『武鑑《ぶかん》』を渡して無礼がないようにしたとのことです。

この事件以降、昌平坂学問所の学生は辻番に悪戯をするのが慣例になってしまいました。辻番の前でわざと高い声で漢詩を吟ずる、辻番が注意すると無視して通り過ぎ、三度目の注意で急にピタリと止めて、追いかけて来られない距離まで逃げて大笑いをする、あるいは辻番の側にある灯籠の火をプッと吹き消して一目散に逃げる……などです。

久米の『回顧録』からは、寮生活の愉快なエピソードがたくさん窺えます。どこか懐かしい、例えば旧制高校の寮の雰囲気に近いような雰囲気だったのかもしれません。

書生寮の寮生は、粗食に耐え、たまに羽目を外してストレスを発散し、会読を中心に勉学に勤しんだのです。おそらく、藩校の寮生活の実態も似たようなものだったのではないでしょうか。

## ●久米邦武の教育観

藩校や昌平坂学問所の教育は、会読を中心とした自学自習が基本です。学問とは他人から強制されてイヤイヤ行うものではなく、自ら進んで行うべきもの、との認識を久米は生涯持ち続けていました。その点を端的に示すエピソードが『回顧録』に紹介されています。

子息の桂一郎《けいいちろう》は、当時の義務教育だった小学校を卒業すると、「学問は自発的に思い立って学ばなければならないものだ」という久米の信念から上級学校へ進学させてもらえませんでした。

桂一郎が二一歳になると、「フランスに行って絵画の勉強がしたい」というので留学を許したままでは良かったのですが、帰国後、「お前は半分西洋人になった」といって一緒に住むことを拒否してしまいました。大正六年（一九一七）に久米の友人だった大隈重信《おおくましげのぶ》の仲介によって、ようやく父と子は同居しました。ちなみに桂一郎は、後年著名な洋画家となり、現在は東京都品川区上大崎にある久米美術館にその作品の多くが所蔵されています。

久米の行った行為は、今日から見ればいささか問題かもしれませんが、単純に子供への愛情がなかったというわけではなく、「学問とは自学自習」という江戸時代の教育観から出たものだったといえるでしょう。しかし、明治という新しい時代の教育観とは少しズレてしまっていたようです。

# 第㊂節　藩校文庫と「司書」

## ●藩校文庫

前節で見たように、幕府は昌平坂学問所を設置しましたが、その付属文庫は学生をはじめとして教職員にも広く門戸を開いており、館外貸出も小部数ながら認められていました。江戸には昌平坂学問所が、そして各藩には藩校がありましたが、そこにも文庫が必ず付属施設として整備されていました。

藩校文庫の蔵書は、創設時には藩主所蔵の書籍や藩文庫（藩として所有する文庫）の蔵書を移管して形成されました。これに寄贈や購入の図書が加わって、さらに藩主が参勤交代で江戸滞在中に買い求めた本や、書写による写本作成によって蔵書数を増やしていったのです。

文庫の蔵書はこうしてどんどん増えていき、書庫に収蔵されていきました。書庫は講義が行われた

水戸藩校弘道館

講堂に接して置かれる場合もあれば、講堂や教場《きょうじょう》、事務室などの棟から離れた場所に建てられる場合もありました。

書庫は一棟だけが多かったようですが、庄内藩校致道館《ちどうかん》（山形県鶴岡市）、水戸藩校弘道館《こうどうかん》（茨城県水戸市）には二棟もありました。書庫が二棟あった藩校は、講堂に近いところの書庫へは日常的に使用される図書が収蔵され、遠い書庫へは学生の「特殊研究をするに必要な専門書」が収められたようです（石川松太郎『近世の学校』高陵社書店、一九五七年、一四一頁）。

藩校文庫の蔵書は、幕府の紅葉山文庫や昌平坂学問所文庫も同様でしたが、やはり漢籍が中心でした。しかし、和書が少なかったというわけではないようです。文学書は少なく、実際に役立つ知識が書かれた本が多く所蔵されていました。また幕末には、蘭学、洋学、英学などの関係書を収集する藩校文庫も多くありました。したがって、洋書も多く所蔵されていたのです。

藩校文庫には利用規程が存在していました。江戸時代後期や幕末に設置された藩校が多かったので、幕府の昌平坂学問所付属文庫の規程に倣って作成したところが多かったようです。

各藩の実例については次節で取り上げますが、多くの藩では図書は貴重な財産として扱われていました。ただ、館内限定ではありましたが学生の閲覧が許されている藩校も多く、佐倉藩校成徳書院《せいとくしょいん》（千葉県佐倉市）のように、館外貸出を許している藩校があったことは特筆してもよいでしょう。

蔵書の取り扱いは、厳重かつ慎重で、汚損や破損は厳しく戒められていました。当時の本は現代とは異なり部数も少なく、もし汚損・破損をしてしまったら、代替の本は容易に調達できるものではありません。それゆえ、本の取り扱いが厳しくなるのは当然の措置といえるでしょう。

また、藩校独自に出版を行っているところも多かったようです。庄内藩校致道館でも、『論語』などの授業で使用する教科書を出版しています。中心となったのは司書の氏家剛太夫《うじいえごうだゆう》で、文化八年（一八一一）に氏家は『易経《えききょう》』の版下を書いています。出版は『易経』のほかにも、『毛詩《もうし》』『孝経《こうきょう》』『論語』『中庸《ちゅうよう》』『大学《だいがく》』『詩経《しきょう》』『葬礼略』『周易解《しゅうえきかい》』が刊行されています。

明治四年（一八七一）七月の廃藩置県《はいはんちけん》のために、多くの藩校が廃止されますが、この時に蔵書が散逸してしまい、目録も規程も失われてしまった藩校文庫が非常に多かったようです。

その後、明治八年（一八七五）・九年（一八七六）に、文部省所管の東京書籍館《とうきょうしょじゃくかん》が各府県所有の旧藩蔵書を寄贈するよう通達し、三一八三部四三六三〇冊集まりました。東京書籍館はのちに帝国図書館となり、現在は国立国会図書館となっています。旧藩校蔵書が国会図書館蔵書の起源の一つといってよいでしょう。

東京書籍館に寄贈された蔵書は、各府県によって厳選されたものばかりで、それ以外の旧藩校蔵書は半ば放置されていました。明治になり、しばらくして世の中が落ち着いてくると、市民の間から、

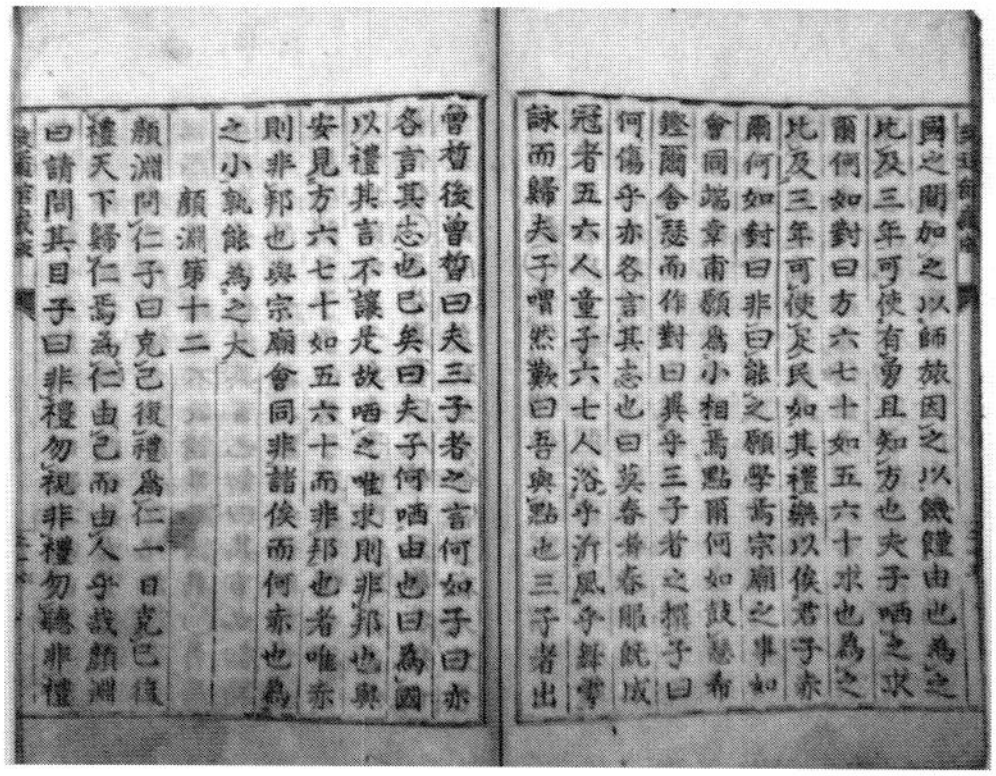

國之間加之以師旅因之以饑饉由也為之
比及三年可使有勇且知方也夫子哂之求
爾何如對曰方六七十如五六十求也為之
比及三年可使足民如其禮樂以俟君子赤
爾何如對曰非曰能之願學焉宗廟之事如
會同端章甫願為小相焉點爾何如鼓瑟希
鏗爾舍瑟而作對曰異乎三子者之撰子曰
何傷乎亦各言其志也曰莫春者春服既成
冠者五六人童子六七人浴乎沂風乎舞雩
詠而歸夫子喟然歎曰吾與點也三子者出

曾晳後曾晳曰夫三子者之言何如子曰亦
各言其志也已矣曰夫子何哂由也曰為國
以禮其言不讓是故哂之唯求則非邦也與
安見方六七十如五六十而非邦也者唯赤
則非邦也與宗廟會同非諸侯而何赤也為
之小孰能為之大

顏淵第十二

顏淵問仁子曰克己復禮為仁一日克己復
禮天下歸仁焉為仁由己而由人乎哉顏淵
曰請問其目子曰非禮勿視非禮勿聽非禮

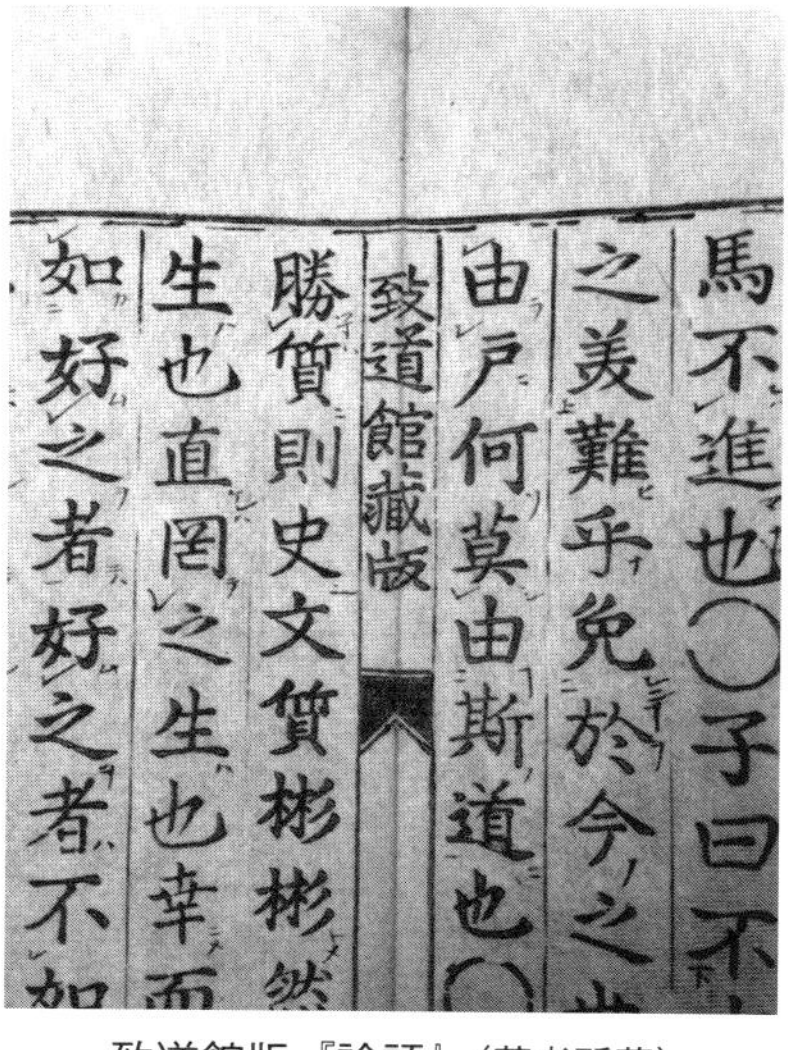

馬不進也○子曰不
之美難乎免於今之世
由戸何莫由斯道也○
致道館藏版
勝質則史文質彬彬然
生也直罔之生也幸而
如好之者好之者不如

致道館版『論語』（著者所蔵）

虫に食べられるに任せていた旧藩校文庫の蔵書を「なんとかしなければ」という声が上がり、これが公共図書館の創設運動へと発展していく地域もありました。

例えば、現在の山形県新庄市にあった旧新庄藩校明倫堂《めいりんどう》の蔵書管理が問題となって、新庄町図書館（現、新庄市立図書館）が開館したという経緯があります（新藤透「明倫文庫蔵書論争と山形県新庄図書館の設立」）。

明治になっても、旧藩校文庫の蔵書は地元の人たちの関心を集めていたのです。藩校という武士ならば強制的に入学させられていた学校の蔵書ですので、子ども時代に皆、思い入れがあったからだと思われます。

ここまで見てきたように、藩校文庫の蔵書は決して「死蔵」されていたわけではありません。「利用」されていたと考えられます。では、藩校文庫の蔵書はどのように利用されていたのでしょうか。また、文庫を管理する教職員についてはどのような体制になっていたのでしょうか。次項で触れてみたいと思います。

## ●藩校文庫の管理職「司書」

現代では図書館で働く専門職員を「司書」と呼んでいますが、この司書の起源は、実は江戸時代の藩校文庫に求められるのです。

膨大な蔵書量を誇る藩校文庫の管理は、おそらく最初は教員が授業や研究を行いながら管理していたものと考えられます。

ところが、蔵書量や学生数が多くなるにつれ、とても教員の片手間では管理ができなくなってしまいました。単純な出納業務だけでもかなりの負担になったことでしょう。それで、今日の事務職にあたる「書記《しょき》」が文庫の管理を担うようになるのですが、これもやはり片手間では対処ができなくなります。出納業務一つをとっても、同じ書名の本の取り間違いなどが起きてしまい、やはり文庫の蔵書に精通していないと単純な業務でも遂行できないのです。

そのような経緯があって、藩校文庫の中には文庫の係を設置するところも現れてきました。しかしその名称は様々で、「掌書」、「司籍」、「書持方勤番」、「典籍」、「学校書物頭」、そして「司書」などと呼ばれていました。それら職員の下に助手として学生を手伝わせて、当番で勤務させていたのです。規模の大きい藩校では「書物奉行」を置くところもありましたが、これは文庫の監督官で、直接実務に携わることはありませんでした。

司書の用例は、亀田《かめだ》藩（秋田県由利本荘市）、庄内藩（山形県鶴岡市）、紀州藩（和歌山県和歌山市）、岸《き》和田《し》藩《わだ》（大阪府岸和田市）、佐賀藩（佐賀県佐賀市）などの藩校に見られます。

亀田藩校長善館《ちょうぜんかん》は天明五年（一七八五）九月に設立されました。教職員は、明治三年（一八七〇）当時で、学正二名、副学正一名、教授六名、准教授十名、司書兼書記六名、教学二名という体制でした（秋田県教育委員会編『秋田県教育史』第五巻、四三頁）。司書は庶務担当の書記と兼務というもので、長善館では司書はあまり重視されていなかったようです。

このように「司書」という名称が付けられていても、単純に文庫業務専従とは限らなかった藩校もありました。司書が文庫管理の役職であるとする明確な藩校は、庄内藩校致道館、岸和田藩校講習《こうしゅう》館《かん》、佐賀藩校弘道館などが確認されています。

庄内藩校致道館では、学校総奉行、学校副奉行、祭酒、司業、学監、助教、典学、句読師、司書などの職制が整備されており、司書は定員二名で、書物を専ら取り扱う事務職と決められていました。典学は事務職ではありますが教育にも関与していたようで、助教は教師となっています。司書から典学に昇進した者もいたようで、教師への道も開かれていたようです。

しかし、致道館の職制を見てよくわかると思いますが、司書の位置づけは決して高いものではなく下位に置かれていました。学生であれば館内は閲覧自由でしたが、館外貸出は祭酒・司業の許可を得なければなりませんでした。司書の決定権はあまりなく、出納中心の業務だったようです。

最後に佐賀藩の例を見てみましょう。明治二年（一八六九）、前佐賀藩主の鍋島直正《なべしまなおまさ》（閑叟《かんそう》）は、版《はん》籍奉還《せきほうかん》後に藩政改革を行い、藩校弘道館では、教授、諸学教授、都検、諸学教導などと共に司書が設置され、蔵書の整理と出納業務に従事することになりました（日本図書館協会編『近代日本図書館の歩み地方篇』七三〇頁）。

岸和田藩の場合は、明治三年（一八七〇）に藩校講習館を文学館と改称したのですが、その際に司書が置かれ、文庫蔵書の出納にあたるとされていました。

司書は、尾張藩校明倫館《めいりんかん》（愛知県名古屋市）、米沢藩校興譲館《こうじょうかん》（山形県米沢市）などのように、教員に位置づけられている藩校もありましたが、多くは事務系列に属していたのです。

## 第㈣節　藩校文庫の利用実態

### ●佐倉藩校成徳書院

佐倉藩は何度か大名が交替していますが、藩校を設立したのは堀田《ほった》氏です。延享三年（一七四六）、山形藩主の堀田正亮《まさすけ》が下総国佐倉（千葉県佐倉市）へ転封《てんぷう》になり、一一万石を領す譜代大名になります。以降、明治維新まで佐倉は堀田氏が治めています。

藩校が本格的に整備されたのが佐倉藩は遅いほうで、江戸時代後期の寛政四年（一七九二）になります。正亮の嫡男、堀田正順《まさなり》が佐倉富小路麻賀多《まかた》神社の南に「学問所」を設立したのが始まりです。学問所は文化二年（一八〇五）に温故堂《おんこどう》と改称、さらに天保七年（一八三六）に成徳書院《せいとくしょいん》となります。成徳とは「なしとげた徳。完全な徳」という意味です。

成徳書院の施設は、講堂、文庫をはじめとして演武場、医学所まで設けられ、特に医学、蘭学が盛んで、長崎にも積極的に学生を遊学させています。

蘭学書は佐賀、福井、水戸、仙台の各藩に匹敵するほどであり、その蔵書数は全国第一位だったといわれています。蔵書には日本初の蘭和辞典『ハルマ和解《わげ》』も含まれていました。

維新を迎えて佐倉藩が廃止されると、文部省から東京書籍館に蔵書を寄贈するようにとの通達がきました。しかし、旧藩と縁が深い文部官僚で教育者の西村茂樹《にしむらしげき》などの奔走により、そのまま留め置くことが許されたのです。蔵書はその後、千葉県立佐倉中学校に引き継がれ、現在は千葉県立佐倉高等学校が所蔵しています。

佐倉藩校成徳書院跡

藩校の制度も、幕府の昌平坂学問所に倣って順次整備されていきました。教員は教授、付教、都講《とこう》（二～四名）という体制で、文庫の管理はこれら教員に責任がありました。さらに、都講の下に正授読（五名）、佐授読（無定員）がいました。文庫は、昼間には定番二名、下吏二名、夜間は勤番七、八名、下吏二名が出納業務などを行い、定番と勤番は専任の者がいたわけではなく、付教以下の者が順番に担当したようです。

さて、気になるのは成徳書院の文庫の利用実態ですが、どのようなものだったのでしょうか。

成徳書院は多読を戒めていて、書物の熟読・精読を奨励していました。熟読・精読するためには、長期間手元に本がなければ当然できませんので、藩校文庫の貸し出しなどもそのような慣習に沿って定められていました。したがって、成徳書院文庫は江戸時代には珍しく、かなり自由に閲覧を許していたのです。

成徳書院文庫の閲覧規則は『成徳書院心得書』といって、次のように定められています。重要な文面なのであえて原文を引用します。

一、修業之面々昼夜罷出御書籍拝見勝手次第之事

（『日本教育史資料』一巻、二八七頁）

学生は昼夜関係なく、自由に図書が閲覧できたということが規則によって保証されていました。夜間は勤番が詰めていたので、それに頼んで本を出してもらっていたのでしょう。

文庫内で閲覧する者に関しては、次のような規程があります。

（前略）昼夜とも一時も致書見候はゝ修業簿え名前記可申（後略）

（『日本教育史資料』一巻、二八七頁）

昼でも夜でも短時間でも図書を閲覧する者は、『修業簿』に名前を書くように、とあります。誰がどの本を閲覧したのかを記録していたのです。おそらく盗難亡失防止のためでしょう。

前にも少し触れましたが、成徳書院では今日の図書館と同じような館外貸出も行っていました。

一、御書物拝借仕候面々は教授並付教都講之内え相願拝借帳え自筆にて姓名書名月日等相認致印形候上拝借可致候事

（『日本教育史資料』一巻、二八八頁）

本を借りる者は教授・付教・都講のいずれかの許可を取って、『拝借帳』に必ず姓名・書名・月日を書いて印を捺すこと、と決まっていました。

利用者が本を文庫内で閲覧する場合は『修業簿』、文庫外に持ち出す際は『拝借帳』に記させて蔵書管理をしていたことがわかります。

また通常、文庫が利用できる者は藩校の学生に限られていましたが、佐倉藩では「御家中之面々」、つまり一般の藩士にも開放していたことがわかります。

天保六年（一八三五）には江戸藩邸にも同名の藩校・成徳書院がつくられています。明治四年（一八七一）まで存続し、多くの佐倉藩士を教育したのです。

藩校文庫で、現代でいえば「館外貸出」や「夜間開館」まで行っていたのはかなり珍しいです。成徳書院の蔵書は、当然保存に関しても手厚くされていましたが、そればかりではなく、大いに利用されていたのは特筆しても良いでしょう。この点は、今日の図書館と共通する部分だと思います。

## ●米沢藩校興譲館

米沢藩は、戦国大名上杉謙信《うえすぎけんしん》を藩祖とする上杉氏が、廃藩置県まで一貫して治めていました。現在の山形県内には、ほかに山形藩、天童《てんどう》藩、上山《かみのやま》藩、新庄藩、庄内藩など多数の藩がありましたが、江戸時代二六〇年余を通じて領地替えもなく統治していたのは米沢藩上杉氏しかありません。名門上杉家ということで、幕府も遠慮したのかもしれません。石高は最初三〇万石でしたが、のちに一五万石に減知され、幕末に一八万七〇〇〇石に加増、明治維新後に再び減知されて一四万七〇〇〇石で廃藩置県を迎えています。

藩校興譲館《こうじょうかん》が設立されるのは江戸時代中期ですが、その前身はかなり早くから存在していました。そもそも上杉氏は、藩祖謙信以来文武両道の家風で、初代藩主上杉景勝《かげかつ》の代には儒者を登用して藩士の教育を行わせていました。執政《しっせい》の直江兼続《なおえかねつぐ》は元和四年（一六一八）、禅林寺《ぜんりんじ》に禅林文庫を設けて藩の学問所としていました。

また儒者の矢尾板三印《やおいたさんいん》は藩主上杉氏から厚い信任を得ており、謙信・景勝時代の年譜作成に携わり、元禄八年（一六九五）に終了しています。その頃から三印は私邸内に聖堂をつくり、孔子を祀る釈奠《せきてん》を行っていました。

元禄十年（一六九七）、釈奠のことを聞いた四代藩主上杉綱憲《つなのり》は、三印に命じて聖堂の大改造を行わせています。藩士の子弟のための学校を建設させたのです。これが藩校興譲館の起源となりました。三印は嫡子がいないまま死去してしまったので、片山元僑が儒者となって学校を引き継ぎました。

以降、片山氏が管理者となるのですが、徐々に衰微していったようです。学校も片山家の私塾と化してしまったようで、藩から顧みられなくなってしまいました。

文武両道の上杉家の家風は廃れてしまい、奢侈《しゃし》に流れてしまっていたのですが、これを元に戻したのが有名な一〇代藩主上杉治憲《はるのり》（鷹山《ようざん》）です。

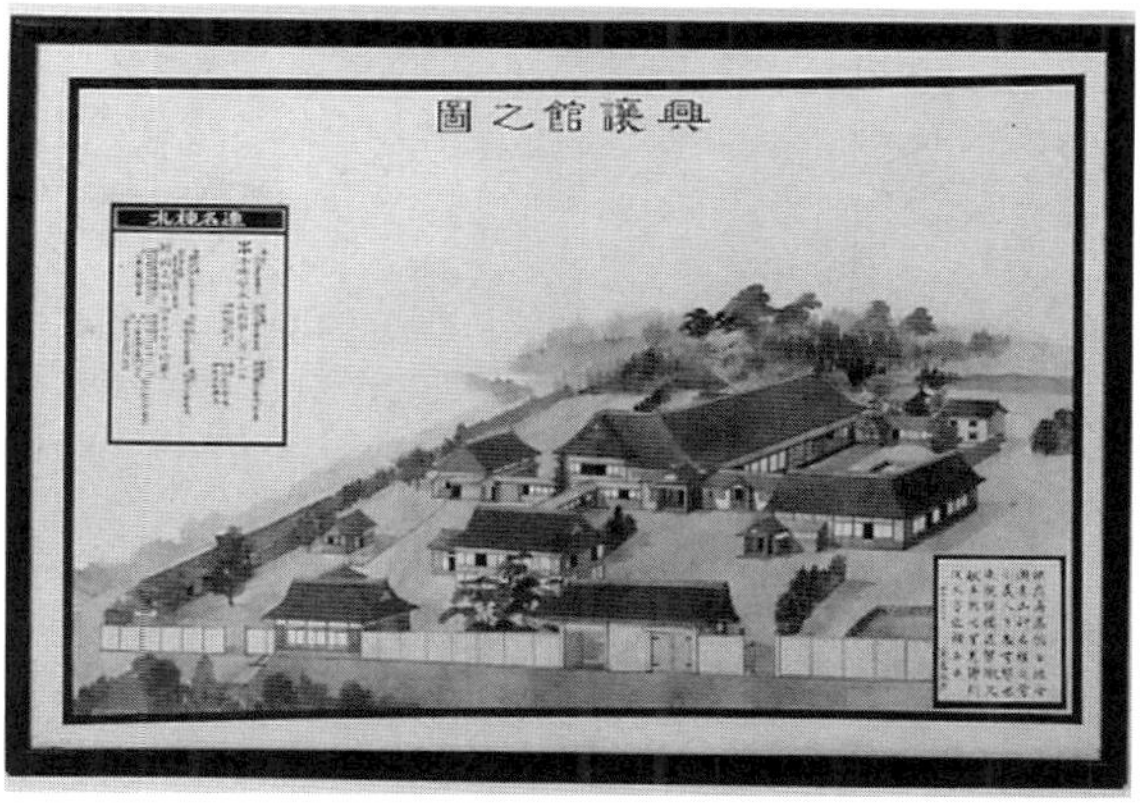


米沢藩校興譲館

鷹山は高鍋《たかなべ》藩（宮崎県高鍋町）秋月《あきづき》家から上杉家へ養子に入り、明和四年（一七六七）に一七歳で藩主となりました。

破綻の危機にあった米沢藩の財政を立て直し、質素《しっそ》倹約《けんやく》を旨とし、殖産興業《しょくさんこうぎょう》を図りました。教育面では儒者で名声が高かった細井平洲《ほそいへいしゅう》を米沢に招き、藩学の再興を行います。

安永五年（一七七六）二月、衰微していた学校を再興し、平洲により「興譲館」と命名されました。

「興譲」とは『大学《だいがく》』の一節「一家仁《じん》なれば一国仁に興り、一家譲《じょう》なれば一国譲に興り、一人貪戻《たんれい》なれば一国乱を作《な》す」から採られていて、意味は「一家に仁愛の徳が満ちあふれると国じゅうが仁愛を行なおうとしてふるいたち、一家に謙譲の徳が満ちあふれると国じゅうが謙譲を行なおうとしてふるいたつ。しかし、君主一人の身が貪欲（不譲）でで

上杉治憲（鷹山）肖像

たらめ（不仁）であれば、国じゅうが争乱を起こすことになる」（金谷治訳注『大学・中庸』岩波文庫、五七頁）というものです。

興譲館は優秀な藩士二〇名を選抜して「諸生」として寮生活を送らせ、三年の期限で勉学と教育に従事させました。一般の学生は通学で、諸生が先生となって素読などを担当させたようです。また藩士だけではなく、広く領民にも門戸を開きました。以降、財政難などによって盛衰はありましたが、明治維新後にも存続しています。明治四年（一八七一）二月には外国語学校を新たに設けていますが、直後に廃藩置県を迎え、米沢藩は廃止されました。しばらくは米沢県の下で存続されますが、明治五年（一八七二）十月二十五日に廃校となってしまいます。しかし、その伝統は現在、山形県立米沢興譲館高等学校として受け継がれているのです。

興譲館にも当然文庫が付属していました。ちなみに、興譲館の蔵書の形成については、最近活発に研究されています。

明治五年（一八七二）の興譲館の廃止に伴って蔵書も散逸してしまい、現在は市立米沢図書館、米沢市上杉博物館、山形県公立大学法人附属図書館、山形大学、瑞龍院文庫（山形県西置賜郡白鷹町）、国立国会図書館などに所蔵されています（岩本篤志「米沢藩と藩校興譲館の蔵書目録について」）。したがって、江戸時代の興譲館の蔵書を正確に、かつ手軽に把握するのは、研究者はともかくとして、一般には難しくなってしまいました。

江戸時代の興譲館の蔵書構成が比較的よくわかるものとして、明治時代末期に刊行されたと思われる『興譲館財団寄贈図書目録』があります（青木昭博「市立米沢図書館の蔵書と現在の興譲館本」）。興譲館財団とは興譲館廃止後、蔵書の一部を保管していた組織で、明治四十二年（一九〇九）の財団法人米沢図書館（現、市立米沢図書館）開館後、図書館に蔵書が引き継がれて現在に至っています。

『興譲館財団寄贈図書目録』の構成は「第一　珍書之部」、「第二　上杉鷹山公御手沢本目録」、「第三　和漢書目録」の三部に分かれており、総冊数は一万二〇一五冊となっています。この目録には含まれていませんが、幕末から明治時代初期に刊行された翻訳書五七七冊も興譲館が所蔵していました。第一と第三は、伝統的な中国の四部《しぶ》分類で分類されており、漢籍が多くを占めています。

米沢図書館に引き継がれなかった興譲館蔵書は散逸してしまいましたが、第二代市立米沢図書館長の伊佐早謙《いさはやけん》によって収集されました。伊佐早はそれを「林泉文庫《りんせん》」と名づけ、現在は市立米沢図書館のほか、山形県公立大学法人附属図書館、山形大学、瑞龍院文庫が所蔵しています。その目録は『林泉文庫書目』としてまとめられ、現在は、ゆまに書房から刊行されていますが、これを見ると和書も相当数、興譲館が所蔵していたことがわかります。

興譲館文庫の管理は、「典籍」という役が担っていました。安永五年（一七七六）四月十九日の記事によると、西堀源蔵を書物方に任命すると書かれており、彼が初代となります（『日本教育史資料』一巻、七五三頁）。書物方はのちに「典籍」と改称しました。

ではここで、興譲館の職制について少し触れておきましょう。トップは「提学」で、その下に儒家、助教などの教員がいました。その下が都講、典籍となっており、前者は現代でいえば学寮の舎監《しゃかん》、後者は司書でした。都講と典籍は諸生の中から優秀な者が一名選抜されて、一年間で金二両（およそ二〇万円）が支給されています。都講と典籍は単なる事務職ではなく、訓導《くんどう》として学生の教育にもあたっていたので、事務員兼教員といった職務でした。寛政七年（一七九五）に典籍の次席として「読長」という役職が定員三名で増設されましたが、これも諸生の中から選ばれた者が就ける役でした。ところが寛政十二年（一八〇〇）四月に、典籍山田兵三郎が読長に昇格する人事が発令されると、立場が逆転して読長のほうが典籍の上席になってしまったのです。以降、廃校までこの上下関係は継続されます。

典籍の職位は決して藩校教職員の中では上位ではありませんでしたが、興譲館ではその役職が明確に規程によって定められ、一名が置かれていたのです。現代の学校図書館では、平成二十九年（二〇一七）現在、ようやく司書教諭や学校司書などの職制が整備されつつありますが、これを見ると江戸時代のほうが進んでいたといえるでしょう。

火事が起きた際の「備火戒約」（『日本教育史資料』一巻、七七五頁）を見ると、第一に蔵書を火の手から守らなければならないとあり、蔵書は相当貴重に扱われていたことが窺えます。どうやら蔵書は頻繁に貸し出されていたようで、そのため書庫以外にも本があちらこちらにあったのでしょう。佐倉藩校成徳書院でもそうでしたが、藩校文庫の蔵書は死蔵させられていたわけではなく、頻繁に読まれており、また教育にも利用されていたのです。

蔵書は私用でも、教授用にも貸し出されていたようですが、返却期限は一年間だったようです。毎年十二月に、貸し出していた本を返却させています。そして新年は一月八日に「御文庫開き」の行事があり、貸し出しも始められました。

明治四年（一八七一）七月に米沢藩は廃止され、代わって米沢県が新政府によって設置されます。興譲館も米沢県の管轄に移るのですが、この時に文庫の貸出規則が詳細に決められました。

米沢県庁が定めた「学校革制大旨」（『日本教育史資料』一巻、七九二頁）によると、米沢藩時代は無償で教科書が貸与されていましたが、各自持参と改められ、洋書と翻訳書は閲覧料を徴収するようになっています。これは就学の範囲を士族だけでなく庶民にも大幅に拡大させたからだといわれています。

図書の返却期限も明確に定められ、教職員と学生は、五冊以下は二〇日間、一〇冊以下は四〇日、一〇冊以上は六〇日を期限として返却させるようになりました。当時の本はほとんど和本ですから、現代の本と違って薄く、大量に借りられないと勉強にも差し支えたと考えられます。江戸時代は緩やかに一年間と決まっていたのですが、最大でも六〇日、約二か月と大幅に短縮されてしまいました。興譲館に関しては、廃藩後もごく短期間存続していたのですが、文庫についてはむしろ使い勝手が悪くなってしまったのです。

## ●長州藩校明倫館

関東の佐倉藩、東北の米沢藩と東日本の藩校を見てきたので、明治新政府をつくった長州藩の藩校明倫館《めいりんかん》の文庫の様子を見てみましょう。

ちなみに藩の名称ですが、「藩」というのが正式名称になったのは明治元年（一八六八）になってからです。城持ち大名の場合は居城に藩をつけて、または藩主の居所の地名に藩をつけて、「○○藩」と呼ぶようにしたのです。江戸時代には○○藩という名称は正式ではなく、愛称のようなものでした。「長州藩」という名称も幕末の志士たちの書状などに見られるもので、当時も一般的に呼ばれていたようです。明治になると「山口藩」が正式名称になっています。歴史学者の中では城下町や居城に「藩」を付けるのが、今日では一般的になっています。長州の場合は、城下町は萩でしたので「萩藩」になります。ところが幕末の慶応二年（一八六六）に城を山口へ移転してしまうので、そのような原則で藩の名を決めてしまうと、途中から「山口藩」となってしまいます。混乱を避けるためにも、本書では一貫して馴染み深い「長州藩」で通すことにします。

閑話休題。

さて長州藩校明倫館ですが、設立は早く、享保四年（一七一九）一月に六代藩主の毛利吉元《もうりよしもと》によって萩城三の丸に創建されました。学館・聖廟・文庫を兼ね備えており、創建当初から文庫が独立した建物として存在していたのです。江戸時代後期には医学所済生堂《さいせいどう》、西洋学所伝習所《でんしゅうじょ》も明倫館内に移されています。こうして今日の総合大学の趣さえ呈したのです。

「明倫」とは『孟子《もうし》』の「人倫上《かみ》に明らかにして、小民下《しも》に親しむ」という一節から採られています。「上に立つものが、〔教育の力によって〕人間の道を明らかにして教えみちびけば、しも人民はみなそれに感化されて、互いに親しみむつみあい国は大いに治まる」（小林勝人訳注『孟子』上、岩波文庫、一九八頁）という意味です。

長州藩校萩明倫館

嘉永二年（一八四九）、一四代藩主の毛利慶親《よしちか》（のちの敬親《たかちか》）が明倫館を萩郊外の江向《えむかい》に移転しました。およそ一万五〇〇〇坪という広大な敷地に、当然文庫も規模を拡張させて建設されています。

明倫館は文武をもって武士の本業とし、教授された内容も経学・歴史（和漢）・制度通（和漢）・兵学（和漢）・博学・文章がありました。経学とは儒教の古典である四書五経、制度通は日本と中国の歴代の制度と沿革について学ぶ科目で、博学は天文・地理・経済など「博文宏記」について学ぶ科目、文章は専ら古代中国（周、漢）の諸家の名文を熟読して文章を学ぶという科目です。これらの授業内容は、かなり広汎にわたっていることがわかります。

のちに藩庁は萩から山口に移転し、山口城が藩主の居城となるのですが、明倫館は文久三年（一八六三）に山口明倫館も設立され、萩と山口に二か所存続するようになりました。

文庫に関しては、建学当初から詳細な規程がつくられていました。享保五年（一七二〇）十月に制定された「学頭役へ達セラル、明倫館内規条々」（『日本教育史資料』二巻、六六〇～六六一頁）を見ると、書籍の貸し出しが認められており、学生以外にも許可を得て貸し出しが許されていたようです。

さらに天保十四年（一八四三）十二月の「明倫館御書物御仕法改革ノ事」（『日本教育史資料』二巻、六八〇～六八一頁）によって、文庫の規程がより整備されています。

これによると、文庫の管理は学生の中から書物方（のちに「司典」と改称）二名が任命され、書物方（司典）が出納業務にあたりました。明倫館の教職員はトップが学頭で、その下に本締役・勘定役・教授がいました。さらに会頭・記録方・書物方（司典）・廟司と呼ばれる事務専務の者もいました。書物方（司典）は下から二番目の職に置かれていたのです。米沢藩と比較すると、今日の司書に相当する書物方（司典）の地位はかなり低かったようです。

しかも自由に書物は請求できなかったようで、毎月六日間だけ書物方（司典）が一堂に会して書物の貸し出しを行っていました。書物出納日は朝四ツ時（午前十時）から講堂で行われ、学生はそこで受け取っていたようです。返却も同日に行われました。史料からは終了時刻がわからないのですが、おそらく午前だけで終了したのではないかと思われます。貸し出しも返却もかなり厳重に行われ、数種の帳面と照らし合わせて間違いのないように執り行われたようです。毎月二十八日にすべての書物を返却させ、さらに必要な者には改めて貸し出していました。

このように厳重な管理がなされたのも、蔵書の紛失があとを絶たなかったからです。蔵書は年々増加の一途を辿っていたのですが、この改革以前は正規の手続きを経ずに借りる学生も多かったようです。その理由として「諸生一統にて心易きに任せ有り合わせ候御書物暫借として取り帰り候者もこれ有るべく多人数居り合い候」(『日本教育史資料』二巻、六八一頁)、つまり管理者も学生なので、学生同士の心安さから正規の手続きを経ないで「少しだけなら借りても問題ないだろう」と思って借りてしまい、返却を忘れてしまう者が多かったことを挙げています。

明倫館では「紛失が多い」という現実的な理由から、出納を厳密にしたのですが、それでも学生に藩校蔵書を貸し出すことは禁止していなかったので、やはり「利用」を重視したといえるでしょう。

## ●藩校文庫は「利用」主体

佐倉藩、米沢藩、長州藩の藩校を例にして、特に「利用」という観点を中心に見てきました。藩校文庫は、学生はもとより一般の藩士にも館内閲覧を許し、また館外貸出も行っていたのです。このような点から藩校文庫は、今日の大学図書館、学校図書館に近い役割を果たしていたと思います。そういった性格からは、前近代の図書館によく見られる「保存主体」ではなく、学生の「利用」をかなり重視していた、まさしく今日の「図書館」に近い存在だったといえるでしょう。

## ●「利用」重視の背景に、自学自習の教育

藩校と昌平坂学問所の文庫は、どちらも「利用」を重視していたと指摘しましたが、藩校も昌平坂学問所も会読《かいどく》を中心とした「自学自習」を重視しており、「利用」主体の理由はそこにあったと思われます。

会読に参加するためには、テキストを相当読み込んでおかなければなりませんし、また関連する多くの書籍にも目を通しておかなければなりません。書籍は当時、かなり高価で、貧乏な学生が個人的に所持するのは、極めて難しいことでした。そのため、学生は藩校や昌平坂学問所に付設されている文庫を利用する必要があったのです。文庫のほうも「利用」されることを考えて、閲覧・貸出規則を整備していきました。

文庫の「利用」重視の背景には、自学自習の教育システムがあったのです。

**【第三章の参考文献】**


青木昭博「市立米沢図書館の蔵書と現在の興譲館本」（岩本篤志編『米沢藩興譲館書目集成』第四巻、ゆまに書房、二〇〇九年）

秋田県教育委員会編『秋田県教育史』第五巻　通史編一（秋田県教育委員会、一九八五年）

石川松太郎『近世の学校』（高陵社書店、一九五七年）

石川松太郎「藩校」（国史大辞典編集委員会編『国史大辞典』第一一巻、吉川弘文館、一九九〇年）
稲垣忠彦「藩校における学習内容・方法の展開」（『帝京大学文学部紀要　教育学』第二七号、二〇〇二年）
岩猿敏生『日本図書館史概説』（日外アソシエーツ、二〇〇七年）
岩本篤志「米沢藩と藩校興譲館の蔵書目録について」（岩本篤志編『米沢藩興譲館書目集成』第四巻、ゆまに書房、二〇〇九年）
岩本篤志編『米沢藩興譲館書目集成』全四巻（ゆまに書房、書誌書目シリーズ九〇、二〇〇九年）
小川徹・奥泉和久・小黒浩司『公共図書館サービス・運動の歴史』一（日本図書館協会、ＪＬＡ図書館実践シリーズ四、二〇〇六年）
小野則秋『日本文庫史研究　改訂新版』下巻（臨川書店、一九七九年）
笠井助治『近世藩校の綜合的研究』（吉川弘文館、一九六〇年）
金谷治訳注『大学・中庸』（岩波文庫、一九九八年）
桐原健真『松陰の本棚――幕末志士たちの読書ネットワーク』（吉川弘文館、二〇〇六年）
草野正名『三訂　図書館の歴史』（学芸図書、一九七五年）
久米邦武『久米博士九十年回顧録』上巻（早稲田大学出版部、一九三四年）
国立国会図書館総務部編『東京書籍館における旧藩蔵書の収集』（国立国会図書館、図書館研究シリーズ№一五、一九七三年）
小林勝人訳注『孟子』上（岩波文庫、一九六八年）
新藤透「明倫文庫蔵書論争と山形県新庄図書館の設立」（『図書館綜合研究』第一一号、二〇一一年九月）
南摩綱紀「書生時代の修学状態」（孔子祭典会『諸名家の孔子観』博文館、一九一〇年）
日本図書館協会編『近代日本図書館の歩み　地方篇』（日本図書館協会、一九九二年）
前田勉『江戸の読書会――会読の思想史』（平凡社選書、二〇一二年）

三浦茂一「佐倉藩成徳書院の教育史」（『学校教育研究所年報』第三三号、一九八九年）
文部省編『日本教育史資料　復刻版』第一・二・七巻（臨川書店、一九六九年）
渡邊大門『幕末・維新に学ぶ――英傑はいかに困難を乗り越えたか』（歴史と文化の研究所、二〇一六年）
綿抜豊昭『図書館文化史』（学文社、図書館情報学シリーズ八、二〇〇六年）
綿抜豊昭『図書・図書館史』（学文社、ライブラリー図書館情報学一〇、二〇一四年）
『史跡　庄内藩校　致道館』（荘内文化財保存会、一九七一年）

# 第四章

## 庶民の読書ネットワーク――蔵書家・貸本屋・蔵書の家

# 第一節　書物史としての江戸時代

第二章と第三章では、将軍や武士層の「図書館」を見てきました。本章では、武士以外の庶民の読書事情について触れていきますが、庶民が日常的に読書行為をするためには、その前提として、①出版点数の増大、②庶民の識字率向上、の二点が揃わないと成立しません。まずはこの二点について確認をしておきましょう。

## ●書物史から見た江戸期の四区分

ここでは単純に出版点数の話をするのではなく、書物史という観点から江戸時代はどんな位置づけが与えられるのか、やや詳しく説明したいと思います。

初めて出版という行為がビジネスとして成立した時代が江戸時代です。それまでの出版は公家や寺院、大名などの下でごく少部数印刷され、愛好者の公家や武士などが所持するのみでした。つまり商売ではなく「趣味の域」を出るものではありませんでした。出版が個人の趣味から大幅に発展して、大量に印刷されて多くの人に読まれるようになり、市場を形成したのが江戸という時代です。

さて、江戸時代はそういった理由で書物や出版の歴史の中でも重要なのですが、詳しく見ていくと四期に分類できます（川瀬一馬『入門講話　日本出版文化史』日本エディタースクール出版部、一九八三年、岡村敬二『江戸の蔵書家たち』講談社、選書メチエ、一九九六年）。

一、初期・古活字版の時代、江戸時代の初めから寛永期前半（一六三〇年頃）まで。
二、盛期・出版業の確立、明暦年間（一六五五～一六五八）～元禄年間（一六八八～一七〇四）頃
三、中期・江戸での出版の隆盛、宝永年間（一七〇四～一七一一）～寛政十年（一七九八年）頃
四、末期・学術書刊行の隆盛、寛政十一年（一七九九）～幕末まで

江戸時代の最初期は戦国・安土桃山期と同じ「趣味としての出版」の時代ですが、十七世紀半ば頃から上方《かみがた》（京都・大坂）を中心に出版業が確立します。十八世紀に入ると、文化の中心が上方から江戸に移ってくるのに従い、江戸での出版が非常に盛んになりました。末期は、出版は江戸や上方だけではなく仙台などの地方都市、藩校、昌平坂学問所《しょうへいざかがくもんじょ》など、多様化した時期でもありました。では次節から、四期をやや詳しく見ていきましょう。

## ●初期・古活字版の時代

江戸初期は戦国・安土桃山時代となんら変わりがなく、本の主体は写本でした。ただ文禄年間（一五九二～一五九六）に銅製の活字を用いた印刷が朝鮮からもたらされます。以降五十年間、文禄から

寛永年間（一六二四〜四四）にわたって活字印刷が盛んになります。この時代に印刷・刊行された活字本のことを「古活字本」と呼ぶのです。

文禄二年（一五九三）、文禄の役で朝鮮に攻めこんでいた武将が、銅活字を豊臣秀吉に献上します。秀吉はすぐさまそれを、時の後陽成《ごようぜい》天皇に奉りました。これが書物や出版にとても興味関心が深かった徳川家康であったら自ら出版を必ずや行ったでしょうが、秀吉は特に本や出版には興味がなかったので、天皇に奉ったのでしょう。

後陽成天皇は勅命《ちょくめい》を下し、その活字で『古文孝経《こぶんこうきょう》』を印刷させました。これを文禄勅版というのですが、実はこの原物は残っていないようです。

印刷された『古文孝経』ですが、孔子の弟子にあたる曾子《そうし》が「孝」についての孔子の言動を記したもので、それを『孝経』といいます。『孝経』は二種類伝わっていて、中国の前漢初期に隷書《れいしょ》で書かれたものを『今文《きんぶん》孝経』といい、それに対して秦《しん》の始皇帝《しこうてい》の焚書坑儒《ふんしょこうじゅ》より前に古文字で書かれたものを『古文孝経』と呼びます。それゆえ、文禄勅版は「古文」のほうを出版したことになります。

その後、後陽成天皇は木製で活字を製作し、慶長二年（一五九七）に室町期の漢詩集『錦繡段《きんしゅうだん》』と朱熹《しゅき》『勧学文《かんがくぶん》』を印刷しました。これを慶長勅版といいます。文禄で刊行された『古文孝経』も慶長四年（一五九九）に改めて出版されています。これは慶長八年（一六〇三）の『白氏五妃曲《はくしごひきょく》』まで続きました。

また、寺院でもこの時期盛んに仏教関係の本の印刷・出版が行われています。京都の本圀寺《ほんこくじ》、比叡《ひえい》山延暦寺《ざんえんりゃくじ》（延暦寺版）、本願寺《ほんがんじ》、本能寺《ほんのうじ》、要法寺《ようほうじ》などが代表的です。寺院は第一章でも述べたように、鎌倉・室町期から木版印刷での印刷・出版をかなり活発に行っていましたので、活字を用いた出版にも即座に対応したのでしょう。

寺院での出版といっても、すべて僧侶が行っているわけではありません。寺で働いている人も僧侶ばかりではなく、一般の人もいますし僧の姿をした一般人も多くいました。出版もそれらの人々の労働で行われていたと考えられています。寺内《じない》や門前に専門の業者が集まるようになって、仏教関係の本の印刷・出版も行いますし、自分たちのものもやるといったスタイルです。これが出版業の萌芽《ほうが》であるとの指摘もあります（川瀬一馬『入門講話　日本出版文化史』一五六～一五七頁）。現在も仏教関係の専門書を多く出版している平楽寺書店や法藏館は、慶長年間（一五九六～一六一五）の創業ですから、川瀬氏の指摘もあながち間違いではないと思います。

民間人も活字印刷を行いました。これは医師が多く、医書も彼らの手によって数多く印刷されています。

また、京都の本阿弥光悦《ほんあみこうえつ》も仮名の活字を製作し、美術的価値の高い「嵯峨本《さがぼん》」を印刷・出版しています。これは日本の古典文学が主で、『伊勢物語』『徒然草』『方丈記』などが刊行されています。

さらに大名も盛んに出版を行っています。銅活字と木活字を自作して出版した徳川家康の伏見版、駿河版などはその代表的なものでしょう。

これら慶長期の出版は商業的なものではなく、出版された本も漢籍や仏書、医書、日本の古典文学が中心で、現代のような娯楽書中心の出版とは大きく違っていました。これらの本は読んで楽しむものというより、学術的・美術的に価値が高いもので、公家や上級武士などが所蔵するものとして出版されたといえるでしょう。しかし古活字本の時代は、おおよそ寛永七年（一六三〇）までには終わってしまいます。

寛永期に入ると京都には書籍商が立ち並びますが、寛永から正保・慶安期（一六五〇年頃）までは営業出版の域にまで達しない時代といわれています。

この寛永から慶安期の出版の特徴として、今田洋三氏は次の五点を挙げています（今田洋三『江戸の本屋さん　近世文化史の側面』三〇〜三一頁）。

①仏書の出版が寺院から民間の業者に移行した。
②日本古典文学の出版は古活字版から木版に移行した。
③漢籍の出版も古活字版から木版に移行し盛行する。
④仮名を用いた庶民向けの読み物「仮名草子」や俳諧書の出版が盛んになる。
⑤中世に興った語り物の説教節を本にした「説教正本」や「浄瑠璃本」なども盛んに出版された。

この頃は古活字版の出版が徐々に下火になり、それに替わって木版印刷が主流となります。西洋ではグーテンベルク以降完全に活字印刷が定着するのですが、日本で定着するのは明治中期になります。

仏書や古典文学、漢籍も木版で印刷されるようになりますが、そういった学術的価値の高い本だけではなく、④・⑤といった庶民向けの本も出版されるようになったことに注目したいと思います。

とはいえ寛永・正保・慶安・承応年間（一六二四～五五）は、商業出版の域にまで達していませんでした。その目安として刊記の有無があります。刊記とは、出版年月日・出版者・出版地などを記した、現在の本で奥付に該当する箇所のことです。寛永～承応頃までは刊記のない無刊記本が流通していましたし、刊記があるものでも最初は無刊記で出版されたものが、あとで版木が出版社に買収され、刊記を付けて再版されるケースも多くありました。この時期の出版は京都中心で、量もそれほど多くありませんでした。

## ●盛期・出版業の確立

明暦年間（一六五五～五八）から元禄年間（一六八八～一七〇四）までの約五〇年は、商業出版が確立した時期といわれています。

この時期の出版は、「売れる本」を出版社が刊行しようと考え始めました。今までの出版は学術的・美術的に価値が高い本を一部の層に向けて印刷・出版していましたが、出版はビジネスになったので、大衆が欲する本を出版社が刊行するようになるのです。

例えば、明暦から元禄の初め頃にかけて活躍した浮世絵師の菱川師宣《ひしかわもろのぶ》は、優れた絵本を多く刊行しています。最初は絵本ではなく「挿絵」だったわけですが、のちに絵のほうが主になって「絵本」になりました。

師宣の初期の絵本、延宝年間（一六七三〜八一）に刊行された『江戸雀《えどすずめ》』や『奈良名所八重桜《ならめいしょやえざくら》』といった作品は、まだ挿絵の域を脱していませんが、江戸時代初期の風俗がよく描写されています。これらは「古版地誌《こはんちし》」と呼ばれ、江戸や奈良を訪れることがなかなか難しい遠隔地の読者にも現地の情報がわかる本として、江戸時代を通じて出版されていました。つまり安定的に「売れる本」だったわけです。

天和年間（一六八一〜八四）に入ると、師宣は『このころくさ』『千代の友鶴《ちよのともづる》』『山情の通路《さんざなさけかよいじ》』といった絵本を出版しています。これらは完全に絵が主体になっており、絵の余白に文章が書かれています。師宣は武士や公家の姿も絵本に描いていますが、なんといっても活き活きとした描写をしているのは町人でした。

川瀬一馬氏は「師宣の絵本が発達した時期というものは、やはり印刷・出版の時期としても、非常に特色のある時期」（川瀬一馬『入門講話　日本出版文化史』一九八頁）であると指摘しています。

この時期の出版は、仏書・漢籍にも特徴が見られます。漢籍は当然ですが、仏書も漢文で書かれていて、素養のない者が読解するのは非常に難解でした。古活字版の時代は、技術的な問題もあるようですが、訓点は特に付けておらず白文で出版されていました。現在残っている古活字版でも、もとの所蔵者の手によって訓点が手書きで書き込まれているものが多く確認されています。おそらく、あまり漢文に堪能ではない読者は、訓点を自ら振りながら勉強に励んだのでしょう。

しかし木版で大量に印刷され、読者も増えるに従って、白文のままでは読者に不親切だと出版社が思ったのでしょう。訓点付きの仏書・漢籍が多く刊行されるようになりました。このような本を「訓《くん》点《てん》附《ふ》刻本《こくぼん》」といいます。漢籍の中には多くの医書も含まれていたようです。白文の本は圧倒的に少数派になってしまいました。

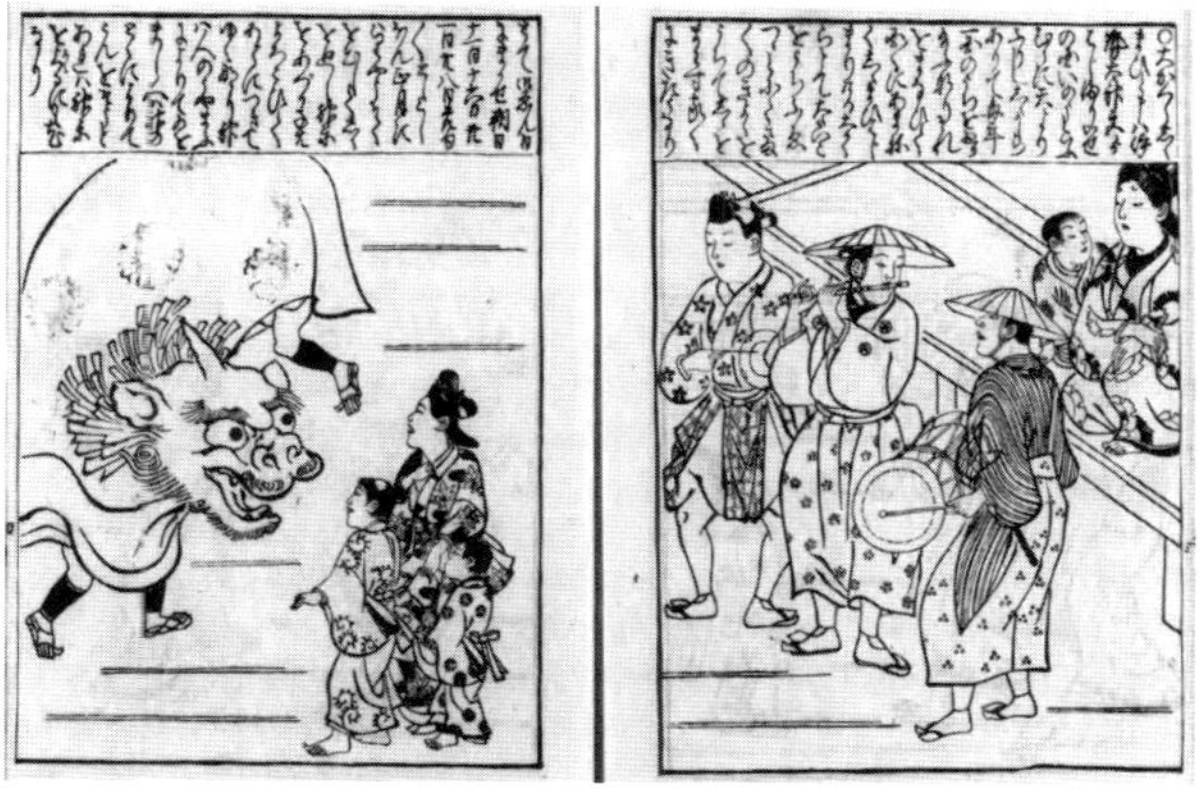

菱川師宣『このころくさ』

　訓点附刻本がこの時期に登場したことは、非常に意義深いと思います。一般向けに刊行された本なので通俗的な本には違いないのですが、訓点附刻本を活用することによって誰でも比較的容易に漢籍が読めるようになり、また漢文の自学自習がある程度可能になりました。もちろん、この時期はまだまだ師匠について学問を習うのが主流でしたが、訓点附刻本を読むことによって、復習や予習がやりやすくなったのです。これは学問の普及に大いに貢献したに違いありません。

　とはいっても、この時期の訓点附刻本には欠点がありました。江戸時代後期に出た「経典余師《けいてんよし》」という漢籍解釈の一連のシリーズでは、訓点だけではなく、書き下し文と解釈も載っていて、かなり親切なつくりになっています。しかし、この時期の訓点附刻本は訓点のみ付されていて、書き下し文も、ましてや解釈などはありませんでした。時代が下るに従って、こういった解説本が読者の便宜を考えてどんどん易しくなっていくのは、現代も江戸時代も変わりませんね。

もう一点は、付されている訓点が果たして正確なのか否かは保証の限りではないということです。川瀬一馬氏は、自身の学生時代に受けていた授業の思い出として「訓点附刻本の読みには誤りが多い、だからだめだというふうに漢文の先生がおっしゃって」（川瀬一馬『入門講話　日本出版文化史』二〇〇頁）いたと回顧していますが、やはり誤りもある程度はあるものと割り切らなければならなかったようです。

また仏書・漢籍だけではなく、日本の古典文学作品（国書）の多くが木版で出版されています。『伊勢物語』『源氏物語』『平家物語』『徒然草』などです。これらは注釈付きのものも刊行されていて、古文に精通していなくとも文章が読めて意味がわかるように配慮されたつくりになっていました。特に『源氏物語』の文章は、現代の私たちが読んでも非常に難解ですが、この当時の人々も同じだったようで、注釈書や絵入り本などが多数刊行されています。

明暦～元禄年間（一六五五～一七〇四）の出版状況は以上の通りです。商業出版の確立によって、庶民にも内容が理解できる易しい本も大量に出回るようになったので、一部の階層だけが享受できていた「読書」という行為が庶民にも広まりつつあった時代と、位置づけることができるでしょう。

## ●中期・江戸での出版の隆盛

中期は、宝永年間（一七〇四～一一）から寛政十年（一七九八年）頃までを指します。この約一〇〇年の間に出版の中心地は完全に京都・大坂といった上方から江戸に移動しました。文化の中心が江戸に移ってきたのです。

寛永年間（一六二四～四四）以降、出版の担い手は大名・公家・寺院などから民間の出版業者の手に移行してきましたが、この時期になると完全に印刷・出版は町人のものになります。学術的なものだけが幕府や藩などで出版されていますが、全体から見ればごく少数です。

民間（町人）主体の印刷・出版はますます大衆化・商業化していきます。学術書より実用書、娯楽書が中心になり、出版点数も前代とは比較にならないぐらい飛躍的に増加の一途を辿るのです。

出版点数が増えると、中には幕政批判や、性的な内容の絵画や小説などが刊行されるようになります。その対策として、幕府は享保七年（一七二二）十一月に出版条目を発令します。これは八代将軍徳川吉宗の享保の改革の一環でした。

出版条目は、①異説を展開する儒書・仏書・神道書・医書・歌書の出版の禁止、②性的な内容の好色本を絶版とすること、③諸家の先祖についての誤った説を流布することの禁止、④今後新刊書は必ず作者と出版者の実名を刊記に書くこと、⑤徳川将軍家に関する一切の出版物の禁止などを謳っており、幕府が出版を取り締まろうとした最初の法令といわれています。

これは裏を返せば、当時禁止されていた内容の出版物がかなり出回っていたことの証拠です。それまで出版に関して、幕府はそれほど関心を示していませんでしたので、出版条目が出された背景には、それほど出版業界が幕府にとって無視できない存在になっていたからだといえるでしょう。

享保の改革では、もう一点、出版関係で重要なことがありました。出版社の組合である本屋仲間の結成を幕府が公認したのです。

江戸時代の出版社は編集・製本・小売まで行っていたので、現代の出版社と書店を兼ねたものでした。また出版社も、儒書・仏書・医書・国書・漢籍など、いわゆる硬い本を中心に出版した書物問屋と、絵入り娯楽書の草双紙《くさぞうし》、庶民の色恋をテーマにした大衆小説の人情本や、地理案内書の細見《さいけん》、歌舞伎の本や浮世絵など、庶民が娯楽として親しんだ本（地本《じほん》）を扱った地本問屋と、二種類に分けられていました。

このうち、享保の改革で本屋仲間が結成されたのは書物問屋仲間のほうで、地本問屋は寛政年間（一七八九～一八〇一）頃に結成され、書物問屋仲間と連携を図りました。ちなみに、本屋仲間自体は京都や大坂では元禄年間（一六八八～一七〇四）には結成されており、幕府が強制的につくったものではなく、あくまで書物問屋が自発的に結成したものに幕府がお墨付きを与えたという形でした。

また本屋仲間は幕府から「絶板」処分を受けることを恐れ、加盟している書物問屋同士で本の内容に問題はないのか点検を行う「自己規制」を行っていました。これは幕府から要請されて行ったものではなく、あくまで本屋仲間が自発的に行ったことですので「検閲」とは性格を異にしたものでした。絶板処分になると、経済的・精神的な打撃を書物問屋が蒙るので、それを予防するための行為だったのです。しかし今日的な観点からすると、「出版の自由」を自ら否定しているように見える可能性もあります。

もう一点特筆されることは、版権の侵害に対して厳正なルールをつくって対処したことです。江戸時代には「著作権」という考えがなかったので、無断で本の重板や類板といった行為が頻発していました。重板とは無断複製のことで、類板とは元板と極めて似た内容の本のことです。本屋仲間同士で重板・類板を戒め合っていたのです。

このように、本屋仲間に加盟している書物問屋は強固な結束力で出版業界の秩序を守っていたといえるでしょう。

ちなみに、「自己規制」の範囲になったのは木版本だけで、写本（肉筆の本）は適用外でした。書物問屋仲間は出版社の組合ですので、昔ながらの手で書き写されて世の中に広まっていった写本に関しては管轄外だったのです。ですから、きわどい内容の本は決して印刷されず、写本で流布したものでした。

この時期に多く出版された本の筆頭として「草双紙」が挙げられるでしょう。草双紙とは、江戸で出版された絵入りの娯楽小説のことで、赤本・黒本・青本・黄表紙《きびょうし》・合巻《ごうかん》の総称です。赤本・黒本・青本・黄表紙は表紙の色が赤・黒・青・黄だったことからその名が付きました。

赤本・黒本・青本は絵が主体であって、文章は添え物的なものでした。しかも文章には仮名が多く、一見すると子供向けかと思われますが、この点について川瀬一馬氏は「子供が読んだものと思うのでしょうが（子供も楽しめたでしょうが）、これは大人の通俗読物で、読物というよりも唯見るもので、徹底した通俗です」（川瀬一馬『入門講話　日本出版文化史』二二九頁）と明快に指摘しています。

黒本・青本、そして黄表紙になると文章も増えて完全に大人向けの読み物になります。最初の黄表紙といわれているのは、安永四年（一七七五）に刊行された恋川春町《こいかわはるまち》の『金々先生栄花夢《きんきんせんせいえいがのゆめ》』です。

草双紙は一冊五丁（一〇頁）程度で、二、三冊で完結というものが多いそうです。非常に薄い、現代で言えばパンフレットのようなものでしょうか。ちなみに合巻は赤本・黒本・青本・黄表紙など草双紙を数冊まとめて合冊して刊行したのが最初で、文化元年（一八〇四）以降に出版されました。

これら草双紙は滑稽《こっけい》・洒落《しゃれ》を主として、内容も「極めて浅薄なる観念より筆を執れるものにして、読者の一笑」を買えば作者の目的は達したと指摘されています（藤岡作太郎『國文學史講話』三〇四頁）。つまり、完全に娯楽小説として出版されたわけで、その背景には娯楽を目的に読書をする庶民が多くいたと考えられます。

## ●末期・学術書刊行の隆盛

末期の開始は明確に決まっていて、寛政十一年（一七九九）から始まります。この年から、幕府によって出版される「官版《かんぱん》」が本格的に始まりました。時の老中松平定信《まつだいらさだのぶ》主導の政策です。

定信は老中就任後、それまでの田沼意次《たぬまおきつぐ》による政治を一新し、寛政の改革を断行しました。田沼による金権政治に愛想を尽かしていた庶民は、最初は清廉潔白な定信の登場に拍手喝采を浴びせますが、徐々にその強権的な手法に対して批判的になります。

定信は質素倹約《しっそけんやく》を徹底させ、そのうえで各種改革に取り掛かりますが、その内容は田沼と比較すると保守的なものが多く、田沼以前に回帰するような政策が目に付きました。

学問に関しても、寛政二年（一七九〇）に寛政異学《かんせいいがく》の禁《きん》を発令し、幕府公認の学問を朱子学《しゅしがく》と決めました。さらに、正式には林家の私塾という形だった湯島の学問所を、幕府直轄の昌平坂学問所に改めたのです。そして、学問所で使用するための漢籍を自ら出版したのが官版の嚆矢《こうし》です。寛政十一年（一七九九）から幕府が倒れた慶応三年（一八六七）までは六九年ですが、その間二百数十種という極めて多くの官版を出版しています。最初の官版は、「四書」「五経」と『小学』でした。

官版は木版印刷で多くが刊行されましたが、江戸時代の初期以来途絶えていた木活字での印刷でも出版しています。また、中国の宋《そう》や元《げん》、朝鮮本の古版なども精力的に復刻版を刊行しており、学術的にもかなり貴重なものが多く出版されていました。

昌平坂学問所は、漢籍の復刻ばかりではなく新たな本も編輯して出版しました。例えば、享和元年（一八〇一）に刊行された、『官刻孝義録《かんこくこうぎろく》』（以下『孝義録』と略します）全五〇巻などという大部な本があります。

これは寛政元年（一七八九）に定信が、善行者として表彰された事例の提出を全国に求め、それを学問所の儒官が中心になってまとめたものです。『孝義録』で表彰された人数は八五七九名で、最古の事例は正保三年（一六四六）、最新事例は寛政九年（一七九七）となっています。定信が善行者の事

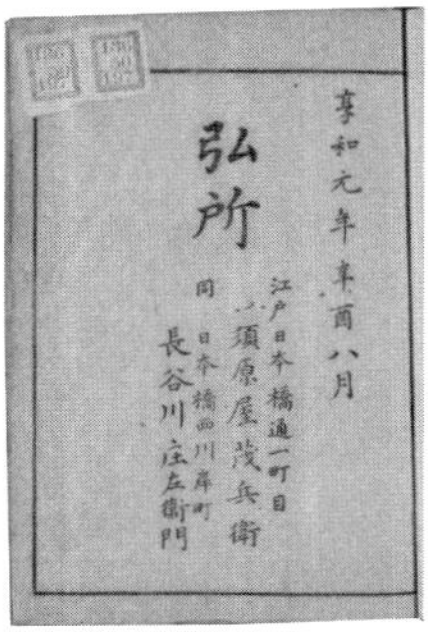


『官版孝義録』の刊記

『官版孝義録』第一巻の表紙

例を集めて官版で出版したのも、民衆への「思想善導」が目的だといわれています。

編輯の責任者は幕府儒官の林述斎《じゅっさい》が主に担当しましたが、このほかにも高齢になってから支配勘定の役職に就いていた洒落本作家の大田南畝《おおたなんぽ》が編纂を手伝い、さらに和学講談所《わがくこうだんしょ》の国学者 塙《はなわ》保己一《ほきいち》が校閲を行い、その流布も民間の須原屋茂兵衛《すはらやもへえ》らによる出版流通機構を活用してのものでした。

官版とはいっても、学問所関係者以外の者や、純然たる民間の書物問屋といった様々な協力者の助力を得ての出版だったのです。

さて、定信は官版の出版は推進したのですが、その一方で民間の出版には大弾圧を加えました。民間人が幕政について批評をすることを禁じ、それに違反したということで寛政四年（一七九二）に林子平《はやししへい》が著した『三国通覧図説《さんごくつうらんずせつ》』と『海国兵談《かいこくへいだん》』を発禁処分にしています。

さらに色恋や遊里《ゆうり》を題材にした娯楽小説も、風俗を乱すということで弾圧しています。寛政三年（一七九一）に洒落本作者の山《さん》東京伝《とうきょうでん》が処罰され、手鎖《てじょう》五〇日の刑に処されました。恋川春町も定信に出頭を命じられますが、病気と称して出頭せず、数ヶ月後に死去しています。春町の『鸚鵡《おうむ》返文武二道《がえしぶんぶにどう》』が定信の文武奨励策を皮肉ったのが、その理由でした。京伝も春町も出版社は蔦屋重《つたやじゅう》三郎《ざぶろう》で、蔦屋は財産の半分を没収されてしまいました。

定信の政策は明らかに出版統制だといえますが、その一方で幕府自らが出版を数多く行ったので、その影響は各藩にも波及しました。各藩での出版は藩校でも行われましたし、藩校とは直接関係がなく、藩主主導でなされた出版も多くありました。藩校版のほうは前章に記しましたので、ここでは藩主主導で進められた藩版を取り上げたいと思います。

紀伊新宮《しんぐう》藩主の水野忠央《みずのただなか》が主導して行った「丹鶴叢書《たんかくそうしょ》」というものがあります。水野は幕末の政局で活躍する政治家ですが、その一方で国学者としても活動していました。丹鶴叢書は、藩版の中でも珍しく国文学関係のものを、諸本を比較して本文《ほんもん》を校訂し、それを木版印刷でかなりの分量を出版したものです。全一五四冊あり、弘化四年（一八四七）から嘉永六年（一八五三）にかけて刊行されました。丹鶴の名の由来は、新宮城を別名「丹鶴城」といったからです。なぜ新宮城の別名が丹鶴城と呼ばれたのかといえば、平安時代後期の武将源為義《ためよし》と熊野別当《くまののべっとう》の娘である丹鶴姫の住まいがあったからだと伝えられています。

丹鶴叢書は相当吟味を加えた上で収録作品を選んでおり、あの有名な「蒙古襲来絵詞《もうこしゅうらいえことば》」を縮小して写して、叢書に収めています。

ほかにも家塾《かじゅく》版といって、私塾単位でも出版を行っています。漢学・蘭学・医学・兵学などの私塾が全国で夥しいほどの数が存在していました。私塾といった小規模な単位ではかえって木版は難しいようで、漢文で書かれた本が中心に出版されたものですから、木活字が多く使用されていました。江戸時代初期に衰退してしまった木活字が後期になって細々と復活したのです。

このように、幕末には木活字がおよそ二〇〇年ぶりに復活しました。ほかにも銅板の印刷が西洋の知識によって興りました。とはいえ、銅で活字をつくって印刷するという域にまでは達せず、図版的なものが多く印刷されていました。

末期は、ますます出版が大衆化していきましたが、その一方で寛政の改革を推進した松平定信や、ここでは触れませんでしたが天保の改革を進めた老中水野忠邦《ただくに》も出版統制を強めていて、幕府の介入がたびたびなされた時代でもありました。

民間での出版は娯楽書などが中心でしたが、官版や藩版、家塾版などでは学術的な本が中心に出版されました。つまり出版の裾野が広がったわけです。

## ●識字率の問題

江戸の出版史を四つの時期に区切って俯瞰《ふかん》してきました。最初期は学術書中心の出版で、天皇や大名、あるいは寺院などの趣味的な範囲であったものが、出版業の確立に伴って民間中心の出版になり、江戸に出版社の大半が移動したあとは多種多様なものが出版されるようになってきました。その一方で、幕府は民間の出版を警戒するようになり種々の統制策を発令しましたが、その一方で自ら出版を行うようになり、その流れは各藩や家塾にまで広がって行きました。

このように江戸時代は本の数が大幅に増えたのですが、これほど多種多様なものが出版されたということは、それを読む読者の存在がいたからだと考えられます。一部の階層の者だけではなく、庶民も文字が読める者が多かったと推測できます。

では、江戸時代の庶民の識字率は何パーセントだったのでしょうか。実は正確なデータが何もないので、よくわからないというのが実情です。

ただ、その一端を窺うのに格好の史料があります。駿河国御宿村《みしゅく》（静岡県裾野市御宿）で、安政三年（一八五六）二月六日と翌四年（一八五七）正月十一日に行われた入札《いれふだ》（選挙）の投票用紙の調査です。御宿村ではある事件が起こってしまったため、異例ではありますが、村役人を村人の入札で選ぶことになりました。入札は全戸主が一家を代表して自筆で投票しました。棄権した家を除くと九割の識字率が、棄権した家を「識字能力なし」とすると、それでも七割の識字率が産出されたということです（高橋敏『江戸の教育力』二九〜三三頁）。

また、リチャード・ルビンジャー氏は、明治時代初期に文部省が各県に命じた読み書き能力に関する調査を提示しています。数年間かけて調査したのは、滋賀県、岡山県、鹿児島県の三県しかありませんが、これらの県は男女別に集計しており、データもなかなか興味深い数字となっています。

図4―1をご覧下さい。折れ線グラフは「非識字率」を表しています。そうすると鹿児島県が読み書きできない人が八〇パーセントとかなり高くなっています。滋賀県は二〇パーセント程度です。し

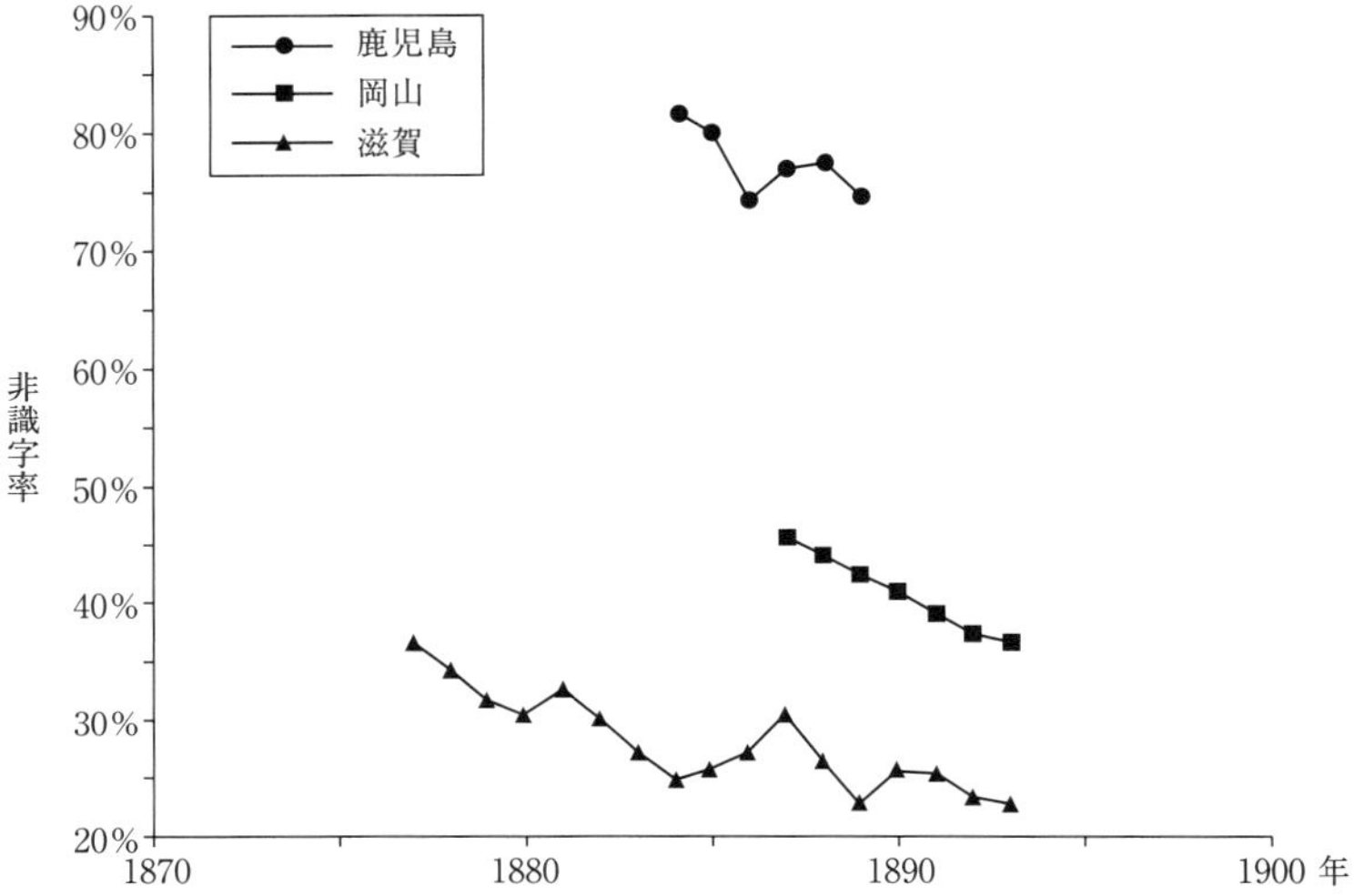


図4−1　三県の非識字率（『文部省年報』による）

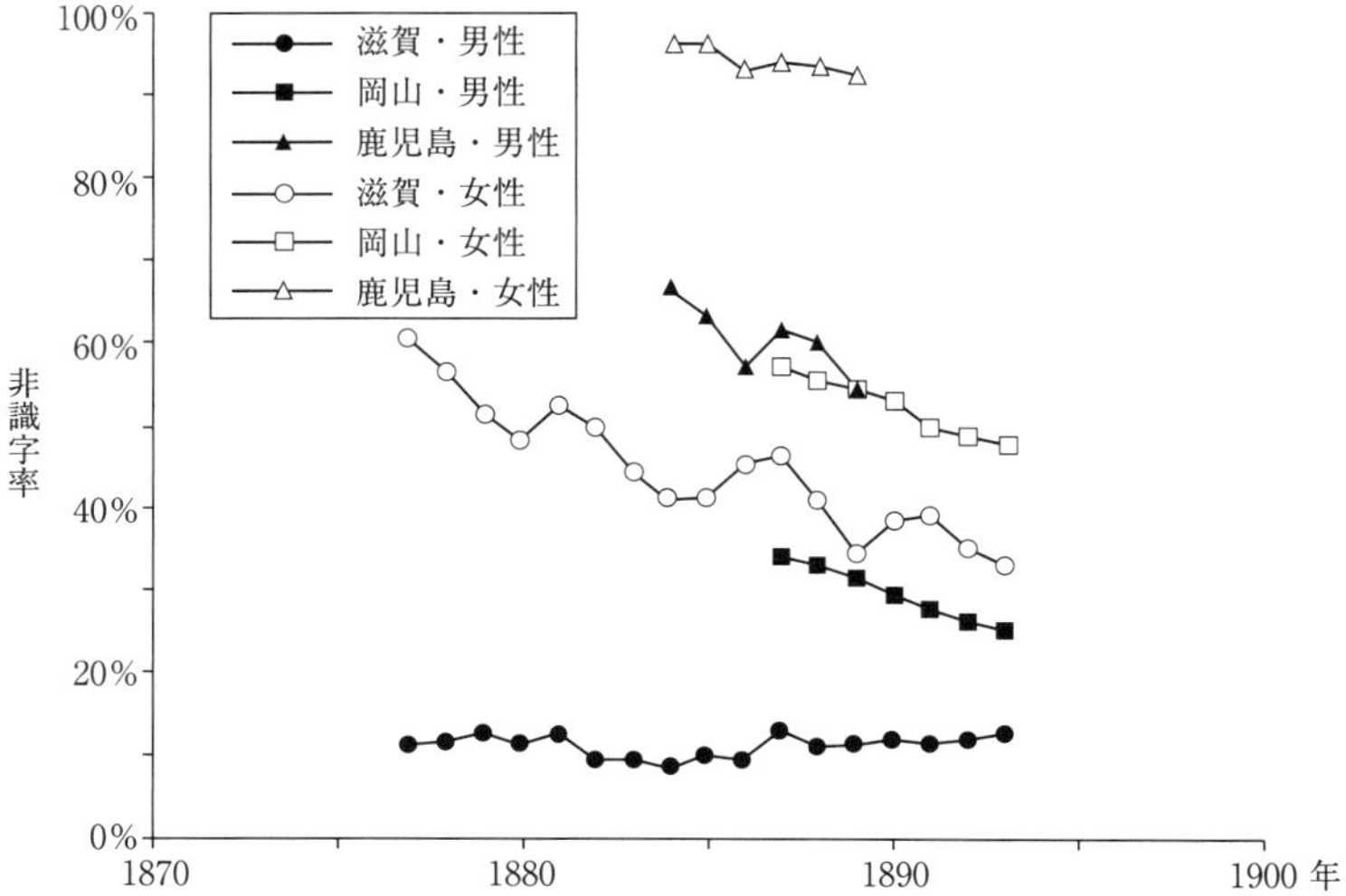


図4−2　男女別非識字率比較（『文部省年報』による）

かし男女別で見てみると（図4―2）、一番非識字率が高いのが鹿児島県の女性で、ほとんど読み書き能力ができないと読み取れます。男性も六〇～七〇パーセントはできなかったようです。

さらに陸軍省が実施した「壮丁教育調査資料」（『陸軍省統計年報』）にも読み書き能力のデータがあります。二〇歳の男性が受けなければならない徴兵検査の際に、陸軍が読み書き能力と計算能力調査を毎年実施していました。

図4―3は明治三十二年（一八九九）と三十七年（一九〇四）を比較したデータです（地名は連隊区名です）。明治三十二年の調査では、沖縄の非識字率は八〇パーセントを超えますが、東京の本郷ではおよそ二〇パーセントと、かなり地域によってバラつきが確認されます。どの地域も明治三十七年（一九〇四）の調査では識字率が高まっていますので、義務教育の効果が表れてきた、ということでしょう（リチャード・ルビンジャー著　川村肇訳『日本人のリテラシー　1600―1900年』二五二～三〇二頁）。

江戸時代には全国を対象とした調査はありませんので、明治時代になってからのデータから推測しなければならないのですが、地域や性別によって識字率はだいぶ違っていたということが指摘できるでしょう。しかしその一方で、確実に江戸時代はそれまでと比べて出版点数が増加し、都市だけではなく村落にまで本が行きわたっていたことも確かです。そこから、それらの本を読める層もそれなりに厚かったといえないでしょうか。

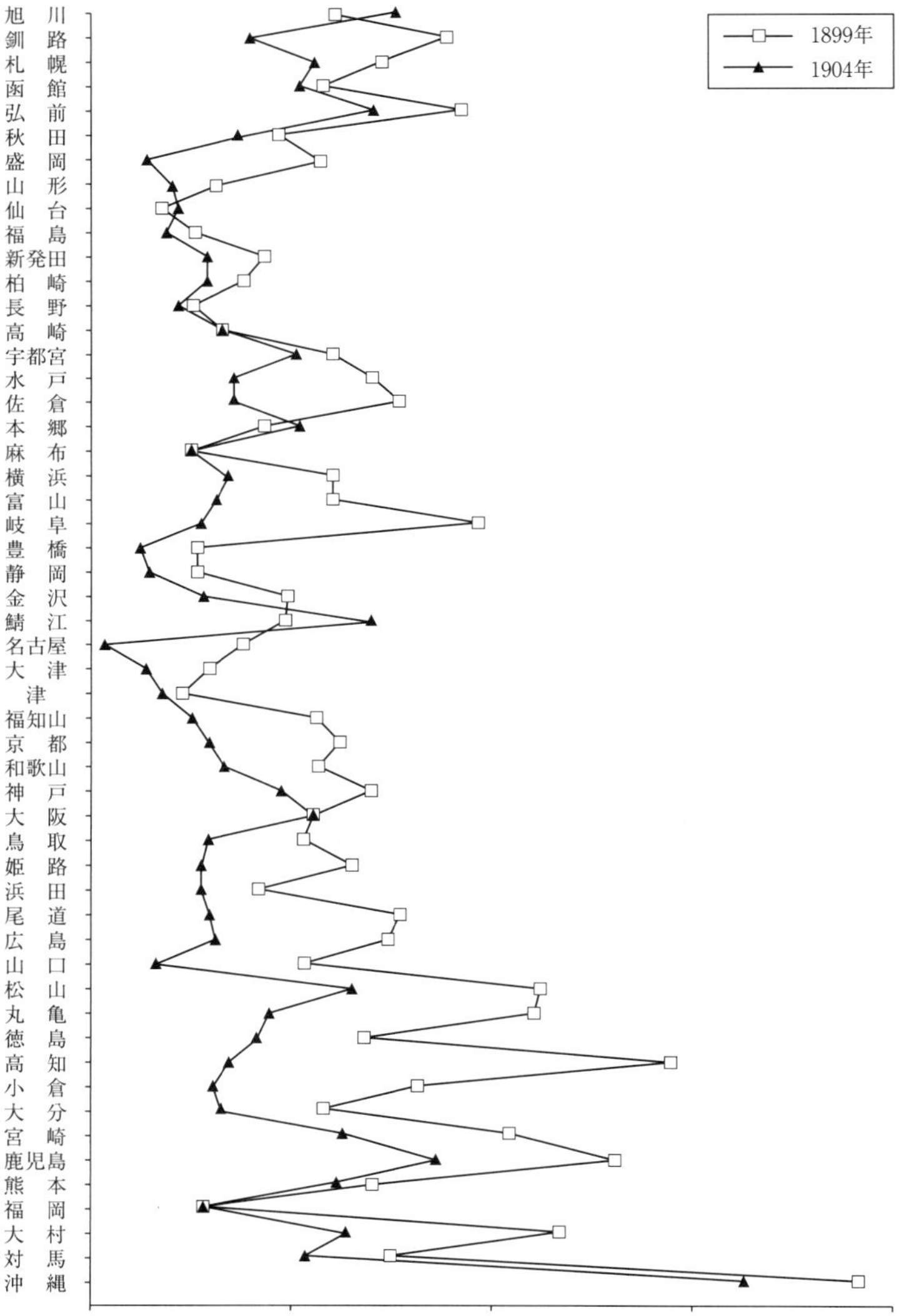


図4−3　日本の非識字率——1899年と1904年の比較
（『陸軍省統計年報』による）

## ●江戸時代における「読者」の増大

江戸時代二六〇年あまりを通じて出版は拡大の一途を辿り、出版点数も右肩上がりでした。この背景には、今まで読書とは縁遠かった庶民層にまで拡大したことが指摘できます。識字率の上昇に伴って、本で新しい知識を仕入れる、本を読んで余暇の時間を過ごす、といった生活スタイルが庶民にまで定着したのです。

江戸時代後期を代表する戯作者《げさくしゃ》の十返舎一九《じっぺんしゃいっく》が、文化十一年（一八一四）七月に信濃国松本（長野県松本市）を訪れていますが、『東海道中膝栗毛《とうかいどうちゅうひざくりげ》』を執筆して人気作家となっていた一九は、松本の人たちに手厚い歓待を受けています。

成相新田宿《なりあいしんでん》（長野県安曇野市）の大庄屋《おおじょうや》の藤森善兵衛《ふじもりぜんべえ》もその一人で、善兵衛は長丸《おさまる》という名で狂歌《きょうか》に親しんでいましたが、江戸の一九と文通でやり取りをしており、自身の故郷の名所を『膝栗毛』の続編に登場させて欲しいと頼んでいました。善兵衛の頼みは九編の『膝栗毛』で実現しています。

実は、一九の松本来訪のきっかけは、五編の『膝栗毛』で方言を間違って使っていたのを松本の一読者から指摘され、それで思い立ったということのようです。読者の指摘を快く受け入れる一九は、作品は作者だけでつくるのではなく、読者と共に創り上げるものだという執筆姿勢を示しています。

一九は松本に逗留中、その地の文人や読者と交流しています。江戸時代後期には、娯楽としての読書が松本という地方都市にまで確実に浸透していたことを窺わせるエピソードです。

では、庶民はどのように読書を楽しんでいたのでしょうか。読書スタイルを史料から探ってみましよう。

## ●庶民の読書スタイル

江戸時代の庶民の読書スタイルは何種類かに分けられ、長友千代治氏によれば三種類になるといいます（長友千代治『江戸時代の図書流通』一六九〜一八九頁）。

（一）自分で本を読む

庶民は、様々な方法で本を入手し読書をしていました。当時の本の単価は非常に高価だったため、とても個人で所蔵することは無理でした。江戸時代の本は和本ですので、一冊あたりの丁数（現代の感覚でいうとページ数）は五〇丁（ページに換算すると一〇〇ページ前後）という本が普通です。現代の洋装本と比較するとかなり薄かったわけです。

橋口侯之介氏によれば、平均五〇丁の学術書で全三、四冊構成のセット販売になっているものだと、一冊あたりの平均価格は現代に換算すれば五七〇〇〜五八〇〇円になるといいます（橋口侯之介『続和本入門　江戸の本屋と本づくり』八七〜九〇頁）。

また、読書をする姿勢もだいぶ違っていたようです。江戸時代の人の読書というと、時代劇でよく目にするように、武士が書見台《しょけんだい》に本を立てかけて正座で居住まいを正して読む、といった姿をイメージしますが、実際は違っていたようです。長友氏は、庶民の読書スタイルを雑俳《ざっぱい》から紹介しています。

見台に気の草臥《くたび》れる書の歩行《あゆみ》（若みどり・享保初）
寝ころんで見てこそ栄花物語（誹諧五万才・文化元）
武蔵野を寝てみる今が太平記（誹諧広原海三・元禄十一）
火燵《こたつ》にて裾舐《すそなめ》らるる太平記（すがたなぞ・元禄十六）
上瑠璃の本は昼寝のかぶり物（田植笠・享保八）

（長友千代治『江戸時代の図書流通』一七一～一七二頁）

これ以外にも長友氏は紹介しているのですが、寝転がって読む、こたつに入りながら読む、あるいは本を読んで眠くなったらそのまま被って昼寝をしてしまうなど、現代の私たちが普段行っていることと全く変わらない読書をしている姿が想像されます。

## （二）講釈・講談で聞く

読書というと、どうも自分で本を読む行為ばかりを現代の我々は想起しがちですが、他人の講釈や講談を聞くというのも、読書の中に入るのです。

特に軍記物などの講釈・講談は大人気で、都市部ではそういった講釈師の小屋が多くありました。享保年間（一七一六～三六）に江戸で人気を博した講釈師の深井志道軒《ふかいしどうけん》は、浅草観音境内の三社権

深井志道軒の辻講釈

現前に簀《よしず》張りの小屋掛けをして、『源平盛衰記《げんぺいじょうすいき》』『太平記』『徒然草』の講釈をするのが江戸名物にまでなっていました。

その講釈の様子を、長友氏は次のように描写しています。

> 男根模様の木片を持ち、それで机を打ち叩いて拍子を取り、滑稽猥雑に咄し、皺だらけの顔を打ち振り、時には女形の身振り、声色までしたという。しかし、最後には必ず一定の品位を保ったともいう。（中略）武士・浪人・町人・女たちが、茶をのみ、煙草をふかし、思い思いに聞き入っている表情が豊かである。
>
> （長友千代治『江戸時代の図書流通』一八二頁）

志道軒は僧侶出身ということで、知識がとても豊かだったようです。あまりの評判に、平賀《ひらが》源内《げんない》は志道軒を主人公にした滑稽本『風流《ふうりゅう》志《し》道軒伝《どうけんでん》』を出版し、これも大好評を博しました。

## （三）太平記読み

江戸時代初期に職業として確立した講釈師に、「太平記読み」というものがいました。これは「太平記講釈」とも呼ばれ、路傍《ろぼう》や門口《かどぐち》などで太平記を読んで講釈をし、お金を貰うという芸人で、牢人などが多かったようです。『平家物語』は琵琶《びわ》で奏《かな》でられる音曲《おんぎょく》によって広まりましたが、『太平記』はもっぱら読み上げによって民間に広まりました。この流れが後世に発展して講談になったのです。

太平記読み

長友氏は三点を江戸庶民の読書のスタイルとしました。実は、自分で読書をする行為も二つに分けられます。黙読と音読です。現代では黙読が普通ですが、江戸時代は音読が主流でした。音読は明治に入ってからもしばらくは普通に行われていました。

近代日本文学者の前田愛氏は、色々な史料から江戸と明治の音読の様子を紹介しています。ここでは江戸の例をいくつか引用してみましょう（前田愛『近代読者の成立』一七六〜一七七頁）。

いずれも人情本の代表的な作者為永春水《ためながしゅんすい》の作品です。人情本とは、町人や遊女など庶民の恋愛をテーマとした大衆小説の一種です。

まずは『春色英対暖語《しゅんしょくえいたいだんご》』から、お房《ふさ》の情人峯次郎《みねじろう》が、お房とその姉妹のもみに人情本を読んで聞かせている場面です。


峯「……寝て居て、私が本を読んで聞せよう。

ふさ「ヲヤ嬉しいねへ。

もみ「何の本でございますヱ。

峯「ヱひよくの紫といふ人情本《もの》サ……

ふさ「ヲヤそれぢやアはじめツから巻末《しまい》まで読でお聞せなさゐヨ。

もみ「ヲホヽヽヽ、お房さん、左様お言ひでも、一冊も聞いてお在《いで》の間に寝てお仕まひだらう
……


（為永春水『春色英対暖語』第八回）

峯次郎が蚊帳《かや》の中で、お房ともみと添い寝しながら「本を読んでやろう」と言うと、お房ともみが「何の本を読むのか」と聞いてきます。峯次郎は「人情本を読んでやる」と言いますが、お房は「最後まで読んで欲しい」と頼みます。そうするともみは笑って、「あなたはそう言っても読み終わらないうちに寝てしまうだろう」と言っています。読み聞かせという行為が、恋人同士でも普通に行われていたことがわかる場面です。

●「オヤそれだね昨日よみかけた後を読んでお聞せな。ヨウ後に何ぞ来ると奢るから……
■「アレサおゐらも聞たいから読んでおくれヨ後に急度御馳走をするから
▲「もの好きな嬢だノウこれよりか黄金菊の二編目を読うぢやアないかト中本を出す
●「マアそれよりか其大きい本をお読なねへ
（為永春水『春暁八幡鐘』第一七章）

これは深川の芸妓《げいぎ》たちが昼間の退屈しのぎに、貸本屋から借りた人情本を読み聞かせ合うといった場面です。二人の芸妓に本を読んでくれとせがまれている様子がわかります。


おとよ「オヤそりやア読本とやらだねえ。

おろく「あゝ好文士伝と云ふ為永の新作だよ……

おとよ「オヤ夫れじやア面白いねえ。姉さん私にも些と読んでお聞せな。

（中略）

おろく「そしてお茶も拵へるのだよ。

おとよ「オヤ大そう高い読賃だねへ。ホヽヽヽ
おろく「それだつて読むにやア息が切れるものを。そして当世《いき》な所やまた婀娜《あだ》な所があると直き

読書の様子

に身に引き比べて恍惚《のろけ》たがるから困るよ。それだから余程読賃を余計に為ないぢやア合はないね……

（為永春水『処女七種』第二五回）

船宿の主婦おろくが、妹のおとよに為永春水の新作を読み聞かせてくれとせがまれています。それに対しておろくは、高い「読賃」を請求しています。その理由が「当世《いき》な所」や「婀娜《あだ》な所」があると、おとよは自分とすぐ比較して「恍惚《のろけ》たがる」ので、高い「読賃」をもらわないと割に合わないということです。

いずれも当時の庶民が好んで読んでいた春水の作品ですから、庶民の描写は本当に活き活きと描かれています。恋人、遊女同士、姉妹と、読み聞かせが日常的に行われていました。読み聞かせる側も読書をしていましたが、聞く側も耳で読書をしていたのです。

ちなみに現代の読書のイメージである、「単独・黙読」は明治以降急速に広がりました。それに多大な貢献をしたのが公共図書館だったという説も提起されています（呑海沙織・綿抜豊昭「近代におる図書館に関するマナーの受容――礼法教育からのアプローチ」『日本図書館情報学会誌』第五八巻第二号)。

本の流通量が増え、書物が一部の人たちのものから庶民にまで広がりました。しかし本の単価は非常に高く、とても庶民が日常的に気軽に買えるようなシロモノではありません。ですので、庶民は本を「借りて」読むのが一般的になります。

将軍ならば紅葉山文庫《もみじやまぶんこ》、武士ならば昌平坂学問所や藩校文庫がありましたが、庶民向けの本を貸してくれるような機関はあったのでしょうか。結論からいえば、そのような「公的機関」はありませんでした。しかし代替施設はあったのです。

## 第二節　都市の書物ネットワーク――貸本屋と蔵書家

都市に居住している町人や中下級の武士は、どこで本を入手して読書に親しんでいたのでしょうか。もっとも、武士は昌平坂学問所や藩校に行けば、付属の文庫に学術書はたくさん所蔵されているので、ここでは「硬い本」を除いた娯楽書などに限定します。

実は都市部の町人や中下級武士に本を提供した施設で、今日の図書館と近い役割を果たしていたものは二つありました。貸本屋と、町の蔵書家と呼ばれる人たちです。本節ではこの二つを中心に見ていくことにしましょう。

## ●貸本屋

都市部に居住していた町人や中下級武士は、貸本屋で娯楽書を借りて読書をしていました。商売ですので「見料《けんりょう》」という料金を取って本を貸していました。

江戸時代のいつ頃に誕生したのかはっきりとはわからないのですが、寛永年間（一六二四〜四四）には本の行商人が現れていました。江戸時代の本屋の多くは、古本屋や貸本屋も兼業しており、さらに雑貨・小間物などと一緒に貸本も扱っている業者も多く存在しました。

元禄年間（一六八八〜一七〇四）には貸本屋専業の業者も出現して、時代が下るに従って増加していきました。

兼業といえば、女性の貸本屋もありました。もちろん全員ではないでしょうが、売春宿を兼業している場合もあったと長友氏は指摘しています。ただ「貸本屋」という名称の初出は、正徳三年（一七一三）刊行の『役者座振舞《やくしゃざふるまい》』ということです（長友千代治『江戸時代の図書流通』一一六〜一一七頁）。

出版量の増加に伴って、貸本屋の数もますます増えていきました。文化五年（一八〇八）には、江戸に日本橋南組・本町組・神田組など一二組の貸本屋組合があり、合計六五六人が加盟していたようです。顧客は一〇万人ともいわれています。また、ほぼ同時期の大坂には三〇〇人ほどいたといいます。そのほかに地方の城下町や宿場町にもいました。

先ほど「本の行商人」と書きましたが、貸本屋の絵を見てもわかるように、貸本を何十冊と背負って、顧客の家を回るのが普通で、多くの貸本屋は零細企業でした。女性もいましたし、美少年も多かったようです。
いろいろなところに貸本屋は行ったのですが、吉原の遊郭内にも遊女相手に貸本屋は行商しています。吉原だけではなく、地方の遊郭にも当然貸本屋は行っていました。菱川師宣の『吉原風俗図巻』を見ると、格子の中で遊女が客待ちをしている際に読書をしている姿が描かれており、それらの本は貸本屋から借りたものだと思われます。また、歌舞伎の楽屋内にまで貸本屋は営業に行っており、役者などが空き時間に読書をしていました。

ではどんな本を扱っていたかというと、硬い本は扱っておらず、もっぱら庶民が好むような娯楽書が多かったようです。すなわち、草双紙・洒落本・人情本・滑稽本・実録物・軍記物、中国や日本の古典文学作品などで、非常に多岐にわたりました。そして秘密ですが、春本《しゅんぽん》（性的な内容の本）も取り扱っていました。顧客の読みたい本を貸し出して、月末に貸し賃を受け取りに来る、というシステムでした。

貸本屋

貸本屋も本を多くの顧客に貸し出しているわけですから、利用規程も存在しています。「規程」というと硬い響きがありますが、当時の史料には「口上《こうじょう》」や「口舌《こうぜつ》」といった形で記されています。
禁止事項として、次のことを大抵の貸本屋は設けています。

遊女の読書の様子

一、落書きの禁止
二、ネズミ喰いの禁止
三、又貸しの禁止
四、返却期限の厳守

今日の図書館と同じようなことばかり書かれていて、その点が面白いですね。これらを破ったら見料の増額を請求するとあります。

このように貸本屋は江戸庶民の中に深く浸透していたのですが、中には今日の図書館と似た働きをする貸本屋も登場してきます。名古屋に店を構えていた大野《おおの》屋《や》惣八《そうはち》（通称「大惣」）がそれです。

大惣は明和四年（一七六七）に創業し、維新後の明治三十一年（一八九八）まで続いた、零細業者が多い貸本屋の中では最大手の部類に入ります。実は大惣は貸本屋として開業する前の享保年間（一七一六〜三六）から珍しい本を積極的に買い求め、これに雑書も加えて、無料で客に閲覧させていました。当初は営利事業ではなく、また貸本屋になってからも見料はかなり低かったといいます。

大惣は、いったん購入した本は、客がどんなに高額な値で買おうと申し出ても決して売らない方針をとっていました。必然的に蔵書量は増える一方で、しかも多様なジャンルの本を扱っていたので、大惣に行けばあらゆる本が読めると認識されていたようです。そのため、廃業した時には約二万冊の図書があり、数千冊の置本がありました。置本とは、今日でいう複本のことです。大惣は人気の高い本は何冊か置本を購入して、利用客を待たさないように工夫をこらしていました。

大惣の主人もひとかどの学者で、交際範囲も大変広く『南総里見八犬伝《なんそうさとみはっけんでん》』を執筆した曲亭馬琴《きょくていばきん》も友人の一人でした。利用客の中の許された者は、店の一室に半日以上揚がり込んで読書をすることもできました。さらに親しくなると、自由に書庫に立ち入ることもできたようです。明治時代の戯曲家で英文学者の坪内逍遙《つぼうちしょうよう》は、今日の図書館のように利用できたと回想しています。また、大惣の主人は本に関する知識が豊富なことから、今日の図書館のレファレンス業務のようなことも行っていたということです。

## ●蔵書家・小山田与清

では次に、町の蔵書家の活動を取り上げましょう。

都市部には、町人や学者、僧侶、医者、中下級武士などの間で文化的な趣味を持つ者同士で交友関係が築かれており、ネットワークが形成されていました。

それらのグループには、大量の書物を所蔵する「蔵書家」が中心に位置していました。蔵書家を中心にして、会読や展覧会、勉強会、そして親睦のための酒席を開き、また旅行などにも行っていました。そして何よりも注目すべきなのは、蔵書家の本をグループ内で貸し出していたことです。それが今日の図書館に近い役割を果たしていたと考えられます。

本書ではそのような蔵書家の一人に着目して、具体的に見ていきたいと思います。その人物は小山《おやま》田《だ》与清《ともきよ》といいます。

与清は天明三年（一七八三）に武蔵国多摩郡上小山田《かみおやまだ》村（東京都町田市）に田中《たなか》本孝《もとたか》の次男として生まれました。初め貴長と名乗り、通称は虎之助、寅吉と称しました。一六、七歳の頃に江戸へ出て国学を村田《むらた》春海《はるみ》から、漢学を古屋《ふるや》昔陽《せきよう》から学び、享和三年（一八〇三）二一歳で見沼《みぬま》通船方《つうせんかた》高田家の養子となって家業を継ぎ、高田六郎左衛門と名乗ります。

見沼通船とは、享保十三年（一七二八）につくられた農業用水路「見沼代用水」を使用した川船運送のことです。高田家は鈴木家と共にこの見沼通船を寡占《かせん》しており、非常に裕福でした。

与清は高田家の豊富な財力で、高額本などを買い集め、それを研究資料として家業そっちのけで国学の研究に邁進します。その研究は当時、国学者の間でとても評判になったようです。主な業績に『栄花《えいが》物語《ものがたり》字類抄《じるいしょう》』や『十六夜《いざよい》日記《にっき》残月抄《ざんげつしょう》』などがあります。田中康二氏によれば、出版された与清の著書は二三点あったということです（田中康二「小山田与清の出版」『文化學年報』二六号）。

文化十二年（一八一五）七月二十九日には、蔵書を収蔵する書庫が落成し、「擁書楼」と名づけています。与清がかなりの蔵書家であるとの評判は、当時の随筆に次のように書かれていることからも窺えます。

江戸にて第一書物の大きは聖堂なり。次浅草蔵前守村次郎兵衛也。和漢の蔵書十万巻あり。号を十万巻楼といふ。次阿州侯なり。和漢の御蔵書六七万巻ありといふ。次塙氏なり。蔵書皇朝の書物六万巻計あり。尽く好書にて無益の雑書なし。次朽木兵庫御蔵本三万余巻あり。次古賀侗庵先生蔵本一万巻あり。号を万巻楼といふ。此外小山田将曹も夥しき蔵書家なり。（傍線引用者）

（足代弘訓『伊勢の家苞《いえづと》』）

江戸で蔵書量の多い順に書かれています。これを見ると、一位が湯島聖堂、つまり昌平坂学問所のことです、二位の守村次郎兵衛は抱義《ほうぎ》と号した俳人・画家で一〇万巻はあったようです。三位の「阿州侯」は徳島藩主蜂須賀治昭《はちすかはるあき》のことで、蔵書数は六、七万巻、四位が塙保己一《はなわほきいち》で六万巻、五位が福知山藩主朽木昌綱《くつきまさつな》で三万巻、六位が昌平坂学問所儒者の古賀侗庵《こがとうあん》の一万巻となっています。なぜか与清＝小山田将曹はランキングに入っていませんが、「夥しき蔵書家」と記されています（当時、五万巻の蔵書だったようです）。

ちなみに「擁書楼」という名前は、友人の国学者屋代弘賢《やしろひろかた》が命名しました。出典は中国の歴史書『北史《ほくし》』第三三巻列伝二一の「丈夫書万巻を擁す、何ぞ南面百城を仮らん」（原文漢文）から採られています。

文政八年（一八二五）に、与清は家督を譲って隠居をしますが、それを機に本姓を先祖の小山田に改め、小山田将曹と名乗ります。天保二年（一八三一）に水戸徳川家の招聘《しょうへい》によって彰考館《しょうこうかん》に出仕し、『倭学戴恩日記《わがくたいおんにっき》』を書き始めます。弘化二年（一八四五）頃から病気がちになり、さらには擁書楼の近隣で火事が発生して、延焼は免れたものの書物が散逸してしまいました。残った蔵書二万巻を水戸徳川家に寄贈しています。与清の晩年は蔵書を失い、さらにその収集のために家業が没落してしまい、弘化四年（一八四七）に六五歳で病歿しました。

私財をなげうって研究に尽くした与清でしたが、晩年はかなり不遇だったようです。好きなことをして生きた人生なので、与清に悔いはなかったのかもしれませんが、その心中はいかばかりだったのでしょうか。

さて、与清の文人墨客《ぶんじんぼっかく》との交流の様子は、自身の日記『擁書楼日記』（以下『日記』）に詳しく記されています。『日記』は文化十二年（一八一五）七月二十九日の擁書楼落成から始まり、途中二年間の中断を挟みながら文政三年（一八二〇）二月十四日までの実質三年分書かれています。

## ●与清の活動状況

表4―1は、文化十二年（一八一五）七月二十九日から十二月三十一日までの『日記』から、会読《かいどく》や本の貸借の記事を摘出してまとめたものです。与清は頻繁に友人たちと本を介した交流を行ってい

たことが、この表を見ただけでもわかります。与清の代になってから家業が急激に衰えたと前述しましたが、毎日仕事もしないで趣味の活動ばかりしていたら、どんなに安定的な経営を保っていたとしても傾いてしまうでしょう。

表4－1　擁書楼の本の貸借・会読（文化12年7～12月）

| 年月日 | 相手 | 内容 | 書籍名 |
|---|---|---|---|
| 8月3日 | 岸本由豆流 | 会読 | 延喜式 |
| 8月9日 | 岸本由豆流 | 会読 | 延喜式 |
| 8月10日 | 了阿法師 | 会読 | 梅窓筆記、春湊浪話 |
| 8月14日 | 了阿法師 | 会読 | 北山抄 |
| 8月18日 | 了阿法師 | 会読 | 朝野群載 |
| 8月20日 | 屋代弘賢 | 会読 | 選集抄 |
| 8月21日 | 村田たせ子 | 本を譲る | 勅撰名所和歌抄出 2冊 |
| 8月21日 | 屋代弘賢 | 本を貸す | 江家次第、大鏡 |
| 8月25日 | 屋代弘賢 | 本を返却する | 品字箋 |
| 8月26日 | 片岡寛光 | 本を貸す | 白氏文集 |
| 8月26日 | 岸本由豆流 | 会読 | 後撰和歌集 |
| 8月27日 | 了阿法師 | 会読 | 朝野群載 |

| | | | |
|---|---|---|---|
| 9月2日 | 屋代弘賢 | 本を返却する | 新撰歌枕 9冊 |
| 9月2日 | 屋代弘賢 | 本を借りる | 六百番歌合 |
| 9月12日 | 太田覃 | 本を返却する | 北史 |
| 9月13日 | 屋代弘賢 | 本を返却する | 六百番歌合 |
| 9月21日 | 屋代弘賢 | 本を貸す | 曾我物語 |
| 9月24日 | 了阿法師 | 会読 | 朝野群載 |
| 9月26日 | 了阿法師 | 会読 | 静木寄歌集 |
| 9月27日 | 了阿法師 | 会読 | 三代実録、貞観実録 |
| 9月28日 | 岸本由豆流 | 本を返却される | 滑稽雑誌 2冊 |
| 10月3日 | 了阿法師 | 会読 | 三代実録、貞観儀式、曹丹集 |
| 10月3日 | 岸本由豆流 | 本を返却される | 日用工夫集 4巻 |
| 10月6日 | 了阿法師 | 会読 | 三代実録、貞観儀式、曹丹集 |
| 10月11日 | 了阿法師 | 会読 | 梅村裁筆 1巻、扶桑鐘銘集中・下、古今四場居色競百人一首 |
| 10月23日 | 岸本由豆流 | 本を借りる | 滑稽雑談集、童蒙抄 |
| 10月30日 | 小谷三思 | 本を返却する | 和論語 |
| 10月30日 | 屋代弘賢、岸本由豆流 | 会読 | 選集抄 |
| 11月1日 | 屋代弘賢 | 本を貸す | 後拾遺集 |

| | | | |
|---|---|---|---|
| 11月1日 | 太田覃 | 本を返却する | 南畝文稿　1巻、郢曲撰要 |
| 11月2日 | 屋代弘賢、了阿法師 | 会読 | 三代実録、西宮記 |
| 11月6日 | 屋代弘賢 | 本を借りる | 軍林宝鑑 |
| 11月8日 | 本多忠憲 | 会読 | 旧本今昔物語、古今著聞集 |
| 11月8日 | 本多忠憲 | 本を譲られる | 活字本今物語 |
| 11月11日 | 屋代弘賢 | 本を借りる | 判官物語、源氏物語提要 |
| 11月17日 | 岸本由豆流 | 本を返却する | 滑稽雑誌　3冊、本朝続文粋 1冊、玉松　5冊 |
| 11月18日 | 村田たせ子 | 本を借りる | 風葉和歌集 |
| 11月19日 | 了阿法師 | 会読 | 三代実録 |
| 11月21日 | 屋代弘賢 | 本を返却する | 判官物語　3巻、栄花物語異本 |
| 11月26日 | 北川真顔 | 本を返却する | 御伽草子　23巻 |
| 11月26日 | 北慎言 | 本を返却する | 癸辛雑識　6巻 |
| 11月26日 | 鍵屋半兵衛 | 本を返却する | 宋史　9冊 |
| 11月26日 | 了阿法師 | 会読 | 三代実録、貞観儀式 |
| 12月5日 | 了阿法師 | 会読 | 三代実録 |
| 12月6日 | 了阿法師 | 会読 | 三代実録、とりかへばや物語 |
| 12月15日 | 屋代弘賢 | 本を返却する | 判官物語　5冊、栄花物語　4冊 |
| 12月16日 | 本多忠憲 | 会読 | 古今著聞集、今昔物語 |

| | | | |
|---|---|---|---|
| 12月20日 | 屋代弘賢 | 会読 | 選集抄 |
| 12月21日 | 磐瀬醒 | 本を返却する | 謡抄 |
| 12月22日 | 本多忠憲 | 本を貸す | 水戸本日本書紀 |
| 12月23日 | 杉浦茂宣 | 会読 | 日本書紀 |

さて表4—1からわかる与清の活動ですが、まとめると次のようになります。

八月　会読・八回
　　本の貸借・三回
九月　会読・三回
　　本の貸借・六回
十月　会読・四回
　　本の貸借・三回
十一月　会読・四回
　　本の貸借・一〇回
十二月　会読・五回
　　本の貸借・三回

月の半分か三分の一ほどは、本の貸借か会読を行っている計算になります。貸借だけに限ってもおおよそ月に四〜六回程度と、かなり蔵書を活用していることが窺えます。

ではどのような本に、与清は関心があったのでしょうか。表によると『後撰和歌集《ごせんわかしゅう》』『風葉和歌集《ふうようわかしゅう》』『後拾遺和歌集《ごしゅういわかしゅう》』などの和歌集、『今昔物語』『源氏物語提要』『判官物語《ほうがんものがたり》』『栄花物語』『とりかへばや』などの古典文学、『三代実録《さんだいじつろく》』『日本書紀』などの歴史書、白楽天《はくらくてん》の漢詩文集『白氏文集《はくしもんじゅう》』や、中国の北朝の歴史書『北史』、中国の軍学書『軍林宝鑑《ぐんりんほうかん》』などというものも借りています。

与清の関心は多方面にわたっていたことが窺えますが、同時代の娯楽小説などは貸借されていません。単に貸本屋から借りていたのかもしれませんが、国学者という与清の立場から推測すると、特に関心がなかったのかもしれません。ただ、大田南畝《おおたなんぽ》からは直接彼の著書『南畝文稿』を借りています。南畝は与清の友人ですが、江戸時代を代表する文人・狂歌師で、現代でも有名な人物です。諱《いみな》を覃《ふかし》といって『日記』では実名で記されています。

文化十二年（一八一五）八月から十二月の半年間で、一緒に会読を行った相手の回数を数えてみました。そうすると、了阿法師《りょうあほうし》が一五回と最も多いことが判明しました。

了阿法師とは、姓は村田といい、安永元年（一七七二）に江戸浅草黒船町の煙管《きせる》問屋の次男として生まれましたが、幼児の時から家業に関心を持たないで、もっぱら学問に関心を示したようです。二五歳の時に宗教上の理由というより、趣味人として生活を楽しむために出家しました。了阿の部屋には一切経《いっさいきょう》や和漢書が山積みにしてあり、自身は古机で書物を読んだといいます。長屋の壁を打ち抜いて隣家と一続きにし、そこで起居をしていました。身の回りの世話は下女にさせていたようです。おそらく出費のほとんどは本に費やしてしまったのでしょう。相当の変人だったようで、時の老中松平定信の召還を断ったという話が伝わっています。

本の貸借に限っていえば、屋代弘賢が一一回と一番多くやり取りをしています。屋代から本を借りたり、逆に貸したりと頻繁に行っているのです。

屋代弘賢は、宝暦八年（一七五八）に生まれた幕臣ですが、国学者として当時かなり著名でした。弘賢も蔵書家で、上野忍岡池《しのぶがおかいけ》のほとりに蔵書五万冊を擁した「不忍文庫」を建てています。『日記』を分析すると、与清が弘賢を訪問したのは四二回、弘賢が訪れたのは五八回にも及ぶといいます。与清から弘賢への手紙二〇五通、与清への手紙一〇〇通と、一番多く頻繁に交流していることがわかります。

また与清は、毎月五の付く日を在宅日としており、歌会は二十五日、後述する『群書捜索目録《ぐんしょそうさくもくろく》』の編纂は十日に行っていました。また、講釈は文化十四年（一八一七）には五の付く日、文政元年（一八一八）以降は七の付く日といった具合に、その内容によって開催日が決められていて、様々な活動が定期的に行われていたのです。

ちなみに、『日記』に掲載されている全期間を通して、本の貸借や会読だけではなく、手紙のやり取りなども含む与清と友人たちとの交流全体を明らかにしたのは、増田由貴氏です（増田由貴「和学者小山田与清と擁書楼」『奈良美術研究』第一七号）。表4―2によると、一番交流が多かったのはやはり屋代弘賢で、なんと四五〇回ものやり取りがあったということです。続いて竹内圭斎《たけうちけいさい》の二九四回、国学者岸本由豆流《きしもとゆずる》の二八八回と続きます。

表4―2『擁書楼日記』に見る交流回数の多い者とその居住地、会読の担当書表
100回以上

| 名前 | 交流回数 | 肩書き | 居住地 | 会読・抄録 |
|---|---|---|---|---|
| 屋代弘賢 | 450 | 奥祐筆格 | 神田明神下 | 陔餘叢考、袋草紙、保元物語、沙石集、撰集抄、今昔物語、古今著聞集 |
| 竹内圭斎 | 294 | 門生 | 湯島六丁目 | 白氏文集、令義解、源氏物語 |
| 岸本由豆流 | 288 | 村田春海門下 | 白銀町一丁目 | 袋草紙、保元物語、沙石集、撰集抄、朝野群載 |
| 村田たせ子 | 237 | 村田春海養女 | 八丁堀地蔵橋 | ― |
| 片岡寛光 | 223 | 村田春海門下 | 外神田仲町三丁目 | 陔餘叢考、古今六帖、保元物語、沙石集、倭名本草 |
| 大田南畝 | 171 | 支配勘定 | 駿河台大田姫稲荷の前 | 白氏文集、朝野群載 |
| 古澤安子 | 153 | 門生 | ― | ― |
| 太田佐吉 | 152 | ― | 横山町二丁目 | ― |

| | | | | |
|---|---|---|---|---|
| 片倉鶴陵 | 141 | 医者 | 神田永富町 | ― |
| 村田了阿 | 137 | 仏学 | 東叡山の北のふもと、坂本一丁目 | 北山抄、三代実録、貞観儀式、西宮記、続日本紀、曾丹集、今取かへばや物語、今昔物語、大八洲記、梅窓筆記、春湊浪話、朝野群載 |
| 古澤又右衛門 | 132 | 門生 | 小川町 | ― |
| 伊勢屋忠右衛門 | 125 | 書肆 | 新橋南大坂町 | ― |
| 橋本常彦 | 120 | ― | ― | 源氏物語 |
| 石井盛時 | 113 | ― | 深川高橋 | 令義解 |
| 小竹茂仲 | 113 | 門生 | 柳橋平右衛門町、浅草茅町 | 令義解、源氏物語 |
| 山崎美成 | 109 | (考証随筆) | 長者町一丁目 | 沙石集 |
| 鳥海 恭 | 101 | 儒者 | 下谷和泉橋通御徒町 | ― |
| 正木千幹 | 100 | 加藤千蔭門下 | 浅草駒形唐辛子横丁 | ― |

## 50回以上

| 名前 | 交流回数 | 肩書き | 居住地 | 会読・抄録 |
|---|---|---|---|---|
| 立網法師 | 90 | ― | 西念寺 | ― |
| 橋本好秋 | 82 | ― | ― | ― |

| | | | | |
|---|---|---|---|---|
| 秦其馨 | 79 | 書家 | 柳橋同朋町裏河岸 | ― |
| 大石千曳（引） | 78 | 加藤千蔭門下 | ― | 令義解 |
| 斎藤彦麿 | 77 | 石見浜田藩士 本居宣長門下 | （江戸藩邸の）添屋敷 | ― |
| 大羽屋彌七 | 69 | 書肆 | 本石町二丁目 | ― |
| 関岡野洲良 | 69 | （和歌、地理） | ― | ― |
| 小谷三思（志） | 66 | 道徳（不二道） | 武蔵国足立郡鳩谷 | ― |
| 荻野長 | 62 | 御徒衆、仏学 | 下谷練塀小路 | ― |
| 西應寺、玄雅和尚 | 62 | ― | 芝三田 | ― |
| 北川（鹿津部）真顔 | 61 | （戯作者） | 数寄屋橋門外 | 白氏文集 |
| 荒居一郎助 | 57 | 町名主 | 本所清水町 | ― |
| 北慎言 | 56 | （考証随筆） | 新橋 | 朝野群載 |
| 高本伊兵衛 | 56 | ― | ― | ― |
| 松屋要助 | 56 | 書肆 | 京橋銀座二丁目 | ― |
| 磐瀬醒（山東京伝） | 55 | 商人、戯作者 | 京橋銀座一丁目 | 白氏文集、安齋随筆、朝野群載 |
| 山本正臣 | 55 | 村田春海門下 | 中橋味噌屋横丁 | 白氏文集 |
| 本間游清 | 53 | 伊予吉田藩医、村田春海門下 | ― | 沙石集 |

増田由貴「和学者小山田与清と擁書楼」（『奈良美術研究』第一七号）所収の表をもとに作成

『日記』は途中に中断もありますが、三年ほどの期間が記録されています。短期間で表4―2のように多数の人物と頻繁に交流を持ち、その核に擁書楼の蔵書があったのです。

## ●与清の門生

ではいったい、与清と交流を持っていた人物はどの程度存在するのでしょうか。友人まで数を広げてしまうと、具体的な数を把握するのは困難ですが、与清に弟子入りした門生に絞れば、その全体数はわかります。門生の出身地や氏名を記した名簿が二種類（『門生名簿』と『松屋《まつのや》升堂《しょうどう》名簿《めいぼ》』）が残されているからです。

名簿を分析した増田由貴氏によると、『門生名簿』に一一六人、『松屋升堂名簿』に九五人確認され、合計二一一人ということです（増田由貴「擁書楼における小山田与清の門生とその活動」『奈良美術研究』一六号）。

居住地ですが、江戸・下野（栃木県）・上野（群馬県）・常陸（茨城県）・下総（千葉県）・上総（千葉県）・相模（神奈川県）がほとんどで、門生は関東地方に住んでいた者を中心に形成されていたと思われます。

関東以外の居住者の人数は『門生名簿』によれば陸奥（青森・岩手・宮城・福島県）六人、出羽（秋田・山形県）一人、長門（山口県）一人、甲斐（山梨県）一人、信濃（長野県）一人、越後（新潟県）三人、計一三人で全体の一一パーセント、『松屋升堂名簿』では陸奥一人、信濃一人、越後三人で合計五人となっていて、全体の五パーセントに過ぎません。

名簿には肩書きが記されているのですが、各藩所属の藩士は『門生名簿』によると藩士四〇人、うち江戸詰の者が二五人で、全体の五六パーセントが江戸に在住しています。『松屋升堂名簿』では藩士五〇人、うち江戸詰が二〇人で全体の七四パーセントが江戸に居住しています。藩士に限っていうと、ほとんどが江戸に住んでいる者が与清の門生になっています。頻繁に与清と会い、擁書楼を利用するにはやはり地方在住者には厳しいものがあったからでしょう。

藩士以外の門生は、『門生名簿』によると神職・僧一六人、幕臣・その他の武士八人、『松屋升堂名簿』では神職八人となっています。町人・百姓は『門生名簿』に四三人、『松屋升堂名簿』では二三人となっていますが、名字を名乗っているのでかなり上層な者ばかりだと思われます。注目すべきは『門生名簿』には一一人、『松屋升堂名簿』には三人の女性が含まれており、女性だからといって無碍《むげ》に排除していなかったことが窺えます。

次に与清と友人・門生たちとの交流の様子を、本の貸借・レファレンス・会読・抄録・『群書捜索目録』編纂・物見遊山に分けて具体的に見ていきましょう。

## ●本の貸借

まずは、『日記』に記された本の貸借の様子からです。

（文化十二年九月）二日、曇、たそがれ時より雨ふり出ぬ、鳥海恭きたれり、弘賢主のもとへ、新撰歌枕九冊をかへしまゐらす、三条実福卿御本と、またの古写本の六百番歌合をかりぬ、

鳥海恭《とりのうみきょう》とは、儒学者・医者で「松亭《しょうてい》」と号し、一般には鳥海松亭の名で知られています。恭は安永元年（一七七二）、出羽庄内藩（山形県鶴岡市）の藩医鳥海良琢《りょうたく》の長男として生まれ、藩医となりましたが、二八歳の時に家督を譲り、江戸に出てきます。そして当時活躍していた学者や文人と交流を持ち、恭自身も日本語の音韻や表記法に興味を持ち、『音韻啓蒙《おんいんけいもう》』という研究書も出しています。

日記の内容は、九月二日、鳥海恭が来訪、屋代弘賢のところに『新撰歌枕』九冊を返却しに行き、『六百番歌合』の三条実福卿《さんじょうさねとみ》御本と古写本を借りた、とあります。この日に弘賢から借りた『六百番歌合』は、同月十三日に返却しています。

（文化十二年十一月）廿一日、晴、南風よべより吹たえず、されどきのふのはげしかりしにくらぶればいとおだし、弘賢主のもとへ、判官物語三巻、栄花物語の異本二巻をかへしまゐらす（下略）

（文化十二年十一月）廿二日、晴、弘賢主のもとへせうそこして、判官物語と栄花物語の異本とをかりつ、（下略）

（文化十二年十二月）十五日、晴、（中略）弘賢主のもとへ、判官物語五冊、栄花物語四冊をかへせり（下略）

与清は弘賢の許を訪れて、源義経の一代記である『判官物語』と『栄花物語』を二十一日に返却していますが、翌二十二日に借り、翌月十五日に返却しています。おそらく二十二日に借りた『判官物語』と『栄花物語』は前に借りた本とは別の本、すなわち異本であると考えられます。

『判官物語』と『栄花物語』は、江戸時代以前の文学作品で、読者が手で書き写した本（写本）によって広まっていました。したがって書き間違いや、読者による意図的な改竄《かいざん》などは日常的に行われており、何度も書き写されているうちに元の本（原本）とは似ても似つかない内容になっていることもしばしばでした。古典文学は原本が失われている場合も多いので、現存している内容の異なる写本（異本）を比較して、原本に近い内容の写本を突きとめるという作業（校合《きょうごう》）をしなければなりません。

『日記』のこれらの記述から、与清は弘賢が所蔵していた異本を何種類も借り出して、校合をしていたと考えられます。与清は『栄花物語字類抄』を文政元年（一八一八）に完成させていますが、そのために頻繁に借り出していたと推測されます。

与清の友人の中には、普通ならばなかなか会話もできないような人物も含まれていました。

（文化十三年六月）八日、晴、猿渡近江まうでく、桂川地蔵記を本多忠憲朝臣にかしまゐらす（下略）

『桂川地蔵記《かつらがわじぞうき》』という本を本多忠憲《ほんだただのり》に貸したとあります。『桂川地蔵記』とは、室町時代に成立したもので、応永二十三年（一四一六）に京都洛西の桂にあった石地蔵が奇跡を起こしたとして、連日大挙して参詣者が押し寄せたことがあり、その様子を書き記したもので、当時の地蔵信仰がよくわかる資料です。

与清が本を貸した本多忠憲は、伊勢神戸藩《かんべ》（三重県鈴鹿市）の藩主本多忠永《ただなが》の六男で、当時有職故《ゆうそくこ》実《じつ》家として著名だった人物です。文化十二、三年（一八一五、一六）当時は、現藩主の叔父にあたりました。有職故実とは、天皇や朝廷、公家、武家などの儀式に関する先例のことで、忠憲はそれを研究する学者でした。ただ、身分は大名家に連なりますので、通常であれば身分が違う与清などとは交際できませんが、蔵書家同士、学者同士ということで深い付き合いがあったようです。

事実、忠憲のことは『日記』に時おり登場してきます。

（文化十二年十一月）八日、晴、屋代弘賢主まできまして、朝まだきに相ともなひ、本田《（ママ）》甲馬君の御許にまうでぬ、甲馬君諱は忠憲、神戸の城主本多丹後守主の叔父君也、高輪の邸にいます、号を虫臀斎と申せり、今日は旧本今昔物語十九の巻と古今著聞集一の巻をよみつ、君より御蔵板の

活字本今物語を賜りたり（下略）

文化十二年（一八一五）十一月八日に、与清と屋代弘賢が一緒に江戸高輪《たかなわ》の本多忠憲邸を訪問した際の記述です。忠憲の血筋が簡単に説明されたあと、『旧本今昔物語』巻一九と『古今著聞集《ここんちょもんじゅう》』巻一を会読したことが読み取れます。そして忠憲から『活字本今物語』を譲られたこともわかります。『今物語』とは、鎌倉時代の説話集で、現代でも有名な文学作品です。このように、身分を超えて本の貸借や譲渡、そして会読を行っていたのです。

また、与清の友人には女性もいました。与清の師匠にあたる国学者・歌人の村田春海の養女で、たせ子です。たせ子は歌に秀でており、『源氏物語』を精読して、ほぼ全文を暗記していたといいます。与清は「いまの世の紫女」、つまり現代の紫式部と評しています。ちなみに曲亭馬琴もたせ子のことを「才女」と評しており（『後《のち》の為乃記《ためのき》』上冊）、江戸の文人墨客の中ではかなり有名だったことがわかります。

与清とたせ子は頻繁に往来していたようで、『日記』からもその一端は窺えます。

（文化十二年七月）廿一日、雨、屋代弘賢主の許より、書楼の歌よみておこされたり、このやどのむなぎにみてるふみのうへにうきたる雲は露もおもはず」所蔵の江家次第の校本と、大鏡の古写本とをかしまゐらす、村田のたせ子がもとへ、勅撰名所和歌抄出二冊をやりぬ、（下

略）

この日、与清は屋代弘賢の家に行って『江家次第《ごうけしだい》』と『大鏡《おおかがみ》』を貸し、その足で村田たせ子の家に行き『勅撰名所和歌抄出』を譲っています。『江家次第』は平安時代の有職故実書で、『大鏡』は平安時代後期成立の歴史物語です。『勅撰名所和歌抄出』は室町時代後期に成立した、連歌師宗碩《そうせき》編集の和歌集です。

以下『日記』から、たせ子との交流を抜き出してみます。

（文化十二年十一月）十八日、曇、村田のたせ子がりせうそこして、風葉和歌集をかりつ、（下略）

（文化十三年四月）二日、曇、（中略）、村田のたせ子がり、令義解一冊、三家名類抄三冊やりぬ

（文化十三年七月）十二日、晴、平由豆流、高島千春が許をとぶらふ、かへさのほど村田のたせ子がり立よりぬ、（中略）

たせ子が許にて、浅草寺鐘銘の摺本を見る、

日本国武州豊島郡千束郷金龍山浅草寺洪鐘銘幷序中略至徳二二年丁卯五月初三日

とあり、（下略）

鎌倉時代中期成立の物語和歌集『風葉和歌集』をたせ子から借りたり、平安時代初期に成立した律令の解説書『令義解《りょうのぎげ》』と『三家名類抄』を譲ったり、またある時は浅草寺《せんそうじ》の鐘に刻まれている銘の摺本《すりほん》を見させてもらったりと、かなり親しく交流していることが窺えます。

本多忠憲や村田たせ子は、身分や性別が異なり、通常ならば気軽に交際できるような人物ではありませんでした。ただ、同じ趣味を持っている者同士として、対等に交流している点が非常に印象的です。

これらのグループは、ただ貸借をしていただけではありません。今日の図書館のようにレファレンスも行っていたことが確認されています。

## ●レファレンス

与清は五万巻ともいわれる膨大な蔵書を有していたことから、調査依頼が結構あったようです。天保二年（一八三一）八月に与清は、水戸藩主徳川斉昭《なりあき》の求めに応じて、藩士富岡利和らへ和学教授をするために江戸小石川の彰考館に出仕します。その頃の様子を窺うことができる格好の史料が『倭学戴恩日記』（以下『倭学』）です。では『倭学』から何点かレファレンスの記述を拾ってみましょう。

（天保三年一月十日）松浦静山殿壱岐守清朝臣より古文書をおこせたまひてその奥に建武三年二月十一日

源頼貞とあるは何人ならむよしとたまへり

松浦静山《まつらせいざん》は肥前平戸藩《ひらど》（長崎県平戸市）の九代藩主で、天保三年（一八三二）当時は隠居していました。隠居後は随筆『甲子夜話《かっしやわ》』の執筆に専念すると共に、多くの文人と交流していました。国学者として有名だった与清ともかなり親しい間柄でした。

さてこの記事の内容ですが、静山が古文書を翻刻していたところ「建武三年二月十一日源頼貞」と書いてあったが、この「源頼貞」とはどのような人物か、というものです。古文書の本文を精読して源氏方の武将だと推測をしたうえで、与清は次のように回答しています。

武家方源氏の人なれは細川八郎四郎頼直か弟讃岐守頼春か叔父のよし系図に見ゆ

細川頼直か、弟の頼春か、もしくは叔父ではないかと答えています。また六月十三日には次のような質問を受けています。

人の名に麻呂と称《いふ》ものゆゑよし考注して進らすべきよし利和まて来ておほせを伝ふ

「麻呂」という人名の由緒について、考証を著して提出するようにという意味です。与清は早速「麻呂」についての考証（「麻呂考」）をまとめあげ、なんと翌日には提出しています。

「麻呂」についての考証を与清に依頼したのは、天保三年（一八三二）五月三日に、嫡男鶴千代麿（のちの水戸藩主徳川慶篤《よしあつ》で、慶喜《よしのぶ》の長兄）が誕生したばかりなので、内々にこの命名について問題はないかという含みがありました。

与清が著した「麻呂考」は『倭学』に全文が転載されています。与清は冒頭で江戸時代中期の国学者賀茂真淵《かものまぶち》の「麻呂は卑下の言葉である」という説を否定し、『枕草子』『古事記』『日本書紀』『伊勢物語』『蜻蛉日記《かげろうにっき》』など、多数の資料を引用しながら考証を行って、麻呂を人名に用いても問題はないと結論づけています。

質問をされた翌日にこれほどの「論文」を書けるのですから、与清の学者としての力量もそうですが、考証を裏づける膨大な資料を所蔵していた擁書楼があったからこそできたものだと思われます。

こういった考証の依頼は、六月二十四日にもありました。

廿四日利和かもとより水車の所見を注進すべきよしせうそこして仰を伝ふ迺《すなわち》久米博高に筆をとらせ日本紀類聚三代格なとよりして和漢の書の故事詩歌の所見を抄出してまゐらせつ

富岡利和を介して、「水車」の所見を提出せよと与清に命が下ったので、与清は『日本書紀』や『類聚三代格《るいじゅうさんだいかく》』などから「水車」の記述を抄出して、久米博高の筆でまとめさせて提出したと、書いてあります。

このように、与清は擁書楼の豊富な蔵書を駆使して、現代の図書館で行っている「レファレンス」とかなり近い業務をしていることがわかります。レファレンスとは、日本語では「参考業務」と訳されますが、要は利用者の様々な質問を受け付け、必ず裏づけ資料を提示して回答する図書館サービスのことです。もちろん擁書楼は与清個人の書庫ですので、現代の公共図書館とはその性格はだいぶ違いますが、しかし多くの人々に本を貸し出し、レファレンスも受け付けているとなると、江戸時代の蔵書家は図書館に近い活動をしていたと思います。こういったことが、明治時代以降の図書館が比較的簡単に日本人に受け入れられた伏線になっているのではないでしょうか。

さて、擁書楼は本の貸借やレファレンスだけに役立てられていたわけではありません。与清は本を核にした様々な交流をしていました。その一つに会読《かいどく》があります。

## ●会読

与清は多くの友人たちと会読を頻繁に行っています。中でも村田了阿とはかなり行っています。『日記』から抜き出してみましょう。

(文化十二年八月) 十四日、晴、巳のさがりより雨ふり出しが、日くれてやみたり、今日は了阿法師とともに北山抄をよみはてぬ、(下略)

『北山抄《ほくざんしょう》』とは、藤原公任《ふじわらのきんとう》が平安時代中期に著した書物で、朝廷の儀式に関して詳細にまとめられています。与清は了阿と二人で会読をしているようです。

（文化十二年九月）廿六日、（中略）朝とく弘賢主のもとへ、（中略）今日は了阿法師まできて、散木寄歌集をよみはてつ、こは水無月の比よりおこせしに、他の書にうんじたるをりのみよみつれば、こよなう日かずをかさねし也、集中解しがたき詞おほくて、田上にあそびたることのいとちたきを法師がよめりし歌、
　よむうちにとしよりぬべしたながみのさとりえがたき事のおほくて

与清は屋代弘賢を訪ねますが、そこに了阿もやって来て、『散木寄歌集《さんぼくきかしゅう》』を会読します。しかし、どうも理解が及ばない言葉が多くて、そのことに引っ掛けて了阿が歌を詠んでいます。勉強のための会読ではないので、なんとも和やかな雰囲気の中で行われている情景が容易に想像できます。ちなみに、『散木寄歌集』とは大治三年（一一二八）頃に成立した源俊頼《としより》の自撰家集です。

（文化十二年十一月）廿六日、晴、（中略）北川真顔がもとへ御伽草紙廿三巻、北慎言がもとへ癸辛雑識六巻、鍵屋半兵衛がもとへ宋史九冊をかへしたり、了阿法師まできて、共に三代実録、貞

観儀式をよみつ、（下略）

北川《きたがわ》真顔《まがお》とは、戯作者恋川春町の弟子で、やはり戯作者の恋川好町《すきまち》のことです。北慎言《きたちかのぶ》は、国学者で狂歌師の梅園静廬《うめぞのせいろ》。鍵屋半兵衛は、江戸日本橋の呉服商で土佐藩や岡山藩の御用達商人として活躍しましたが、一方で多くの文人とも交流を持っていました。石田醒斎《いしだせいさい》が本名です。

与清は、擁書楼を訪れていた恋川好町に『御伽草紙《おとぎぞうし》』、梅園静廬に『癸辛雑識《きしんざっしき》』、石田醒斎に『宋史』をそれぞれ返却しましたが、ちょうどそこに了阿が来訪したので、一緒に『三代実録』と『貞観儀《じょうがんぎ》式《しき》』を会読しました。『癸辛雑識』とは、中国の南宋末期から元初期の文人である周密《しゅうみつ》が見聞した数多の出来事を記載した書物です。当時の中国の社会状況を知る格好の資料となっています。『貞観儀式』とは、平安時代の貞観年間（八五九〜八七七）に編纂されたといわれる儀式書です。会読は、たまたま行き合わせた者同士でも行っていたことがこの記事からわかります。昌平坂学問所や藩校などで行っていた、授業としての会読ではないので、あまり肩肘張らない雰囲気の中で行われていたようです。楽しみながら学んでいたのでしょう。

与清の交友関係は非常に広く、有名な人物もごく稀に会読に参加しています。

（文化十三年四月）廿八日、晴、（中略）大田覃、山東京伝、山本正臣などともなひて、北川真顔が家にて、白氏文集をよむ大田覃は大田南畝のことです。山東京伝は著名な戯作者、山本正臣《やまもとまさおみ》は国学者です。与清は三人を伴って北川真顔（恋川好町）宅を訪れ、中国・唐代の著名な漢詩人白楽天が著わした『白氏文集』を会読しています。『日記』には山東京伝や山本正臣と会読をした事例は非常に少ないので、一回限りでも会読を行っていた様子がわかります。藩校などでは、テキストを読み終わるまで何回も回数を重ねるわけですが、楽しみとして会読をしていた与清たちは、特に回数にはこだわっていないようです。

本の貸借でもそうでしたが、会読も本多忠憲と行っています。

（文化十三年閏八月）八日、晴、弘賢主にぐして、本多忠憲朝臣の弟にまうづ、旧本今昔物語、古今著聞集をよむ、（下略）

与清は弘賢のお供で本多邸を訪れ、忠憲と『今昔物語』と『古今著聞集』を会読しています。前掲した文化十二年（一八一五）十一月八日の記事にも、『今昔物語』と『古今著聞集』を会読しているので、半年後も引き続いて行われていたことがわかります。

また、商人とも会読をしています。

（文政二年七月）十八日、雨或晴、松坂屋市右衛門宅にて源氏をよみつ、文政二年（一八一九）に与清は『源氏物語』を松坂屋市右衛門と会読しています。松坂屋市右衛門は江戸の札差《ふださし》です。しかし市右衛門は「十八大通《じゅうはちだいつう》」と呼ばれる江戸の通人でした。通人は遊郭で豪遊などをするイメージが大きいと思いますが、古典文学の知識も豊富でした。国学者の与清と『源氏物語』を会読して、吉原の花魁《おいらん》と話すネタを仕入れていたのでしょうか。

このように、会読も様々な身分の人たちと、かなり自由なスタイルで行っていたことが『日記』の記事からは読み取れます。

## ●抄録・『群書捜索目録』編纂

会読以外にも、与清は擁書楼の蔵書を使用して様々な研究を行っています。二、三取り上げてみましょう。

まずは抄録です。抄録とは、読書をしていて「これは重要だな」と感じた箇所を抜き出して写す行為です。菅原道真《すがわらのみちざね》も「学問とは抄出することだ」と述べていて、現代でも人文系の学問では通用する基礎的な研究行為だといえます。

（文化十三年五月）廿六日、晴、（中略）了阿法師まできて、三代実録、大八洲記などの抄録しつ

（文化十三年八月）十八日、晴、了阿法師まできて三代実録を抄出しつ、夕立あり

与清は六国史《りっこくし》の一つである『三代実録』と、江戸時代中期の国学者で鴨社の神官鴨祐之《かものすけゆき》が著した日本史の歴史書『大八洲記《おおやしまき》』を抄録しています。五月と八月の日記に、共に了阿の名が見えることから一緒に抄録をしていたようです。

また与清は、膨大な数の書物を主題（テーマ）ごとに検索できるよう、『群書捜索目録』というレファレンスブック（参考図書）の完成を目指していました。『日記』には、その編纂途中の様子を窺える記事があります。

（文化十二年七月）十日、晴、了阿法師、岩瀬醒、岩瀬百樹などきたりて随筆目録を編輯す、岩瀬兄弟は安齋随筆をよみ、余と了阿とは梅窓筆記、春湊浪話をよみつ、（下略）

岩瀬醒《いわせさむる》とは山東京伝のことで、岩瀬百樹《ももき》は弟で戯作者の山東京山《きょうざん》のことです。『安齋随筆《あんざいずいひつ》』とは、江戸時代中期の有職家《ゆうそくか》伊勢貞丈《いせていじょう》が編纂した儀式・儀礼書のことです。『梅窓筆記《ばいそうひっき》』とは、江戸時代後期に有職家の橋本経亮《はしもとつねあきら》が著した有職故実の記述を多く含んだ随筆で、『春湊浪話《しゅんそうろうわ》』も江戸時代後期に有職家土肥経平《どいつねひら》が著しています。

どうやらこの頃は、江戸時代に著されたこれらの随筆の索引を作成していたようです。

『日記』にはたびたび『群書捜索目録』編纂の記事が見られます。例えば、文化十二年（一八一五）九月十日の記事には次のようにあります。

十日、晴、心ちのわづらはしさも、やゝおこたりぬれば、了阿法師、岩瀬醒、岩瀬百樹などともに、例の随筆目録の編輯せり、酉の時ばかり鳥海恭まできぬ、

擁書楼の蔵書を用いて、了阿、山東京伝・京山兄弟、鳥海恭などと共に目録の編纂作業を行っています。目録を編むという根気のいる作業ですが、与清は一人で行っていたわけではなく、多くの友人たちと行っており、楽しみながらやっていたのでしょう。

## ●擁書楼の貸出規則

擁書楼は単なる与清の個人書庫ではなく、身分・性別を超えた様々な友人たちに開かれた存在でした。また直接与清の友人ではなくとも、紹介状を持って、あるいは直接訪問して擁書楼に立ち入る者も多かったと思われます。

具体的にどのようなことがあったのか、『日記』にははっきりと書いていないのですが、文化十三年（一八一六）三月九日に貸出規則ともいうべき「文庫私令」を定めたとあり、全文が掲載されています。原文は漢文なのですが、ここでは岡村敬二氏による書き下し文を引用しておきます。

文庫私令
凡そ書を借りんと請う者は、必ず相当の物を留めこれを質と為すべし、若し質無くば、貸すことを許さず。
凡そ庫内に入るの輩、漫《みだ》りに書函を開く勿れ。
凡そ四月、香薬を函中に納め、以つて雨湿の外寇を禦《ふせ》ぎ、七月、書冊を庭上に曝し、以つて蠹魚《しみ》の内賊を治む。其の限は巳の時を始めとし未の時を終はりとす、朝露晩風をもつてこれを犯さしむことを得ず。

在宅の日
五日　十五日　二十五日

（岡村敬二『江戸の蔵書家たち』二〇六〜二〇七頁）

擁書楼の蔵書は、担保がないと借りることはできなかったようです。おそらく借りたまま、なかなか返却しない輩《やから》が多かったのでしょう。また、「書庫内の書函をみだりに開けるな」とあることから、不用意に書函を開ける者が相当数いたことがわかります。

与清の親しい友人たちだけならば、このような規則をつくる必要もなかったでしょうから、おそらく不特定多数の色々な人物が擁書楼を訪問して、本を借り出していたのでしょう。紛失図書や汚損図書も出てきたでしょうから、それを防ぐための措置でもありました。

そして重要なのは、最後にさらりと書かれている擁書楼の開室日です。月三回と現代の図書館から比べれば圧倒的に少ないですが、わざわざ開室日が文庫私令に記されているということは、「この日は自由に来て頂いて構いません」と与清は宣言しているのです。

開室日に行けば、本も借りることができるし、与清や偶然来訪していた友人たちにレファレンスを依頼することができます。一個人の蔵書が「公共化」しているとはいえないでしょうか。

ここに「公共図書館」の萌芽《ほうが》が確認できます。

## ●物見遊山

さて、与清たちの本を介した交遊を見てきましたが、いくら本好きだからといって年中書庫に引きこもっているわけではありません。日帰りの物見遊山にはよく出かけています。『日記』からいくつか拾ってみましょう。

文化十二年（一八一五）十月二日、品川の海雲寺《かいうんじ》の紅葉見物に与清たちは出かけています。この時のメンバーは藤原彦麿《ふじわらひこまろ》、岩瀬醒、北川真顔らです。藤原彦麿は、斎藤彦麿の名で知られている江戸時代後期の国学者です。

一行は目的地の海雲寺だけではなく、付近の社寺も訪れていて、泉岳寺《せんがくじ》にも立ち寄り、赤穂浪士の墓を詣でています。

文化十四年（一八一七）八月四日には、弘賢などと寺院参詣をしています。この日は芝の西応寺《さいおうじ》、聖坂《ひじりざか》の済海寺《さいかいじ》、目黒の大玄寺《だいげんじ》に至って、法然《ほうねん》、円珍《えんちん》、天平神護年間（七六五〜七六七）の写本などを見学したあと、目黒不動尊まで足を延ばし、済海寺に戻って和尚から酒・肴・新蕎麦を振る舞われて、書物談義に花を咲かせ、帰宅は夜の十時になってしまったということです。

以上は与清が主催したイベントのようですが、友人が企画したイベントにも与清は出かけています。

（文化十三年閏八月）朔日、曇或雨、（中略）村田のたせ子が、柳橋にして会をもよほすにゆく、（中略）年ごろもとめわびしに、更級日記の印本を、須原屋太助がもてきてうりつ、そのうれしさはいはんかたなし

この日、与清は村田たせ子主催の会に参加しています。同日に刊本の『更級日記《さらしなにっき》』を、本屋の須原屋太助から購入できたので、こんなうれしいことはないと記しています。

国学者小山田与清を事例に、蔵書家のネットワークについて見てきました。紅葉山文庫や藩校文庫のように施設としてではありませんが、与清の書庫「擁書楼」は、今日の図書館に近い役割を果たしていたといえそうです。そして与清だけが特別なのではなく、こういった蔵書家が日本の都市のあち

こちに存在していて、蔵書家同士も頻繁に交流があったことも明らかになっているのです。

## ●蔵書家のネットワークを活用した平田篤胤の著述活動

与清は本の校合など、基礎的な研究に関心があり、そういう点では幕府に目を付けられる存在ではありませんでしたが、同じ国学者でも平田篤胤《ひらたあつたね》はネットワークを活用して機密情報を入手し、著述活動を行ったことで知られています。

例えば、十八世紀末から十九世紀初頭にかけて、ロシア帝国の軍船が蝦夷地《えぞち》（北海道）近海をウヨウヨするようになりますが、これに危機感を覚えた篤胤は、文化十年（一八一三）に『千島《ちしま》の白波《しらなみ》』を著します。それには通常の民間人では絶対に知ることのできない第一級のロシアの情報や、蝦夷地の詳細な地図も添付されていました。これらは篤胤の友人である屋代弘賢、最上徳内《もがみとくない》、近藤重蔵《こんどうじゅうぞう》といった蝦夷地を探検した幕臣たちの協力を得て著されたものです。ちなみに、与清も篤胤の友人の一人です。

書物の貸借や学術的情報・政治情報の意見交換を通じて、幕府の機密情報までをも市井の一学者が入手することができたのです。こういった活動についてはあとで触れますが、何も学者だけではなく、庄屋などの豪農《ごうのう》、または豪商層も行っています。

次節では豪農層の情報収集活動、そして本の貸借を通じてのネットワークを具体的に検討したいと思います。

# 第㊂節　村落の情報ネットワーク「蔵書の家」

## ●文字情報による知識・情報の収集・共用

都市部では蔵書家を中心として、書物を核としたネットワークが形成されていましたが、村落部でも本などの文字情報による知識・情報の収集と共用がなされていました。

その背景として、次のような点が挙げられます。十九世紀に入ると、それまで村人の経験や口伝《くでん》によって代々受け継がれてきた情報が文字として紙に記されるようになり、後世の人々はそれらを読むことによって、農業技術やあるいは村の祭礼の方法などを学べるようになりました。平たくいえば、村の古老《ころう》などから教わっていたことをマニュアル化したということです。

多くの村々で作業日記、稲刈帳、飢饉録《ききんろく》などが残されていますが、これらは農業生産向上のための記録や非常時のための対処法として残されたのです。例えば飢饉録というのは、飢饉になった際に村はどのような被害を受けたのか、どのように対処をしたのか、ということを克明に記録したものです。これは何十年、もしくは何百年後かに飢饉が再び村を襲った際に、後世の村人が参考にするために作成されました。これら記録は一般の村人はもちろん、庄屋などの村の指導層も円滑な村政上、必要不可欠なものでした。

幕末になると、村の情報収集は村内や近隣の村々だけではなく、江戸の幕府や京都の朝廷の動向もかなり気にかけるようになります。黒船来航に始まる幕末の動乱情報をいち早く収集することは、自分たちの村が生き残るためには必要不可欠なことだと、村の指導層は認識していたからです。情報源については、複数確認されていて、領主、商取引先、地域の農民、江戸や京都などに藩の所用で村から派遣された者、あるいは都市部の蔵書家のネットワークとの交流など、複数のルートからもたらされていました。

江戸時代も後半にさしかかると、交通が不便な「僻地《へきち》」と呼ばれるような村落にまで、村役人層を中心に、学問や俳句などの文化的な趣味が嗜好されるようになっていきます。それは、村人の中に文字によってもたらされる知識・情報がだんだん増加してくるに従って、その上に立つ指導者として振る舞うためには、より優れた知識・情報を身につけなければならなくなったからと考えられています。

庄屋などの村の指導層や、医者、神官、僧侶などの知識層は漢籍、俳諧、書画などに接する機会も多く、それらの知識・情報は、藩の役人などの武士、城下の豪商や学者などとの文通といった日常的な交流からもたらされていました。そのため、時代が下るにつれ、国学、漢詩、和歌、謡曲、長唄、囲碁、生け花、剣術・弓術など、様々な文化が村の指導層・知識層に受容されていったのです。

多様な文化が農村の指導層・知識層に受容されるようになると、近隣の同学の者同士、趣味を同じくする者同士が結社《けっしゃ》（サークル）を結成するようになります。結社は読書会やイベントを頻繁に行って、遠隔地の都市部に住む師匠や仲間との間でも日常的に交流を持つようになります。そして結社同士も結びつくようになって、地域を越えた広範なネットワークが形成されるようになりました。

こうした農村の結社は、都市部の文人たちの「蔵書家のネットワーク」とも密接に交流を持つようになります。

## ●黒船情報入手の実態

ここで、ペリーが来航した情報などの機密情報を、関東の一農村の名主がどのように入手していたのか、実例を挙げてみたいと思います。

下総国《しもうさ》結城郡《ゆうき》菅谷村《すぎのや》（茨城県八千代町）の大久保家も、ペリー来航情報を熱心に収集していた豪農でした。戦国時代に出羽（秋田・山形県）から移住し、江戸時代初期までは武士でしたが、寛永十二年（一六三五）に武士身分を捨て、農民になった家系です。そういった血筋から、代々菅谷村の名主を務めていました。

ペリー来航時の当主は、一一代目の大久保忠教で、真菅《ますげ》と号していました。真菅は土浦の国学者色川三中《いろかわみなか》に師事し、郷土誌編纂事業などに協力をしています。また仙台藩の儒者の勧めもあって、ペリー来航を知るや、水戸へ砲術修行にまで行っており、かなり行動的な人物だったようです。元治元年（一八六四）の天狗党《てんぐとう》の乱に参加し、得意の砲術を活かして大砲隊長として奮戦しますが、天狗党の壊滅と運命を共にしています。

天狗党の乱勃発時は、家督を息子の忠善が継いでいました。忠善も父の影響で三中や仙台藩関係者と深く親交を結んでいます。天狗党には参加しませんでした。

今日まで残されている大久保家の諸史料には、ペリー上陸時の様子、幕府や諸大名の対応、触書や書付類、諸大名からの建白書、ペリーが搭載していた蒸気船や乗組員の様子、贈答品、蒸気船の燃料、外国語など外国の技術や文化、外国書簡や日本をめぐる諸外国の動向など、通常では入手できない極めて質の高い極秘情報が記されています。これらの史料は、すべて大久保家のネットワークをフルに活用して収集されたものでした。そのルートは岩田みゆき氏によれば、八種に分けられるといいます（岩田みゆき『黒船がやってきた――幕末の情報ネットワーク』）。

①国学者色川三中

三中は国学者として非常に有名で、幕臣や有力諸藩の藩士に広範な人脈を有していました。真菅も三中から、嘉永六年（一八五三）のペリー来航時に、長州藩毛利家や熊本藩細川家などが幕府に提出した意見書の写しなどを入手しています。

また真菅は、嘉永七年（一八五四）にペリーが再上陸した際の応接の聞き書きを、水戸の薬種店駿河屋から入手して二日で二通を書き写し、一通を三中に届けています。三中から一方的に極秘情報を提供してもらうだけではなく、独自に入手した情報は三中に提供していることから、持ちつ持たれつの関係であったことが窺えます。

諸大名の建白書やペリーの応接の様子などを、名主とはいえ一農民が克明に知ることができたというのは、非常に驚きますね。

②伊予（愛媛県）の国学者菅右京《すがうきょう》

管右京は三中の門人です。大久保家が収集していた外国書簡は右京が書き写したものだそうです。

③仙台藩儒者根元兵馬

兵馬は仙台藩士ですが、ペリー来航当時、外国人応接掛を務めていた松崎懐松（柳浪《りゅうろう》）の門人でした。それゆえ、兵馬から得られた黒船情報はかなり貴重なものでした。

例えば、黒船四艘の各部分の寸法、船名、船長の氏名、乗組員の数、日本側の軍備・防衛状況、応接時のアメリカ側の出席者の氏名・官名、服装まで記されていました。

④仙台藩儒者新井雨窓《あらいうそう》

雨窓は大久保家と文化サークルを結成していました。菅谷村を雨窓が訪問した際、神前で舞を舞い、酒を飲む会を催し、また読書会も行っています。これらの出席者は大久保真菅・忠善父子はもちろん、隣村の名主や神官なども参加していました。大久保家は、雨窓から仙台や江戸の情報を仕入れていたのでしょう。

⑤親戚関係
親戚関係から入手した情報はそれほど多くはなかったようですが、蝦夷地（北海道）における諸藩の警備配置などの情報を仕入れています。大久保家の親戚関係を見ると、常総地方の交通の要衝に在住している者や、江戸で店《たな》を構えている者、各地の豪農が目立ちます。中には旗本と縁戚になっている者もあり、そういう経路から様々な情報が入手できたようです。

⑥幕府関係者
大久保家の史料には具体的な名前は記されていませんが、幕府関係者が大久保家のネットワークに入っていたことは確実なようです。幕府が、長崎・出島のオランダ商館長に提出を義務づけていた「阿蘭陀風説書《おらんだふうせつがき》」や「別段風説書」の写しの一部も入手していました。当時清国で起こっていた太平天国《たいへいてんごく》の乱の様子なども知っていたようです。

⑦商人
商人からもたらされた情報もあります。日本各地で商取引を行っているような商人は、様々な情報を知っていたようです。水戸の薬種店駿河屋などもそうです。ペリーが乗ってきた蒸気船の様子や燃料が石炭であること、浦賀奉行の応接の様子などが結構詳細に記されています。

### ⑧情報を伝える様々な人々

そのほかにも、大久保家に情報をもたらす様々な人々がいました。豪農商家を訪ね歩いている柔術修行の浪人・修験者・軍談師・俳諧師・画師などです。それらの人々からは、当時幕府が進めていた公武合体策や、なんと長州藩士長井雅楽《ながいうた》の航海遠略策《こうかいえんりゃくさく》まで大久保家にもたらされていたようです。

ペリー来航情報の情報源をまとめただけでも、大久保家はかなり広範な人脈から情報を収集していたことがよくわかります。身分や階層、地域を越えたネットワークが形成されており、通常では絶対に入手できないような機密情報まで正確に入手できていたのです。報道機関が皆無の時代だからといって庶民は目隠しをされていたわけではなく、努力次第でどのような情報も手に入れることができたのです。

大久保家のネットワークを見てきましたが、こういった村の指導層・知識層は本を介しての交流も活発に行っていました。大久保家も例外ではなく、仙台藩儒の新井雨窓と読書会を行っていたことが確認されています。また、本の貸し借りも活発に行われていました。このような活動を行っている家を「蔵書の家」と呼びます。次に蔵書の家の活動について詳しく見ていきましょう。

## ●「蔵書の家」野中家の蔵書内容

「蔵書の家」という言葉は、江戸時代には存在していません。日本史学者の小林文雄氏によって名

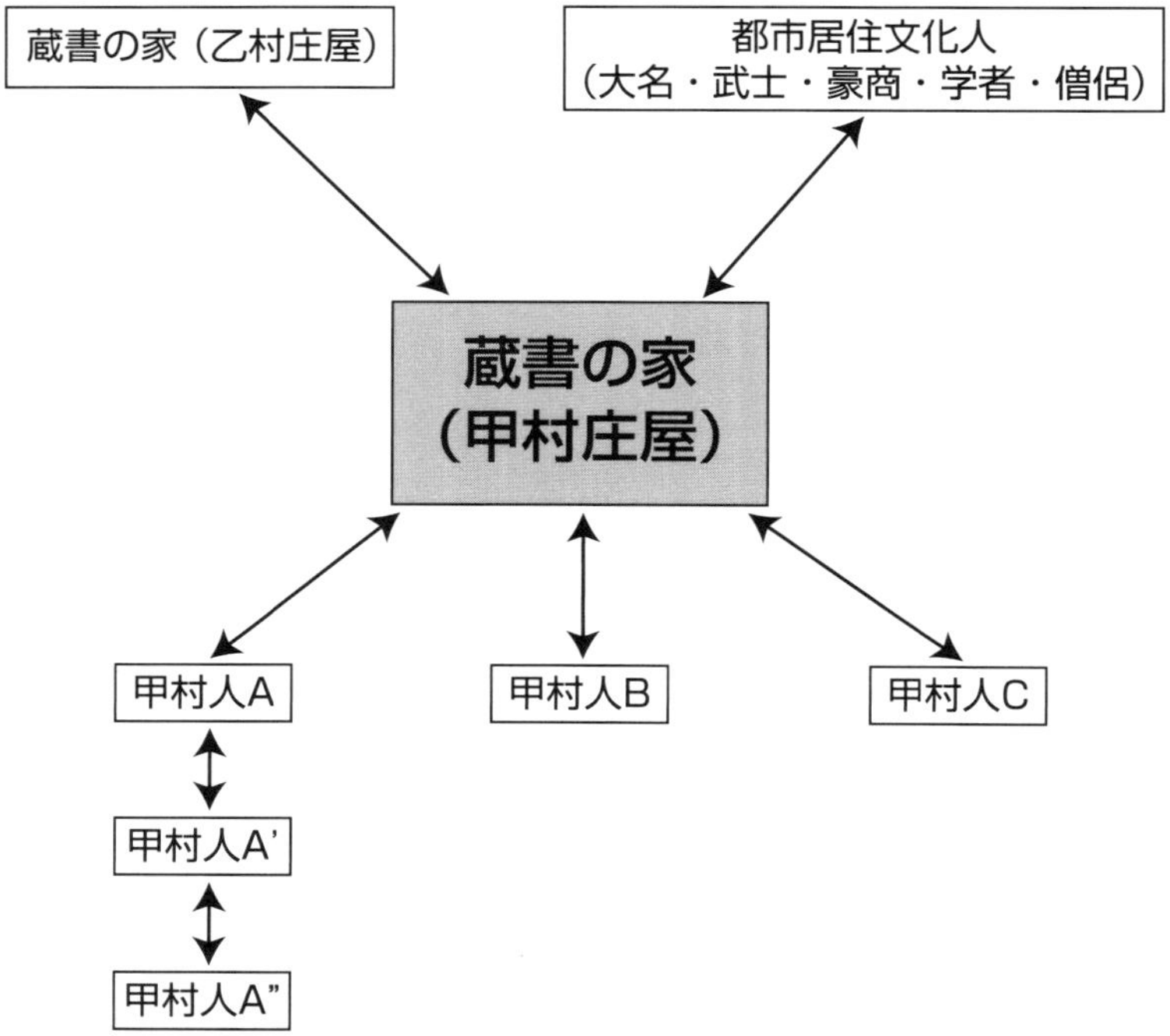


図4—4　蔵書の家を中心とする情報ネットワーク

づけられました。では、蔵書の家はどのような役割を果たしていたのでしょうか。ここでは小林氏などの研究に導かれながら、その役割を明らかにしていきたいと思います。まずは、武蔵国幡羅《はたら》郡中奈《なかな》良《ら》村（埼玉県熊谷市）の名主を代々務めていた野中家の事例を見ていきましょう。

野中家の祖先は、伝承によると『太平記』に登場する野中貞国といわれています。戦国時代末期に関東管領《かんとうかんれい》の上杉憲政《うえすぎのりまさ》に従って越後（新潟県）に落ち延びた野中備前守の弟帯刀が武士を捨て、土着したのが名主野中家の初代のようで

表4－3　野中家蔵書の構成

| | | | |
|---|---|---|---|
| 趣味娯楽 | 128 | 実用・教養 | 70 |
| 芝居・浄瑠璃・音曲など | 18 | 算法 | 13 |
| 生け花 | 2 | 医療 | 3 |
| 碁・将棋 | 3 | 農業・地方書 | 7 |
| 軍記・敵討ち・読本 | 51 | 辞典類 | 2 |
| 俳諧・和歌・狂歌 | 47 | 教科書（手本・往来物） | 18 |
| 武芸（柔術など） | 1 | 教訓的なもの | 27 |
| 絵画 | 6 | | |
| 学術教養 | 23 | 諸情報 | 54 |
| 漢籍（儒学） | 14 | 公文書 | 7 |
| 心学 | 2 | 政治情報 | 9 |
| 文学 | 7 | 武家情報 | 16 |
| 紀行・地理・信仰 | 23 | 社会情報 | 22 |
| | | 総計 | 298 |

小林文雄「近世後期における『蔵書の家』の社会的機能について」所収の表1をもとに作成

す。六代当主から中奈良村の名主になり、八代の時に領主である旗本曲淵《まがりぶち》氏の代官も兼務しています。九代彦兵衛暁昌（号休意、俳号巴陵）とその子で一〇代目の彦兵衛定直の時代、すなわち寛政年間（一七八九～一八〇一）が収書活動のピークだったようです。

小林氏が作成した野中家の蔵書構成表（表4―3）から、その特徴を指摘してみましょう。野中家の蔵書数や貸借については、彦兵衛暁昌が天保八年（一八三七）正月に作成した『万書籍出入留』に記録されています。

総蔵書数は二九八冊で、内訳は「趣味娯楽」が一二八冊、「学術教養」が二三冊、「紀行・地理・信仰」が二三冊、「実用・趣味」

が七〇冊、「諸情報」が五四冊となっています。

こうして表にすると、何点かの特徴があることがわかります。

まず指摘できることは、「趣味娯楽」や「実用・教養」など一般向けの本が多く、学術的な性格の本は非常に少ないということです。特に漢籍は初歩入門用の教科書だけで、文学書で漢詩文のものは一冊も見当たりません。また、辞書類もないようですが、もともとなかったのか、使い古されて捨てられてしまい目録に記録されなかったのかはよくわかりません。

「趣味娯楽」に着目してみると、一番多いのが「軍記・敵討ち・読本」で五一冊となっています。書名をいくつか挙げてみると、曲亭馬琴『青砥藤綱模稜案《あおとふじつなもりょうあん》』、『赤穂実録』、『大岡忠相政務実録《おおおかただすけせいむじつろく》』、『望遠実録』、加藤在止《かとうありとめ》『太平国恩俚譚《たいへいこくおんりたん》』などが見られます。刊本は非常に数が少なく、これらもほとんどが写本です。

「実用・教養」書は、室鳩巣《むろきゅうそう》『六諭衍義大意《りくゆえんぎたいい》』、西川如見《にしかわじょけん》『百姓嚢《ひゃくしょうぶくろ》』、『孝義録』などです。『六諭衍義大意』は、もともとは中国で刊行された『六諭』の解説書の日本語訳で、八代将軍徳川吉宗に仕えた儒者の室鳩巣が著者です。寺子屋の教科書として多数印刷されました。『百姓嚢』は、農民としての心得や学問などをやさしく説いた全五巻の本で、『孝義録』は幕府の命によって昌平坂学問所が編纂した、日本各地の善行者の事例報告集です（二〇五頁参照）。

これらの本は、農民としての心構えなどを平易に記した本で、いわば「権力者から読むことを奨励された本」です。ですから、野中家のような村のトップが所蔵しているのは、ある意味当然といえるでしょう。

これらのほかに、行政関係の文書も「諸情報」として五四冊保管されています。名主ともなると、村の代表者として領主などとの折衝した際の記録や、過去に他村と紛争を起こした際の解決に至った記録などは、江戸時代初期からの資料の蓄積が確認されています。そして、何か事件が起こった際の「先例」として、活用されるのです。現在も各種行政文書が、都道府県庁や市町村役場、公文書館などに保管されていますが、そういった文書も江戸時代には名主が保管していたのです。

## ●野中家蔵書の貸借の様子

では、野中家の蔵書の貸借の様子を具体的に見ていきましょう。

まずは天保八年（一八三七）に大坂町奉行所元与力で陽明《ようめい》学者の大塩平八郎《おおしおへいはちろう》が起こした反乱事件関係の資料です。

幕府の元役人が、天保の飢饉に苦しむ貧民救済のために挙兵したという前代未聞のニュースは、瞬く間に日本中に知れ渡ることになりました。特に農民たちは大塩平八郎の乱の詳細を知りたがっていたようです。

大塩平八郎の乱は、天保八年（一八三七）二月十九日に勃発し、半日ほどで幕府軍によって鎮圧されます。四月七日には『大坂大火百姓鑑』や『田舎賢人百姓鑑』といった反乱事件を読本風にまとめ

表4−4　大塩関係情報の貸借一覧

| | 居住地 | 人　名 | 貸借年月日 | 書籍題名 | 備考 |
|---|---|---|---|---|---|
| 借入 | 下奈良 | 吉田市右衛門 | 天保8.9.17 | 大坂騒動書札8 | 名主・豪農 |
| | 奈良新田 | 高橋喜右衛門 | 天保8.5.10 | 大坂大塩一件来状写し | 名主 |
| | 村内 | 政右衛門 | 天保8.4.14 | 大坂大塩一件記 | 名主 |
| | 弥藤吾 | 地蔵堂御隠居 | 天保9.4.10 | 大坂大火・子供教訓雑談夢物語・2 | 不明 |
| | 弥藤吾 | 地蔵堂御隠居 | 天保9.4.10 | 教訓雑談・大坂大火夢物語・3 | 不明 |
| | 弥藤吾 | 御隠居 | 天保8.9.12 | 大坂新談・一 | 不明 |
| | 村内 | 嘉兵衛 | 天保9.4.22 | 大坂大火夢物語 | 寺か |
| | 長慶寺 | 御隠居 | 天保8.4.7 | 大坂大火百姓鑑 | 寺 |
| | 長慶寺 | 御隠居 | 天保8.4.7 | 田舎賢人百姓鑑 | 寺 |
| 貸出 | 河原明戸 | 戸右衛門 | 天保9.1.25 | 大坂乱防記 | 名主 |
| | 下奈良 | 弥七郎 | 天保8.5.6 | 大坂にて聞書 | 名主 |
| | 下石原 | 松屋定八 | 天保8.3.12 | 大坂来状 | |
| | 代村 | 文吉 | 天保8.5.11 | 大坂乱防一件書 | 小前か |
| | 村内 | 友次郎 | 天保8.5.5 | 大坂乱防一書 | 小前か |
| | 村内 | 南光院御隠居 | 天保8.4.10 | 大塩氏捨状 | 寺 |

小林文雄「近世後期における『蔵書の家』の社会的機能について」所収の表3をもとに作成

たものを、長慶寺《ちょうけいじ》の「御隠居」から野中家が借り受けていることがわかります。長慶寺は現在も埼玉県熊谷市中奈良に現存している真言宗《しんごんしゅう》の寺院です。「御隠居」とあるので寺の住職を引退した僧から借りたと思われます。次いで、村内の政右衛門、奈良新《ならしん》田《でん》村（埼玉県熊谷市）の高橋喜右衛門、弥藤吾《やとうご》村（埼玉県熊谷市）の「御隠居」、下奈《しもな》良《ら》村（埼玉県熊谷市）の吉田市右衛門、と近隣の豪農層からも積極的に大塩の乱の情報を収集しています（表4―4）。

おそらく借り受けた本は写

し取ったものと考えられますが、それらを村内の小前《こまえ》（村役人以外の一般の百姓）や、隣村の下奈良村の名主弥七郎、河原明戸《かわらあけと》村（埼玉県熊谷市）の名主戸右衛門にも貸し出しています。

ここで注目すべきことは、大塩の乱というオープンではない情報が、写本という形で二ヶ月後には大坂から遠い、現在の埼玉県北部にまで伝わっており、それを寺院や名主が収集しており、さらにそれを一般の百姓にも貸し出していることです。名主という、いわば村の「支配層」が、自分たちで情報を独占しないで、収集した情報を惜し気もなく一般の百姓にも公開しているのですから、名主は「体制側」の人間ではなく、一般の村人と立場を同じくしていることが読み取れます。

大塩平八郎の乱という前代未聞の事件のことは、蔵書の家の資料を借り受けることによって一般の百姓でも十分に知ることができたのです。この事例は、まさに蔵書の家が「情報の集積基地」と一般の村人から認識されていたことを裏づけています。

では、野中家のどのような蔵書が、どのような層に貸し出されていたのでしょうか。小林氏がまとめた表を参考に掲げてみます（表4—5）。

これを見ると、他村の名主層の多くは行政文書を借り受けており、小前層は実録物や読本などの娯楽書を多く借りていることがわかります。小前層に分類した者の中には「日雇取」や「隠居」などの肩書きを付けた者も散見されますので、野中家の蔵書は、身分に関係なく、かなり広く貸し出されていることが窺えます。

また野中家は、本に関する一種の「仲介」も行っています。上川上《かみかわかみ》村（埼玉県熊谷市）の八木原喜

表4−5　野中家蔵書の貸出状況階層別一覧

| | 書籍 | | | | | | | | | | | 文書 | | 計 |
|---|---|---|---|---|---|---|---|---|---|---|---|---|---|---|
| | 往来 | 教訓 | 実録 | 読本 | 芝居 | 宗教 | 飢饉 | 信仰 | 紀行 | 漢籍 | 武家 | 改革 | 他 | |
| 名主 | 3 | 1 | 12 | 4 | | | 4 | | 2 | | 2 | 7 | 61 | 96 |
| 名主に準ずる者 | | 2 | | | 1 | | 1 | | 1 | 2 | | 2 | 5 | 14 |
| 小前 | 2 | 5 | 14 | 9 | 3 | 1 | 1 | 10 | 1 | | | 2 | | 48 |
| 寺 | 4 | 4 | 6 | | 3 | 1 | 3 | | | 1 | | 1 | 10 | 33 |
| 計 | 9 | 12 | 32 | 13 | 7 | 2 | 9 | 10 | 4 | 3 | 2 | 12 | 76 | 191 |

小林文雄「近世後期における『蔵書の家』の社会的機能について」所収の表4をもとに作成

代松が、資料の筆写を野中家に頼んだ際の記録で、注目すべきことに筆写は野中家が行うのではなく、江戸の「筆耕人《ひっこうにん》」に依頼していることです。この記事から、江戸の筆耕人との交渉はすべて野中家によって進められているので、写本制作の仲介も野中家が行っていることがわかります。さらに、野中家を介しての本の貸借も確認されることから、蔵書の家である野中家は本を媒介とする情報ネットワークの中心に位置していたといえるでしょう。

野中家は一介の関東北部の農村の名主に過ぎませんが、行っている活動は今日の公共図書館、公文書館にかなり近いといえます。

## ●ほかの蔵書の家の活動

野中家だけが特殊なわけではなく、こういった蔵書の家は広く存在していました。上野国原之郷《はらのごう》（群馬県前橋市）の船津《ふなつ》家もその一つです。船津家は豪農の域にまではいかず、「中農」といった程度の農家です。当主は代々「伝次平」を名乗るのですが、一番有名なのが幕末から明治にかけて活躍し、「明治の三老農」の一人と数えられるようになった船津伝次平《でんじべい》（一八三二〜九八）です。

さて、その船津家ですが天保七年（一八三六）から元治元年（一八六四）の二八年間に、なんと二〇〇両（約二〇〇〇万円）を投じて一〇九点もの本を購入しています。「図書館」をつくろうとしていたのです。

伝次平父子の師匠だった藍沢無満《あいざわむまん》は、積極的に図書の寄付を呼びかけるなど、「図書館」づくりに熱心だったのですが、せっかくできた「図書館」は火事によって灰燼《かいじん》に帰してしまいました。無満の構想では、俳諧結社蓼園社《たでそのしゃ》の会員ならば自由に本が借りられる施設、自由に読書ができる施設を目指していたとのことです。十九世紀の英米に見られた図書館会社が運営していた会員制図書館と似ています。完成していれば、かなり先進的な「図書館」になったであろうことは間違いないと思います。

船津伝次平

遠江国周智《しゅうち》郡森町《もりまち》村（静岡県周智郡森町）の豪農大石家の蔵書は「千秋洞文庫」と名づけられ、近隣の村人たちに貸し出されていました。寛政七年（一七九五）に作成された千秋洞文庫の『書籍簿』には、二一六点の書名が記されています。蔵書の内容は、俳書、寺子屋の教科書、習字本、拓本、字引、漢籍漢詩文、医薬書、物語、仏書、名所記など多岐にわたっていますが、学術的な内容の本は少なく、庶民向けの本が多い傾向にあります。

この『書籍簿』には、貸し出し中の本が次のように記されています。

一　甚久法師狂歌集　利右衛門かし　二巻

（『静岡県史』資料編15、近世七、七二〇頁）

おそらく農民だと思いますが、利右衛門という人物に、『甚久法師狂歌集《じんきゅうほうしきょうかしゅう》』を貸し出し中と読めます。この本は享保七年（一七二二）に出版された、甚九という僧侶の狂歌集です。

一　宇治拾遺　十一　山中氏へユツリ　十五巻

（『静岡県史』資料編15、近世七、七二一頁）

「宇治拾遺」とは、『宇治拾遺物語』のことでしょう。それを「山中」という人物に譲ったとあります。庶民は十三世紀に成立した説話物語はあまり読まないでしょうから、「山中」とは相当教養があり、かつ姓も記されていることから高い身分の人物のようです。

また、こんな文句が記されている本も散見されます。

一　無門関　行方不知　壱巻

一　伊勢参宮案内記　行方不知　二巻

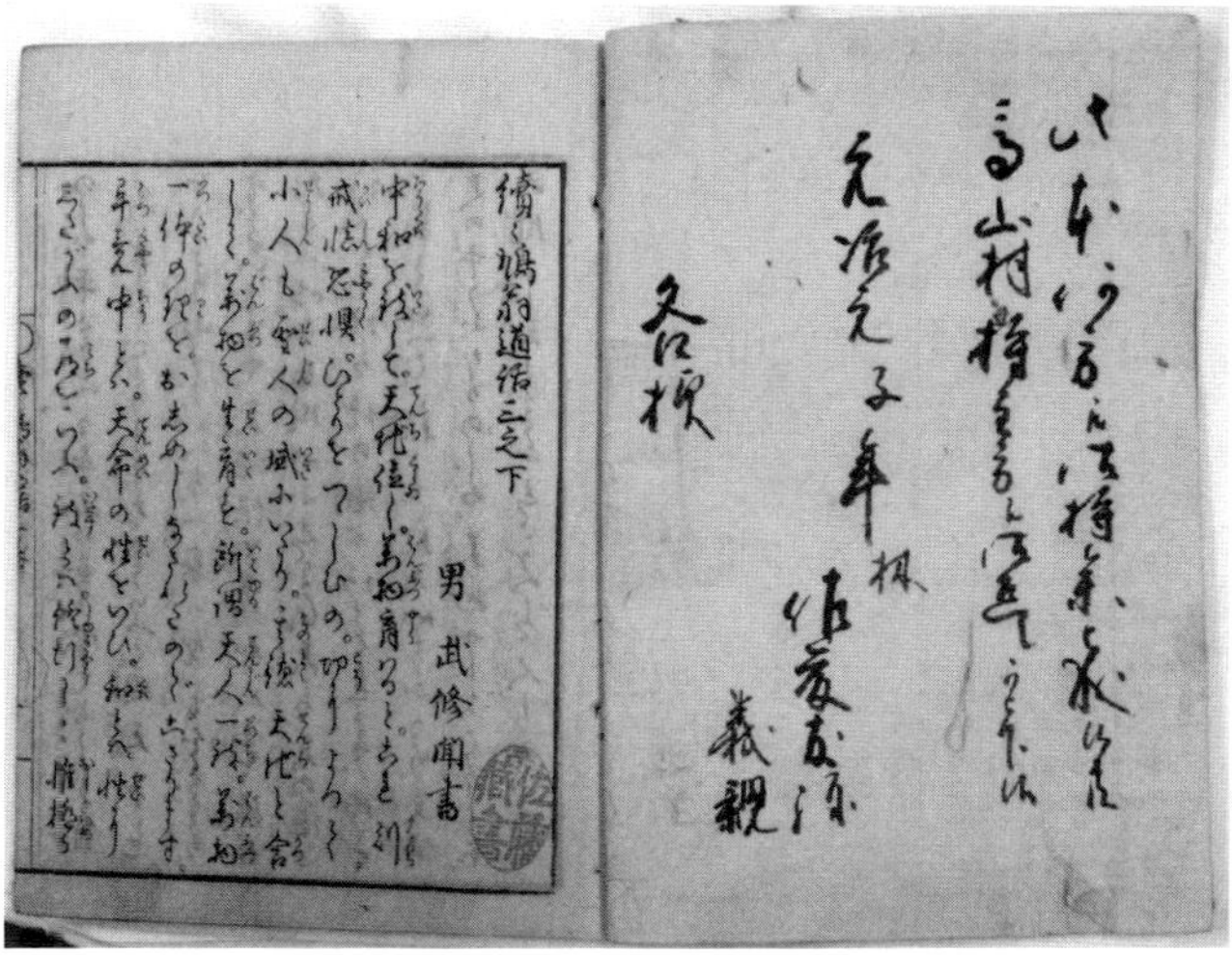

山形県公立大学法人附属図書館　寄託資料佐藤家文書

一　老子経　白文一二　行方不知　一巻
一　唐詩選中本　　行方不知　一巻
(『静岡県史』資料編15、近世七、七一八～七二二頁)

「行方不知」は、「ゆきかたしれず」と読みます。つまり本が行方不明になってしまったことを指します。二一六点のうち四点ですからそう多くはないのかもしれませんが、貸し出す相手をキチッと記録しているにもかかわらず、回収不能になってしまう本があるのは、現代と全く同じです。

なぜ、行方不明の本が出てしまったのでしょうか。それは蔵書の家は、又貸しを禁止していなかったからです。つまり村人Aに本を貸し、さらにAから村人Bに又貸しをし、Bから隣村のCに貸してしまう……といった行為も許されていたのです。最終的に所蔵者に戻されればよい、という考え方でした。ですから行方不明の本はどうしても出てしまうのです。

では蔵書の家側は、どのような対策を講じていたのでしょうか。武蔵国新座《にいざ》郡菅沢《すがさわ》村（埼玉県新座市）の清水家の例を見てみましょう。

清水家では蔵書の亡失を防ぐために、本の最後のほうに「此本何方へ参り候とも、御覧の上、持ぬし清水方へ御返し下さるべく候」と書いています。利用者に注意を換気したわけです

同様の文言が書き込まれた蔵書の家の本は、他地域でも散見されます。写真は、出羽国置賜《おきたま》郡高山《たかやま》村（山形県東置賜郡川西町）の肝煎《きもいり》（名主、庄屋と同じ役職）佐藤又右衛門家に残されていた和本『続々鳩翁道話　三之下』です。その表紙裏に、「此本何方江御持参被レ成候共、高山村持主方江御返し可レ被レ下候」と書かれており、菅沢村清水家の文言とほぼ同様のことが記されています。

武蔵と出羽ではかなり隔たっていますし、清水家も佐藤家とはなんの関係もありません。ということは、蔵書の家の本を又貸しする行為は広く各地で行われていて、それをどこの家も公認していたと判断して誤りではないでしょう。

これを書いたからといって完全に本の亡失が防げるとは思えませんが、やはり一筆認めていると良心に訴えるのかもしれません。着目すべきは多くの蔵書に肉筆で一冊一冊書き込む労力をしてまでも、又貸しを清水家や佐藤家は禁じなかったことです。それほど農民に本の需要があったということでしょう。おそらく借り受けた本は、写本が製作されたと思われ、それによってさらに流布していったのです。

## ●長沢仁右衛門と潺湲舎

上野国桐生新町《きりゅうしんまち》（群馬県桐生市）の豪商長沢仁右衛門は、私財をはたいて本を収集していました。仁右衛門は「潺湲舎《せんかんしゃ》」という私設図書館を設け、その蔵書を一般に公開しています。潺湲舎に関しては、清水照治・高橋敏両氏の研究に詳しいので、それに拠ってその活動を見ていきたいと思います（清水照治「長沢仁右衛門と私設図書館潺湲舎」『桐生史苑』四〇号、高橋敏『江戸の教育力』一五五～一五八頁）。

長沢家の先祖は、戦国時代に桐生を支配していた桐生佐野氏の家臣だったといわれています。元亀四年（一五七三）に桐生氏の居城である柄杓山《ひしゃくやま》城（桐生城）が陥落し、桐生氏は滅亡してしまいます。長沢家はそのまま桐生に残りますが、武士を捨てて代々農業に従事していました。仁右衛門の伯父長沢正住《まさお》の代に桐生新町に進出、その弟新助（仁右衛門の父）が跡を引き継ぎ、織物の売買、酒の醸造、質、古着、紙などの雑貨に至るまで扱い、まさに屋号の「万屋《よろずや》」に相応しいビジネスをしていたわけです。万屋は出羽松山藩（山形県酒田市）酒井氏の御用達商人にもなり、桐生新町の組頭《くみがしら》にもなっていました。ちなみに、なぜ出羽松山藩なのかというと、桐生は江戸時代後期の一時期、出羽松山藩の領地になっていたので、その際に御用達を命じられたのです。出羽松山藩は庄内藩酒井氏の分家筋にあたります。

仁右衛門は新助の嫡男として、寛延三年（一七五〇）に生まれました。正式には長沢仁右衛門紀郷《のりさと》といいます。仁右衛門は若い時はなかなかの趣味人で大いに遊んだようですが、学問にも深い関心を寄せていました。本もかなり集めていましたが、それを一般に開放するという考えは当初はなかったようです。しかし相次いで父新助と妻なをを失い、そして嫡男新治も寛政四年（一七九二）、二一歳と

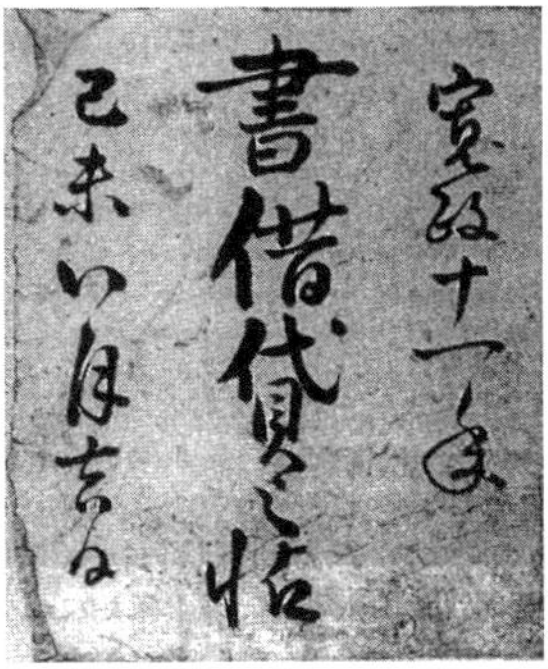


『書借貸之帖』の表紙

いう若さで世を去ってしまいます。

新治は文学好きだったようですが、生前から私設図書館建設の構想はあったようで、仁右衛門は亡き息子のためにも、家業繁忙の中、私設図書館建設を着々と進めていきました。

「潺湲」とは「水が流れるさま。水が清く、さらさらと流れるさま。また、その音を表す語。さらさら。」（『日本国語大辞典』一二巻）という意で、江戸の儒者山本北山《やまもとほくざん》の命名です。北山の手紙には、潺湲舎は新築で二階建ての書蔵だったと書かれているので、かなり立派な建物を有していたと思われます。

本は江戸の須原屋善五郎《すはらやぜんごろう》から直接購入しています。仁右衛門の学問の師匠である西野矢幹《にしのやがら》を窓口にして買うこともあったようで、仁右衛門との間で頻繁に書状のやり取りをしています。矢幹も江戸で手に入れた筆墨、土佐の鰹節やたばこ、茶などを桐生の仁右衛門に贈っています。ほかにも、国学者塙保己一《はなわほきいち》から本を購入していますし、皆川棋園《みながわきえん》からは医学書を購入しています。

実は、長沢家は仁右衛門歿後に家業が傾いて破産してしまい、文政二年（一八一九）には家財が売りに出される事態に陥っています。売却するためにまとめられた蔵書目録『書籍目録』が残されており、それによると蔵書数は一三〇六冊と記録されています。内容は四書五経と数多の漢籍の注釈書、漢詩文、国書の歴史書、和歌集、物語、地誌、医書など多岐にわたっています。

さて肝心の潺湲舎の利用実態についてですが、これは寛政十一年（一七九九）から享和元年（一八〇一）までの本の貸借記録『書借貸之帖』（桐生市立図書館蔵長沢家文書）が残っており、この期間の利用状況については詳細にわかります。

貸借先は、遠く陸奥国岩城《いわき》（福島県いわき市）、下野国足利《あしかが》（栃木県足利市）、下野国日光（栃木県日光市）、武蔵国熊谷（埼玉県熊谷市）、上野国前橋（群馬県前橋市）、近郷の上野国大間々《おおまま》（群馬県みどり市）、境野《さかいの》村（群馬県桐生市）、広沢《ひろさわ》村（群馬県桐生市）など、かなり広範囲に及んでいます。

貸出先で最も多いのが桐生町内で、全体で二三人にのぼり、点数は三四件二三五冊に達しています。では、『書借貸之帖』の寛政十一年（一七九九）の記事から具体的な貸借の様子を見てみましょう。

事例①七月中に境野村の重郎右衛門という人物に『伊勢之名所』という本を貸し、同年十二月十日に返却してもらった。

『書籍目録』に『伊勢参宮名所図会』八冊と記されていますので、『伊勢之名所』とはおそらくこの本のことでしょう。相手の重郎右衛門がどのような人物かわかりませんが、おそらく境野村の村役人を務めていた人物ではないでしょうか。

境野村は、現在桐生市になっているので、距離的にはそれほど遠くはありません。少し遠くに居住している人物の例も挙げてみましょう。

事例②前橋の井上源助という者が、帙入の『集義外書《しゅうぎがいしょ》』一四冊を九月二十日に借り、三日後の二十三日に返却した。本は使いの兵助によって持ち運びされた。

前橋と桐生は同じ上野国でも約二六キロほど隔たっていて、徒歩ぐらいしか交通手段がない当時としては往復するだけで一日はかかると思います。それで、前橋の井上源助は使いの兵助を派遣して、『集義外書』を借りたのです。

『集義外書』とは江戸時代前期の儒学者熊沢蕃山《くまざわばんざん》が著した書物で、現代で言えば経済思想の本に近い内容でしょうか。同じく蕃山の『集義和書』と共に、江戸時代には広く読まれました。娯楽書ではなく学術書ですので、当然漢文で書かれています。井上源助は、仁右衛門の婿養子新助元緒の実父で親戚にあたります。三日後に返却されているので、井上が一四冊も熟読したとは思えませんね。

事例③三月七日に熊谷の玄正という老人に『詩経小識《しきょうしょうしき》』を貸し、嶋屋という飛脚便によって、本は九月二十五日に返却された。

熊谷から桐生までの距離は約三二キロほどで、前橋よりは離れています。「玄正老」と原文に表記されているので、高齢者のようです。それで飛脚便を使用したのかもしれません。現在の公共図書館で、郵送による返却を認めている館はごく少数ですが、潺湲舎は大丈夫なようです。『詩経小識』は江戸時代中期の儒者・医学者の稲生若水《いのうじゃくすい》が著した本です。

また、次のような貸借の事例もあります。

事例④大間々町の立言という老人が、『行余医言《こうよいげん》』という医学書を借りたいと、万蔵を仲介にして依頼が長沢家にあったので、十一月二十四日に甚蔵を使いとして本を届けた。

『行余医言』とは、江戸時代中期の医師香川修徳《かがわしゅうとく》が著した医学書の集大成で、特に精神疾患に大幅に紙幅を割いている、当時としては極めて珍しい医学書です。潺湲舎には全巻揃っていたのかよくわかりませんが、大間々町の立言という老人に貸しています。ただし、直接立言に貸したのではなく、万蔵という取次を介していることがわかります。おそらく立言と仁右衛門の間には直接関係がなかったので、双方の共通の知人である万蔵を仲立ちにしたのでしょう。

次に、珍しい貸借先として二例を挙げておきます。

事例⑤十月六日に足利学校から、半六を使いに出して本を借り受けた。すでに返却済みである。

なんと、仁右衛門は足利学校から借りているのです。江戸時代になってから足利学校が徳川将軍家

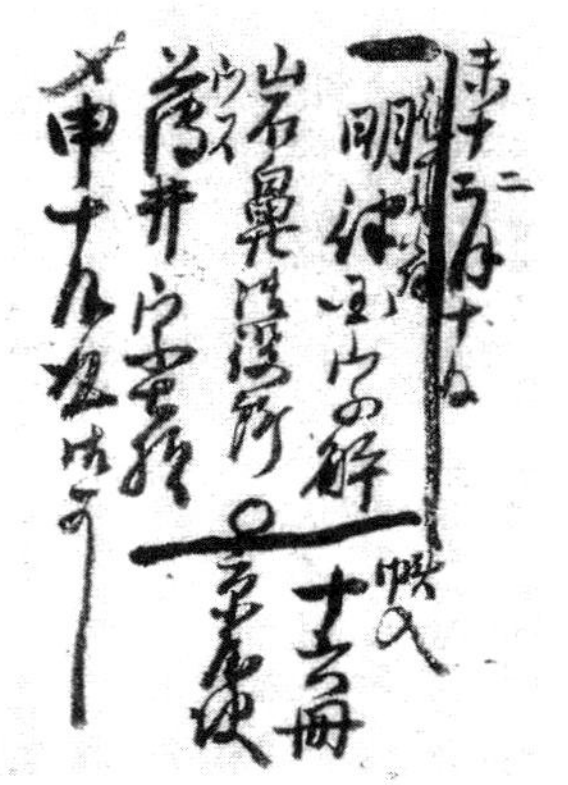

岩鼻陣屋の薄井宗七に『明律国字解』を貸与した記事

の保護を受けていたことは第二章で書きましたが、桐生の一町人である仁右衛門に対して、蔵書の「館外貸出」を行っているのです。よほど仁右衛門と足利学校との間に強い関係があったのでしょうか。

もう一人は幕府の役人です。

事例⑥

未十二月十日
　徂徠翁　帙入
一　明律国字解　十六冊
岩鼻御役所　○京屋便
薄井《ウス》宗七様
〆申十日取　御かし

薄井宗七は、上野国の幕府領を支配する岩鼻《いわはな》陣屋（群馬県高崎市岩鼻町）の役人です。薄井は飛脚の京屋便を使ってまで、江戸時代中期の儒者荻生《おぎゅう》徂徠《そらい》が著した『明律国字解《みんりつこくじかい》』を借り出しているのです。『明律国字解』とは、明国の律、すなわち刑法の解説書です。当時、上野国では博徒などの無宿者が多くいて、付近を荒らし回っており、岩鼻陣屋としてもそれら無頼《ぶらい》の徒の取り締まりが急務だったといいます。江戸から取り寄せるよりも、比較的近くの桐生から飛脚を使って取り寄せたほうが合理的だと薄井は判断したのでしょう。仲介者が書かれていないので、薄井と仁右衛門は顔見知りだったのかもしれません。

潺湲舎のネットワークは、名主、医師、そして武士も含まれており、野中家と違って小前百姓などはあまりいないようでした。本書では詳細な検討をしませんでしたが、仁右衛門には文学的な趣味があったので、そちらの交友関係からも本の貸借に発展していったと考えられます。

桐生は農村ではありませんが、城下町でもなく、絹織物で発展した町です。周辺は農村部ですので、長沢家も豪農との付き合いはかなり深いものがありました。潺湲舎は農村部にあったわけではないので、厳密には蔵書の家とはいえないかもしれませんが、かなり実態は似通った活動をしていたと考えられます。地方都市と農村とを繋ぐ情報の集積基地が潺湲舎であったといえるでしょう。

## ●庶民の「図書館」

江戸時代を通じての出版点数の増加、地域的にはかなりバラつきがあるものの、庶民には一定の識字率があることが確認されました。

そういった土台の上に、都市部、農村部に貸本屋や蔵書家、蔵書の家といったものが存在し、不特定多数の人々に本を貸していたことが明らかになりました。これらは昌平坂学問所や藩校文庫などのように、「施設」として存在していたわけではありませんが、そこに行けば本の貸借の仲介や、レファレンス、会読なども行っていたので、本を核としたコミュニティが構築されていました。こういった機能は、「情報の集積基地」としての現代の公共図書館とかなり近い働きをしていたと考えられるのです。

## 【第四章の参考文献】


岩田みゆき『黒船がやってきた――幕末の情報ネットワーク』（吉川弘文館、二〇〇五年）
岡村敬二『江戸の蔵書家たち』（講談社選書メチエ、一九九六年）
小川徹・奥泉和久・小黒浩司『公共図書館サービス・運動の歴史』一（日本図書館協会、ＪＬＡ図書館実践シリーズ四、二〇〇六年）
小山田与清『倭学戴恩日記』（早稲田大学出版部、一九〇二年）
小山田与清「擁書楼日記」（『近世文芸叢書』第一二、国書刊行会、一九一二年）
川瀬一馬『入門講話　日本出版文化史』（日本エディタースクール出版部、一九八三年）
紀淑雄『小山田与清』（裳華書房、偉人史叢一八、一八九七年）
小林文雄「近世後期における「蔵書の家」の社会的機能について」（『歴史』第七六輯、一九九一年四月）
小林文雄「近世置賜地域の書籍と在地社会――先行研究の紹介と整理を中心に」（『山形県地域史研究』第三七号、二〇一

二年二月）
今田洋三『江戸の本屋さん――近世文化史の側面』（日本放送出版協会、一九七七年）
今田洋三「貸本屋」（『日本大百科全書』五、小学館、一九九四年）
『書借貸之帖』（桐生市立図書館蔵長沢家文書）
「書籍簿　千秋洞文庫」（静岡県編『静岡県史』資料編15　近世七、静岡県、一九九一年）
清水照治「長沢仁右衛門と私設図書館潺湲舎」（『桐生史苑』第四〇号、二〇〇一年三月）
鈴木俊幸『一九が町にやってきた――江戸時代松本の町人文化』（高美書店、二〇〇一年）
鈴木俊幸『江戸の読書熱――自学する読者と書籍流通』（平凡社選書、二〇〇七年）
鈴木理恵「江戸時代における孝行の具体相――『官刻孝義録』の分析」（『長崎大学教育学部社会科学論叢』第六六号、二〇〇五年三月）
高橋敏『江戸の教育力』（ちくま新書、二〇〇七年）
田中康二「小山田与清の出版」（『文化學年報』第二六号、二〇〇七年三月）
呑海沙織・綿抜豊昭「近代における図書館に関するマナーの受容――礼法教育からのアプローチ」（『日本図書館情報学会誌』第五八巻第二号、二〇一二年六月）
長友千代治『近世貸本屋の研究』（東京堂出版、一九八二年）
長友千代治『江戸時代の書物と読書』（東京堂出版、二〇〇一年）
長友千代治『江戸時代の図書流通』（佛教大学通信教育部、佛教大学鷹陵文化叢書七、二〇〇二年）
新座市教育委員会市史編さん室編『新座市史』第五巻　通史編（埼玉県新座市、一九八七年）
長谷川宏「第六章　教育と文化　第四節　諸学・諸芸の興隆　一　書籍の普及とその収集・利用」（埼玉県編『新編埼玉県史　通史編』四、一九八九年）

藤岡作太郎『國文學史講話』(岩波書店、一九四六年)
前田愛『近代読者の成立』(岩波書店、一九九三年)
増田由貴「蔵書からみた擁書楼のネットワーク」(『奈良美術研究』第一五号、二〇一四年三月)
増田由貴「擁書楼における小山田与清の門生とその活動」(『奈良美術研究』第一六号、二〇一五年三月)
増田由貴「和学者小山田与清と擁書楼」(『奈良美術研究』第一七号、二〇一六年三月)
吉田麻子「平田国学と書物・出版」(横田冬彦編『シリーズ〈本の文化史〉4 出版と流通』平凡社、二〇一六年)
リチャード・ルビンジャー著　川村肇訳『日本人のリテラシー　1600—1900年』(柏書房、二〇〇八年)
『万書籍出入留』(埼玉県立文書館寄託野中家文書)

# おわりに

全四章にわたって、江戸の「図書館」について見てきました。江戸時代には「図書館」という言葉こそありませんでしたが、今日の図書館に近い施設や似たような役割を果たしている人々がいました。では、ここで簡単に各章をまとめてみましょう。

第一章では、江戸時代以前の図書館について見ました。一応、図書館のような施設は古代から日本に存在していましたが、天皇家や貴族、武士や僧侶・神官などのごく限られた階層の人たちだけが利用できました。西洋と比べると、日本の古代・中世の図書館は、かなり限られた階層向けとはいえ、利用という点が考慮されていると指摘しました。

第二章では、将軍専用の図書館である紅葉山文庫について紹介しました。初代将軍の徳川家康は学問が好きで蔵書を大量に所有しており、隠居所の駿府城には富士見亭文庫という私設図書館まで建てていました。家康の死後、蔵書は江戸城内に運び込まれ、三代将軍徳川家光の時代に紅葉山文庫として整備されました。紅葉山文庫はいわば「将軍専用の図書館」です。利用できるのは将軍が基本ですが、それ以外にも老中、若年寄、諸奉行などの幕閣や旗本などの幕臣、また学者や他藩への貸し出しも行われていました。管理は書物奉行という専門の役職が置かれ、利用は奉行の許可を必要としていました。

特に文庫を利用した将軍は、八代将軍徳川吉宗です。吉宗が借り出した本から、吉宗の思想が読み取れます。文学などにはあまり興味がなく、為政者として必要な知識や教養を深めるために読書をしていたことがわかりました。紅葉山文庫は武士を利用対象としていましたが、幕府の上層部だけであり、一般の武士は利用できませんでした。

第三章では、各藩にあった藩の学校＝藩校付属の図書館について解説しました。藩校の図書館は、当時「文庫」と呼ばれていて、藩校に在学している藩士の子弟の利用が主に想定されていました。いわば、今日の学校図書館に近い役割を担っていたのです。その管理は上級生の中でも教授によって選抜された者を、「司書」として登用していました。

藩校の図書館は、武士だけですが、学生以外にも広く館内閲覧を許していた点や、夜間開館、館外貸し出しも一部の藩校では行っていたことを指摘しました。今日の大学図書館や専門図書館のような性格も有していたといえるでしょう。

では、武士以外の庶民は図書館とは縁が遠かったかというと、決してそんなことはありません。第四章では、庶民の図書館である貸本屋、蔵書家、蔵書の家を取り上げました。

庶民は本を購入するほどの財力はありませんでしたが、読書には親しんでいました。都市部には貸本屋が多く存在し、遊女までもが余暇には読書をしている様子を確認しました。また、都市には蔵書家と呼ばれる、個人で数万巻もの蔵書を有している文人が存在し、同好の士を募ってコミュニティを形成していました。コミュニティには身分や性別はあまり関係なく、本の貸し借りだけではなく、レファレンスや会読、小旅行などを企画して親睦を深めていました。書物を核とした緩やかなネットワークが形成されていたのです。

また、村落には「蔵書の家」と呼ばれるものがあったことが近年確認されています。蔵書の家は、名主や庄屋などの村の有力者が、娯楽書や実用書などの本を多く買い揃え、それを村人に開放したものです。村人はそれらを借り出して読み、娯楽として読書を楽しみ、実用書を読んで農業技術を学んでいました。

蔵書の家は、本だけではなく大塩平八郎の乱やペリー来航などの大事件の情報も、ネットワークを駆使して収集しています。ごく一部の関係者しか知り得ない機密情報も含まれており、蔵書の家の情報収集力の高さが窺えます。これらの情報は、同じ村の農民や、隣村の名主・庄屋などにも提供されており、農民同士で情報を共有していました。

蔵書の家は、本の貸借だけではなく、そこを訪れると機密情報を含む様々な情報に接することができる場でもあったのです。今日の図書館の役割は、「情報の集積基地」であると「はじめに」で述べましたが、まさに蔵書の家がその役割を担っていたのです。

このように、江戸時代には図書館という名称こそなかったものの、今日の公共図書館や学校図書館、あるいは公文書館と極めて近い活動をしていた施設や個人が存在していました。明治時代以降、図書館導入に対する大きな反発がなかったのは、江戸時代に豊饒な「図書館文化」が存在したためだと考えられます。

最後に私事について語ることをお許し下さい。

図書館の歴史は「図書館文化史」といわれ、図書館のことを文系・理系両方の視点から総合的に研究する「図書館情報学」の一分野を占めています。私はもともと日本史学、特に蝦夷地を対象とする「北方史」を勉強していました（過去形でいってしまいましたが、現在も研究しています）。そんな中、大学院在学中に司書資格を取るうちに、図書館文化史に興味を持つようになりました。その面白さを教えてくださったのは、小川徹先生です。先生の深い教養に裏打ちされた「図書館論」をお聞きするたびに、自分の浅学を恥じ入りますが、今でもお会いするたびに様々なヒントを与えてくださいます。ありがとうございます。

出版にあたっては、㈱歴史と文化の研究所代表取締役渡邊大門先生、柏書房編集部の小代渉さんに大変お世話になりました。御礼申し上げます。

本書は「図書館文化史」という聞きなれない分野を少しでも知っていただこうと、かなり概説的に図書館の「利用」という点に着目して述べました。少しでも読者の方に、図書館、そして図書館文化史に興味を持っていただければ幸いです。

平成二十九年七月

新藤　透

# 事項索引

## き



## く



## こ



## さ



## し



## す



## た

# 人名索引

**著者紹介**
**新藤 透**（しんどう とおる）
1978年、埼玉県熊谷市生まれ。
2006年、筑波大学大学院博士後期課程図書館情報メディア研究科修了。
博士（学術）。
現在、山形県立米沢女子短期大学准教授、（株）歴史と文化の研究所客員研究員。
図書館情報学、歴史学（日本近世史）専攻。

主要著書
『松前景広『新羅之記録』の史料的研究』（思文閣出版、2009年）
『北海道戦国史と松前氏』（洋泉社歴史新書y、2016年）
『講座・図書館情報学 第11巻　情報資源組織演習』（共著、ミネルヴァ書房、2016年）などがある。

図書館《としょかん》と江戸時代《えどじだい》の人《ひと》びと

2017年 8 月10日　第 1 刷発行
2017年12月25日　第 2 刷発行

著　者　新藤 透

発行者　富澤凡子
発行所　柏書房株式会社
東京都文京区本郷2-15-13（〒113-0033）
電話（03）3830-1891［営業］
（03）3830-1894［編集］

装　丁　鈴木正道（Suzuki Design）
組　版　有限会社一企画
印　刷　壮光舎印刷株式会社
製　本　小髙製本工業株式会社


ISBN978-4-7601-4877-6

## 柏書房の本

［価格税別］